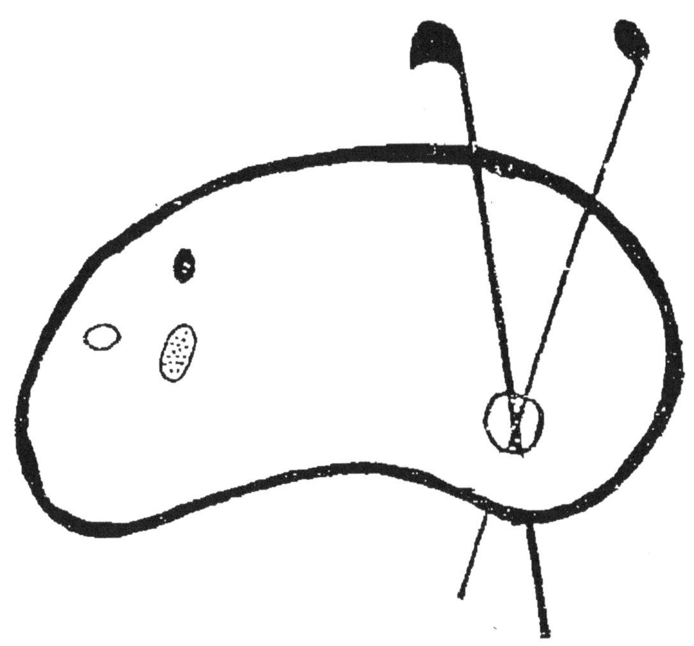

MISSION CHARI LAC TCHAD
(1902-1904)

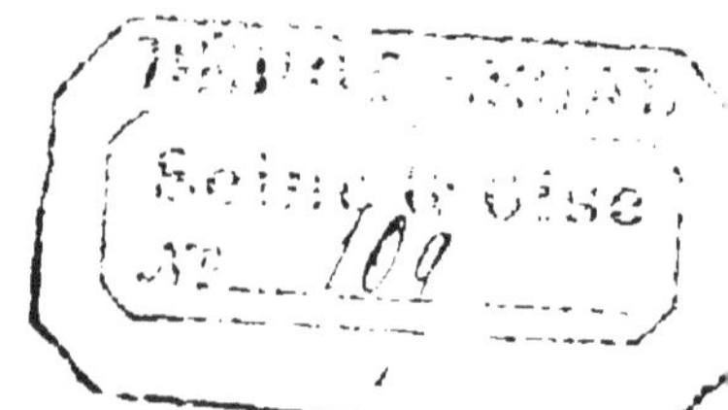

Du Congo au Lac Tchad

La brousse comme elle est
Les Gens tels qu'ils sont

CARNET DE ROUTE

DU Dr J. DECORSE

Membre correspondant du Muséum d'Histoire naturelle.

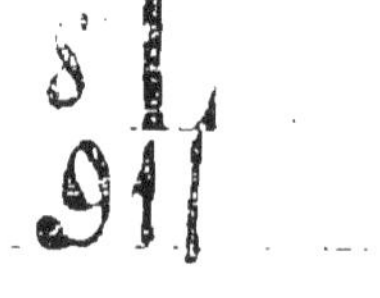

PARIS
ASSELIN & HOUZEAU
Éditeurs

CORBEIL. — IMPRIMERIE ÉD. CRÉTÉ

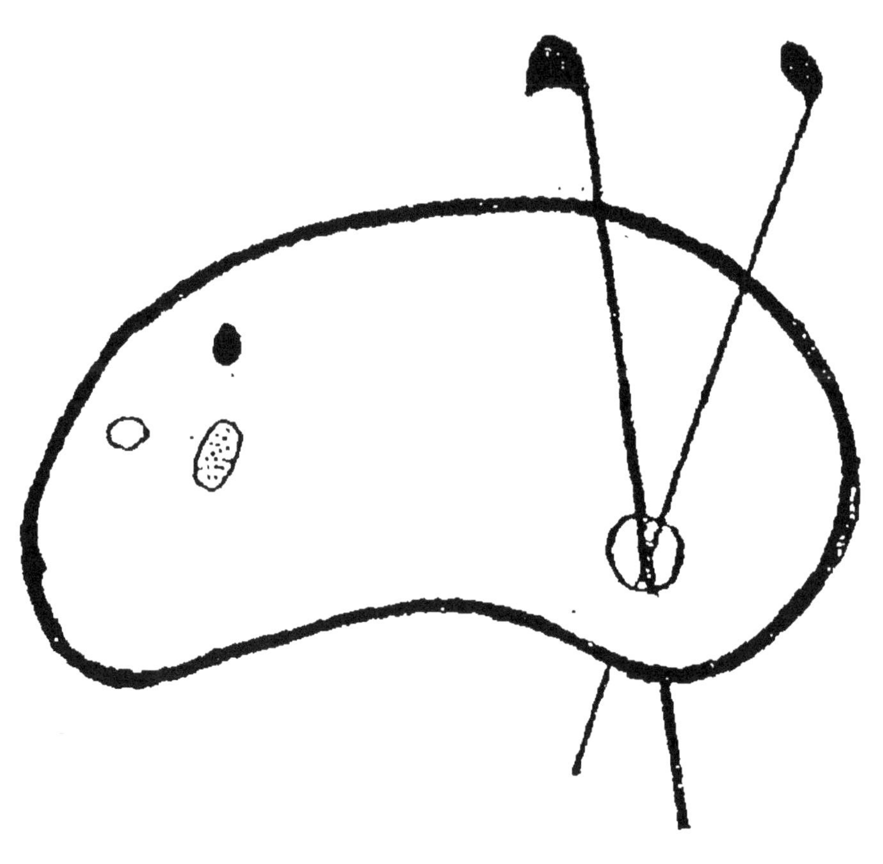

FIN D'UNE SERIE DE DOCUMENTS
EN COULEUR

DU CONGO AU LAC TCHAD

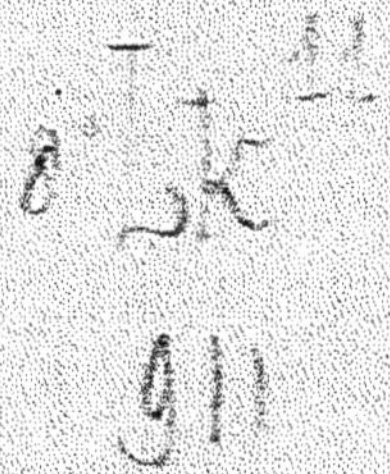

CORBEIL. — IMPRIMERIE ÉD. CRÉTÉ.

Martret (mort). Courtet.

Dr J. Decorse. Aug. Chevalier. directeur de la mission.

LA MISSION CHARI — LAC TCHAD.

MISSION CHARI — LAC TCHAD 1902-1904

DU CONGO AU LAC TCHAD

LA BROUSSE TELLE QU'ELLE EST. — LES GENS TELS QU'ILS SONT

CARNET DE ROUTE

Du Docteur J. DECORSE

MEMBRE CORRESPONDANT DU MUSEUM D'HISTOIRE NATURELLE

PARIS

ASSELIN ET HOUZEAU, ÉDITEURS

Place de l'École-de-Médecine

1906

INTRODUCTION

Le 15 juin 1902, la mission Chari-Tchad s'embarquait à Bordeaux. Elle se composait de quatre membres : Chevalier, son chef, chargé des travaux botaniques ; Courtet, préposé aux études géologiques et à la carte ; Martret, commis spécialement aux essais de culture ; moi-même enfin, désigné pour étudier les bêtes et les gens.

Le ministère des Colonies, celui de l'Instruction publique, l'Institut, le Muséum, le Gouvernement du Congo, les Sociétés de géographie, en un mot les patronages les plus éminents s'étaient réunis dans un commun effort pour coopérer à notre tâche.

Notre mission, nettement définie, consistait à recueillir, aussi abondants et précis que possible, les documents scientifiques et économiques capables d'établir définitivement les ressources et la valeur des régions que nous allions parcourir.

La mission a-t-elle atteint le but proposé ? Son chef le dira sans doute. Mais, à côté du compte rendu général, il nous a paru qu'il y avait une place, — une place modeste, — pour une sorte de journal de route, suite de sensations et d'impressions recueillies au jour le jour. Notes rapides, croquis griffonnés sous le soleil, réflexions écrites le soir à la chandelle, voilà ce que nous offrons au lecteur qui, à défaut d'autre mérite, pourra en toute confiance accorder à ce travail l'avantage de la sincérité et de l'exactitude.

Maigre ambition? Si l'on veut; mais ceux qui connaissent la brousse l'estimeront à son prix.

On ne se figure pas, en effet, combien il est sage de se défier de la littérature coloniale. Elle produit des effets de mirage. De bonne foi, mais inexpérimenté, le lecteur trouve dans son imagination des facultés de grossissement qui déforment étrangement la réalité. Sur les pas de l'explorateur, il rêve, s'émeut, se passionne, il se figure une Afrique invraisemblable, chimérique, une Afrique de bluff ou d'utopie, dont il devient difficile de le désabuser. Certains voyageurs en sont d'ailleurs responsables.

Celui qui le premier « vit les villes et les mœurs de beaucoup d'hommes », et qui raconta ses voyages, était un Grec. Il tricha avec la vérité; mais, avec la complicité d'Homère, il sut habiller ses récits de gloire, de fable et de poésie. Ulysse fut l'ancêtre de Tartarin. Beaucoup ont suivi leurs traces et spéculé sur l'ignorance du public trop crédule. Ils ont souvent tracé de la vie dans la brousse africaine des tableaux mensongers. Celui qui s'y trompe s'expose aux mécomptes et aux désillusions.

Voilà pourquoi j'ai résolu d'offrir au public et à mes camarades ces notes que je n'avais prises que pour moi. Je les publie telles quelles, feuillets sans retouches, détachés d'un carnet de voyage. Peut-être aurais-je pu supprimer quelques passages, modifier quelques autres et soigner davantage ma réputation d'écrivain. Mais le récit eût manqué de probité; les Belles Lettres y eussent peu gagné, et le lecteur, épris de vérité, y eût certainement perdu.

Si, dans ce récit, le moi de l'auteur apparaît trop

souvent, qu'on y voit moins de vanité qu'une nécessité inévitable. Le voyageur est forcé d'écrire : « J'étais là : telle chose m'advint. » Ces pages ne sauraient donc être impersonnelles, ni le moi de l'auteur haïssable.

Au reste, j'ai pris soin de ne relater que des faits ayant quelque intérêt. J'ai supprimé les longueries du départ, les banalités de la traversée, la révolte des estomacs sensibles. Nous débarquons droit au Congo, en pleine Afrique...

Un dernier mot : le livre une fois lu, plaise au lecteur d'y réfléchir Plus d'un s'intéressera un jour aux questions coloniales, aux problèmes qu'elles suscitent, aux débats qu'elles font naître. Il en est d'irritants. Sur certaines pages d'histoire, il y a des gouttes de sang. Ne vous hâtez pas de juger, lecteurs amis ; faites la part des exagérations, des défaillances, des irresponsabilités, des intérêts mal déguisés, des compétitions inavouables ; mêlez à la raison et à l'équité un peu de pitié et d'indulgence : l'auteur de ce livre s'estimera largement payé de sa peine.

DU CONGO AU LAC TCHAD

Les chutes.

Je suis allé voir les chutes du Congo. En quelque temps que ce soit, de Brazzaville on les entend gronder. Leur bruit suffit pour indiquer la route. Malheureusement, nous sommes en saison sèche, et le spectacle est moins imposant. J'ai même éprouvé quelque déception lorsque je les ai brusquement découvertes, du sommet d'une grande colline, vestige de la barrière naturelle que le fleuve a rompue.

Dans le trou plein de soleil qui se creuse sous nos pieds, on voit se précipiter, furieuse, la masse d'eau qui sommeillait dans le Pool. Glissant sur une pente rapide, elle se heurte d'abord à une série de rides rocheuses qui encombrent son lit et les enjambe. Comme les eaux sont basses, le roc crève partout la nappe d'écume. Des arbres entiers ont été retenus au passage et supportent des amas énormes de débris desséchés, abandonnés par la crue.

Par endroits, l'eau tourbillonne en remous terribles, au milieu desquels surgissent par instants des branches qui se dressent vers le ciel, comme les bras d'un homme qui se noie.

Ailleurs l'eau se faufile, silencieuse et sournoise, sous

les voûtes qu'elle a creusées, ou vient battre à coups sourds la pierre qu'elle éclabousse.

Sur les bords, ce sont des amas branlants de rochers arrondis, ou des dalles immenses, visqueuses et polies. Partout des placards de mousses gluantes.

Le long des berges, quelques bancs de sable vaseux nourrissent des forêts de roseaux tranchants, qui essayent de retenir un peu de tout ce que le fleuve roule et de reconstruire à mesure qu'il détruit.

Du milieu de ces bancs jaillit le N'djoué. Il sort d'un bosquet touffu, d'un fouillis de plantes vertes, saute sur une pente rocailleuse et se précipite dans le grand fleuve.

Après l'avoir recueilli, le Congo fait son gros effort pour franchir la grande chute. Au sortir des premiers rapides, la masse d'eau semblait s'être un instant apaisée comme pour ramasser ses forces. De nouveau, la voilà qui s'élance, qui bondit sur les roches avec un bruit de tonnerre et, pour mieux sauter, se transforme en paquets d'écume emportés par le vent.

C'est le dernier bond ; le Congo reprend ensuite son cours majestueux et lent entre les hautes collines qui l'enserrent jusqu'à l'horizon, s'estompant dans les vibrations de l'air surchauffé.

En route pour le haut fleuve.

Nous avons longé l'île de M'bamou avant d'arriver aux Couloirs dont on aperçoit l'entrée à partir de Brazzaville. La rive droite s'est relevée la première, en forme d'éperon arrondi qui prolonge les collines de M'pila.

La rive gauche, d'abord lointaine, s'est rapprochée petit à petit ; et bientôt, de chaque côté, les hauteurs se succèdent. Toutes se ressemblent. L'œil y chercherait vainement une forme qui le guide, une teinte qui le retienne.

De loin en loin des éboulis sablonneux découpent, en se rejoignant, des crevasses en ogives, et les bavures roussâtres qui en découlent maculent les flancs dénudés de ces coteaux lépreux.

Un peu partout, des bouquets de bois forment des taches.

Ce matin, les quelques bancs de sable qui encombraient encore la rivière achèvent de disparaître. La double ligne des berges se resserre. La rive française est la plus abrupte. Sur la rive belge, les ondulations sont plus molles et plus allongées.

Le fleuve est bordé d'un liséré d'herbes vertes, puis d'un épais rideau de bois marécageux. En arrière, on devine des clairières humides, couvertes de plantes aquatiques, poussées dans un cloaque.

Dans le fond se dressent des collines que la forêt escalade, sans pouvoir en gagner les sommets. Par-ci, par-là, de grandes traînées laissées par les feux de brousse.

De tous côtés, un horizon fermé par une double barrière qui semble s'entr'ouvrir à chaque coude du fleuve.

Le paysage est infiniment triste. Aucune teinte vive n'égaye l'œil. L'eau coule profonde, calme et sale. Les verts sont presque tous sombres, et tout, ou à peu près, est vert. Le ciel est plombé, l'air obscurci par la brume : c'est le temps gris de l'Équateur.

Le rivage est désert : quelques crocodiles endormis, deux ou trois antilopes, des canards à la débandade. On dirait que la vigueur et l'intensité de la végétation ont tué la vie animale ou la rendent impossible.

Vers le soir, nous avons croisé une chaloupe qui

emportait un mort : on nous a crié son nom; personne n'a compris, et l'on s'est remis en route.

Nous sommes sortis des Couloirs.

Après ces deux mornes journées, le fleuve dans son immensité paraît plus immense encore.

Nous traversons un dédale d'îles et d'îlots surchargés d'une végétation merveilleuse, dont on peut difficilement imaginer la puissance. Cependant le paysage sent la fièvre. Et puis son uniformité devient désespérante. L'étonnement fait place à la lassitude, et la monotone navigation reprend son cours.

Du haut de la passerelle, je regarde le laptot sondeur faire son inlassable moulinet. Assis à califourchon sur l'étrave, il plonge dans l'eau, d'un mouvement régulier, sa longue baguette, qu'il relève sur le coude et fait tourner d'un coup de poignet.

Pour ne pas s'endormir, il nasille de temps en temps : « a mète sacate... toa mète sacate (1) » ; comme il crierait d'ailleurs n'importe quoi, sans savoir ce qu'il dit. Il sait tout juste ce qu'il y a de fond quand il hurle : « téra mingi ! (2) ». Mais alors c'est trop tard : la canonnière a déjà touché.

Malgré cela, pas de danger qu'il quitte sa place. Ses camarades viennent lui tenir compagnie ou lui apporter des douceurs.

Il y en a une que je vous recommande : écrasez dans le fond d'une assiette une dizaine de ces petits piments rouges qui vous brûlent l'estomac ; versez dessus un bol d'eau fraîche ; mettez une poignée de sel et pressez

(1) Un mètre cinquante... trois mètres cinquante.

(2) Beaucoup de terre : il n'y a plus d'eau, c'est un banc de sable.

le jus de deux ou trois citrons. Le mélange se boit à la cuiller. Mais il faut quand même un gosier de nègre pour absorber sans sourciller ce breuvage incendiaire. L'absinthe pure n'est rien à côté, pas même l'alcool de traite à 90°. Si l'on connaissait cette formule en France, elle détrônerait sûrement les mixtures américaines.

On est surpris de voir aussi peu de villages sur les berges. La plupart ont disparu. Malgré tout, le pays a l'air habitable, et l'indigène devrait y pouvoir subsister. Malheureusement le fleuve est la grande route, et c'est là sans doute le principal motif de ce dépeuplement. Il s'y trouve aussi tout le long trop de petits royaumes. Et les villages se vident, passant d'une berge à l'autre, ballottés entre les exigences insatiables de nos grandes concessions et les rigueurs de l'État belge.

Au lieu de se laisser gagner, les indigènes, déjà très rudes, se montrent de plus en plus défiants et vindicatifs.

« C'est tant mieux, nous répète-t-on, car il faudrait les exterminer tous : il n'y a rien à faire de ces gens-là ; ils sont anthropophages ! » Voilà le grand mot, et il est vrai. Mais sont-ils si coupables ? La forêt est ingrate, la chasse difficile et le fleuve trop profond pour des pêches fructueuses. La culture produit peu ; le bétail ne saurait vivre à cause de la tsé-tsé : l'homme est au contraire un gibier qui se prend à la course. Et puis sommes-nous bien sûrs que nos grands ancêtres n'en aient pas fait autant ?

Pour gagner du temps, nous naviguons la nuit, au clair de la lune.

Elle luit d'une lumière étrange, douce et colorée. Sa clarté, belle et puissante, repose.

Elle a perdu cet air falot que nous lui connaissons chez nous. Ce n'est plus l'amante insensible pour qui soupire éternellement Pierrot.

On dirait un flambeau qui illumine la nuit d'une lumière discrète, de crainte d'éveiller la nature endormie.

Ses rayons s'accrochent aux branches, sans percer le mystère des bois ; sur la rivière, ils voltigent au gré des remous frissonnants ; leur éclat miroite et tremblote comme les mille reflets de mille feux scintillants.

Dans le ciel, toute ronde. elle regarde et veille, poursuivant sa course tranquille parmi les étoiles pâlies.

Dans le calme de la nuit, les aubes ronflent en fouettant l'écume. La machine halète et souffle, en un rythme obsédant : il semble que le bateau vive et laisse chanter son âme.

Impfondo.

J'ai réussi à me faufiler dans une case, sous prétexte d'acheter du poisson.

Les montants de la porte sont sculptés ; les dessins ont des formes angulaires. La toiture est bonne, mais les murailles sont pleines de trous qu'on a cherché à boucher en crépissant avec de l'argile.

L'habitation n'est pas très propre. Dans le fond de la chambre de l'homme, une espèce de lit pour une seule personne : quatre fourches hautes de 20 centimètres, quatre traverses et une planche mal équarrie. En pagaille dans tous les coins, des manches d'outils, des calebasses vides, une cuiller, des boîtes en écorces cousues, un foyer et des cendres chaudes.

La pièce voisine communique avec celle-ci par une porte. Elle est réservée à la femme et aux enfants. Mêmes dispositions, mais plus encore de fouillis : débris de cuisine, manioc pilé, mortiers, pilons, paniers, ustensiles, etc...

Sur le pas de la porte, une pierre à repasser les outils. Sur le toit, des nasses et des paniers de pêche.

Les gens n'ont pas voulu me vendre de poisson, parce que je n'avais ni toile, ni fer, ni mitako (1).

Pendant le jour, tous les Bangala dorment. Ce sont des noirs vigoureux, au facies enlaidi par d'énormes balafres, ou des bourrelets charnus qui leur font un cimier. Avec leurs dents limées, ils ont des airs féroces. Au fond, ils ne sont pas méchants.

Le soir, quand on aborde le long des rives couvertes, ils partent couper du bois. Sans crainte des moustiques, qui seuls peuplent ces solitudes, ils s'enfoncent au plus épais des fourrés, en quête d'arbres morts et de géants branchus, couchés par les tornades. Toute la nuit ils travaillent.

La provision faite et mise dans le chaland, ils reviennent a bord, mangent et s'endorment. Ils sont une soixantaine. Sur le faux pont, ils s'entassent tous nus, enchevêtrés partout où la place est bonne. Il y en a dix sur chaque panneau ; quelques-uns dorment sous l'escalier, d'autres accroupis sur les marches : certains sont allés se jucher sur le bois. Avec eux, les laptots, les boys et les femmes, on ne sait où poser le pied. Il faut des prodiges de précautions et d'équilibre pour enjamber, sans les toucher, ces amas de corps étendus. Quand on marche dessus, ils se retournent et grognent,

(1) Mitako, monnaie consistant en une tige de laiton longue de 15 centimètres pliée en V.

ou encore, d'un geste brutal, assomment à moitié leurs voisins endormis.

Monjimbo.

Ils n'ont pas l'air aimable, les gens de Monjimbo. Ils ont répondu par des cris peu engageants lorsqu'a sifflé la canonnière. Les femmes et les enfants se sont réfugiés dans les cases, pendant que les hommes, en armes, se rangeaient au sommet de la berge à pic pour nous voir aborder. Ce ne sont heureusement que des apparences.

Le Dolisie fait du bois. Visité le village. Il s'élève dans une clairière conquise sur la forêt. Les cases toutes petites, allongées et étroites, sont rangées en lignes parallèles, perpendiculairement à la rive. On dirait que les indigènes ont orienté le côté étroit de leurs habitations dans la direction habituelle des tornades. Quelques cases cependant son parallèles au fleuve, mais elles sont adossées à la lisière du bois.

Dans le fond, une case toute ronde, très belle : c'est, paraît-il, la case nuptiale du chef. Sur la place qui la précède, un amas circulaire de crânes d'hippopotames.

Partout des bananiers et des papayers en fleurs. De-ci, de-là, quelques grands arbres dressent leurs troncs énormes et donnent de l'ombrage à l'heure de midi. Des hibiscus, des ignames grimpantes, des tomates, des piments : quelques plantes fétiches.

L'aspect général serait plutôt gai, coquet et engageant, si ce n'était qu'on aperçoit, derrière les cases, d'énormes tas d'ordures, sur lesquels gisent des ossements humains. D'aucuns attestent, à n'en pas douter, une cuisson plus ou moins récente.

D'ailleurs, si l'on pouvait conserver des doutes, il

suffirait de regarder les colliers des gens qui nous accompagnent : ce sont des chapelets de molaires humaines, mêlées à des dents d'animaux de toutes sortes.

Quant aux hommes eux-mêmes, ils paraissent moins intelligents que brutaux et robustes (1). Ils ont le teint noir à fond brun, des pommettes saillantes et un prognathisme accentué. Ils s'arrachent les deux incisives médianes de la mâchoire supérieure.

Les femmes ne seraient pas trop laides sans leurs tendances à l'obésité... du côté pile. Tandis que les hommes portent des pagnes bouffants en écorce, elles se ceignent de petits juponnets en fibres qui leur descendent jusqu'à la moitié des cuisses. Les plus riches en ont deux superposés : l'un noir, l'autre brun foncé ; on songe naturellement aux tutus des danseuses.

Elles portent aussi des colliers de cuivre énormes. Quelques-uns doivent bien peser 5 kilos ; d'autres simulent d'immenses faux cols, hauts de 10 centimètres, ornés d'une lame plate et transversale qui fait tout le tour. Tous sont rivés à demeure.

Sous un petit abri, au bord de la rivière, une forge avec un soufflet tout en bois : deux corps de pompe et une tuyère.

Plus loin, un four à fondre, creusé dans le sol et affectant la forme d'un trou de serrure.

Partout des objets les plus divers : paniers, poteries, mais surtout des objets mobiliers et des bijoux dont l'aspect rappelle à s'y méprendre les dessins Momboutou de Schweinfurth.

(1) On les appelle Bondjo, qui veut dire Blancs, dans leur langue, sans doute parce qu'ils sont nègres ou qu'ils se teignent en roleugade tête jusqu'aux pieds.

Sakabo.

En descendant à terre, j'ai trouvé un malade qui avait la cuisse et la jambe rongées par un énorme ulcère. On lui avait fait un pansement avec des feuilles pilées, mêlées de graisse et d'argile. Une feuille de bananier maintenait cet emplâtre en place. J'ai pansé ce malheureux et gagné la bienveillance de l'assistance. Le chef est même venu me proposer, contre un fusil, une toute jeune femme, sa propre fille, paraît-il.

En revenant, j'ai aperçu, derrière une case, deux enfants de cinq ans environ, réduits à l'état de squelettes. Ils n'ont plus de parents. Personne ne veut les nourrir. Ils n'en ont plus pour longtemps ; mais le régal sera maigre.

Banghi.

Nous avons tout juste pu franchir le seuil de Zinga. Voici Banghi. Tout le monde débarque ! *Le Dolisie* n'ira pas plus loin. On peut le deviner sans peine : une barrière de roches coupe le fleuve en deux.

Sur la rive française se dresse une colline escarpée, toute cachée par la forêt verte. A mi-flanc du coteau se cramponnent les quelques constructions du poste, en équilibre sur les éboulis d'un éperon rocheux.

D'un côté le « Trou du Peintre », ainsi nommé parce qu'un artiste, qui vint jadis jusqu'ici, y fit une culbute nocturne dont subsiste encore le souvenir joyeux.

De l'autre côté, une falaise à pic, rongée en crique par le remous des eaux ; un sentier de chèvres la longe en corniche, avec des ressauts inquiétants.

L'éperon s'avance dans la rivière et s'y termine par

une cascade de rochers aplatis. De là partent les rapides.

Qu'on se figure une série d'îlots rocailleux, déchiquetés en mille pièces, au milieu desquels le fleuve zigzague avec furie. La barrière s'étend obliquement jusqu'à la rive belge, où s'élève le poste de Zoungo. C'est cette rive qu'on longe pour enfiler la passe praticable.

Le coup d'œil est des plus pittoresques. La forêt, qu'on découvre partout, a l'air moins sombre et moins effrayante. Elle gagne en charme ce qu'elle perd en majesté. La vue du cimetière qu'on trouve en débarquant et celle des gourbis qu'on nous destine nous donnent une impression plutôt fraîche. Mais nous n'en sommes pas moins soulagés d'avoir quitté la canonnière, où nous avons tourné en rond douze jours durant.

On entend une cloche. C'est celle de la Mission, en amont des rapides.

Toujours pas de *Peripatus* ! Ce matin encore, dès le jour, j'ai escaladé la colline boisée, au pied de laquelle se dresse notre campement. Par les rigoles qui serpentent entre les roches moussues, j'ai gagné les coins sombres et les creux où s'amassent les feuilles mortes. J'ai fouillé sous les racines que déchausse la pluie, retourné les pierres, scruté les trous : j'ai trouvé toutes sortes de bêtes, mais toujours pas de *Peripatus* !

A cette heure matinale, la forêt répandrait un charme pénétrant, si la rosée qui dégoutte des branches ne refroidissait l'enthousiasme. Dans ces fouillis inextricables de plantes rampantes, de hautes herbes et de lianes, chaque faux pas met tout en branle et provoque une douche immédiate qui s'effondre des cimes et ruisselle sur la peau. On glisse, on patauge, on est trempé.

La lumière ne touche pas le sol; pour l'approcher, il faudrait être singe. On en aperçoit, commodément assis sur les grosses branches, se faisant charitablement une mutuelle toilette, ou bien, les bras écartés, se chauffant le ventre au soleil.

Des écureuils sautent d'arbre en arbre. De tous côtés, des centropes et des touracos se répondent à tue-tête en poussant des cris en borborygmes.

Au cours de cette promenade hydrothérapique, j'ai rencontré toute une bande de M'bwaka : c'étaient des marmots de toutes tailles, des jeunes filles et des vieilles femmes. Les plus habillés portaient deux houpettes pendantes en fibres de *ficus*. Ils s'en allaient, inspectant soigneusement les herbes, où ils recueillaient quelque chose qu'ils déposaient chacun dans un petit panier. La récolte paraissait bonne. Mais que pouvaient-ils bien chercher? Le mieux était d'y aller voir.

En les suivant, j'arrivai dans une petite clairière, où deux mâles, armés de troumbaches et gravement assis, contemplaient un petit feu de brindilles presque sèches, sur lequel chauffait à vide une moitié de marmite brisée.

Pour ne pas les mettre en fuite, je m'annonçai par de bienveillants m'balao et m'approchai par une marche de flanc, à rendre jaloux un crabe. J'arrivai au bon moment : on fait l'inventaire de la chasse : ce sont des chenilles !

Elles fourmillent, multicolores, et rampent : bleues, jaunes, vertes, noires avec des points rouges; violettes avec des points noirs ; il y en a de grasses, de maigres, de verruqueuses, de lisses, de visqueuses, de velues; les unes ressemblent à de petits mirlitons, d'autres à du macaroni. Ça grouille avec le même frémissement que les asticots dans la boîte d'un pêcheur à la ligne.

Et voilà qu'ils les font cuire. En tombant dans la

marmite, tout cela se tortille et grésille avec une drôle d'odeur.

Malheur! Maintenant que c'est cuit, ça ressemble aux haricots verts des conserves Prevet.

Je m'en souviendrai du pique-nique M'bwaka. « Au revoir M'balao, M'balao. Bon appétit. Je vous laisse... » Et cependant... si dans le tas il y avait un *Peripatus*?... Tant pis ! que M. Bouvier m'arrache les yeux !

Derrière Banghi, à quelques kilomètres dans la brousse, s'élève un petit village habité par des indigènes étrangers, égarés au milieu des M'bwaka. On les connaît sous le nom de Ndrés, qui leur fut donné par Maistre et Dybowski. En réalité, ils s'appellent Ngérés, et sont sur l'Oubanghi les représentants les plus occidentaux de la famille Bonda.

Bien qu'ils aient, en partie, adopté le type carré des constructions congolaises, on trouve dans leur village autant de cases rondes toutes en paille. A de grands pieux dressés à côté des paillottes sont suspendus des chapelets de crânes de petites antilopes, des céphalophes en particulier.

Ces indigènes paisibles ont un goût assez exceptionnel pour la peinture. Sur les planches qui forment parfois les murs, sont peints en noir des sujets naïfs et des plus naturistes : des têtes d'antilopes, reconnaissables aux cornes ; des soleils ; des silhouettes de chiens, de buffles ou d'éléphants ; mais surtout des bonshommes comme en dessinent les enfants. Le corps est anguleux, la tête énorme, les jambes courtes, les bras écartés. Quant au sexe, on ne peut l'ignorer. Cependant, si les figurines sont trop petites pour qu'on puisse préciser ces « détails », ils sont indiqués par un symbole conventionnel : les hommes tiennent en main une sagaie ; les femmes se reconnaissent à la charge qui pèse sur leur tête, ou à l'enfant qu'elles portent sur le dos.

C'est la première fois que nous trouvons chez les indigènes du pays des aptitudes picturales. Mais le voisinage de la Mission catholique y est peut-être pour quelque chose.

Nous prolongeons ici, malgré nous, une villégiature qui manquerait de charmes si nos recherches ne nous procuraient quelques dédommagements. La localité est en effet très bonne et pittoresque. Mais quelle misère !

Le temps ne s'écoule pas moins, et les chalands n'en arrivent pas plus vite.

Pour me distraire, je vais, le soir, au village M'bwaka, voir les bambins faire tam-tam. Ils sont hauts comme ça et ont bien cinq ou six ans, ce qui ne les empêche pas de danser un pas de deux qui n'est pas banal. Ils se mettent par couples, face à face, se tenant mutuellement aux épaules. Tour à tour, chacun d'eux lance un petit coup de ventre en avant, en chantant quelque chose qui ressemble à « M'balaka... m'bouloka... Et allez donc : « M'bouloka... m'balaka.... m'balaka... m'bouloka ! »

C'est peut-être bien le nom de la danse, mais pour sûr les gamins ne l'ont pas apprise tout seuls.

L'Oubanghi.

Enfin nous quittons Banghi.

Nous nous entassons dans un boat qui prend l'eau : quatre Européens, sept boys, vingt-deux pagayeurs et deux tonnes de bagages.

Le confortable est très relatif. En y mettant un peu de bonne volonté, nous finirons par nous installer tant bien que mal... plutôt mal.

Yo, yo, yo! Hé! Yo, yo, yo! Hé!... Il nous semble que nous filons dix nœuds.

Je crois que Banghi n'a pas gardé nos cœurs.

Yo, yo, yo! Hé!!!

Aujourd'hui, je me suis fait « coller », je peux l'avouer sans honte. Comme nous revenions de tirer des pintades, j'ai aperçu une sorte de terrier évidemment tout frais. L'aubaine était trop bonne pour la dédaigner. Mais, à ma grande surprise, Gaba et le Bondjo qui m'accompagnent déclarent, après examen, que le locataire est probablement sorti. Craignant un peu de mauvaise volonté de leur part, je soutiens le contraire, par principe, car je n'y vois goutte. Mais voilà que ma surprise devient de l'ahurissement, quand le M'bwaka prétend que l'animal qui gîte là n'a que deux pattes. Il faut en avoir le cœur net.

Non sans avoir haussé les épaules devant mon incrédulité, Gaba fait d'abord sa petite exploration, pour voir si le terrier n'a pas plusieurs gueules; puis il coupe une grande baguette qu'il introduit à demeure dans le trou, pour commencer à le démolir. Mais, au lieu de rejeter la terre, il la laisse tomber afin de boucher progressivement l'orifice. Arrivé à un coude, il déblaye avec prudence, puis sonde une deuxième fois. La branche touche le fond du trou, mais le bras n'y peut atteindre.

Réflexion faite, Gaba retire sa baguette, dont il fend le bout en quatre avec son couteau. Dans la fourche ainsi obtenue, il introduit une petite motte de terre qui tient les brins écartés. De nouveau il enfonce la sonde, et, sitôt qu'elle touche le fond, il la fait tourner comme un tire-bouchon.

J'ai compris : quand la motte de terre s'écrase, les quatre brins se resserrent et font pince. Gaba ramène ainsi des herbes très fines, du duvet, et quelques plumes d'un vert métallique. C'est assez pour confirmer son diagnostic. Mais autant vaut en finir, puisqu'on a commencé. Quelques coups de hachette de plus, et voici le nid, avec un œuf cassé et un autre intact, verdâtre, très clair, piqueté de mouchetures.

Renseignements pris, ce doit être le gîte d'un gros guêpier. Les nids du même genre, que nous avions trouvés jusqu'ici, étaient d'oiseaux vivant en républiques, dans les berges sablonneuses. Mais il s'agit sans doute ici d'une espèce moins sociable, et, quoique au fond je ne sois pas encore positivement renseigné, j'ai pris une bonne leçon qui me console.

Notre équipe se compose de M'bwaka des villages d'en bas. Il s'y trouve cinq garçonnets de huit à douze ans, cinq vieillards ou infirmes. Restent une dizaine d'hommes solides qui pourraient bien faire, mais aiment mieux laisser les autres travailler. Le barreur, *Capita Botolé*, a l'air parfaitement canaille.

Depuis Banghi se répète chaque jour la même comédie. Au moment du départ, c'est à qui ne voudra pas embarquer ; les noirs ont toujours quelque besogne qui presse. Enfin ils se décident tous à la fois et embarquent en bousculade. Puis chacun reste debout, criant tant qu'il peut, se chamaillant avec ses voisins à propos de tout, mais surtout à cause des pagaies et des places. Au bout d'un quart d'heure, il faut crier à son tour et distribuer *larga manu* quelques bourrades.

Toute la bande s'installe enfin, les uns debout, les autres assis de quart en coin, sur une fesse, le long du plat-bord, jambe de-ci, jambe de-là, dans des positions invraisemblables.

Toutes les pagaies trempent dans l'eau; on pourrait se croire parti, mais tous font seulement semblant de pagayer : le grappin est encore à terre.

Enfin on démarre. Un petit bonhomme, assis à l'arrière, frappe avec une bûche pour marquer la cadence. Un autre entonne une mélopée quelconque qui se chante en deux phrases reprises alternativement par chaque bordée.

Ils chantent n'importe quoi ; souvent ça n'a pas de sens : « Malo... Imalo... Kongo Amulo ! »

« Mala, Amela, Imala — mala ; — adzidant mala ! »

Pourvu que se maintienne la cadence, c'est le principal.

Tout à l'heure, j'étais sur le tapis :

« Tue-nous donc de la viande, Kété Kété » (autrement dit : docteur, dokéter).

Cette musique est quelquefois lente et presque agréable, quelquefois discordante avec ses éclats d'intonations inattendues. Parfois le rythme est drôle.

Ça dure souvent une heure avec des changements brusques, on ne sait pourquoi ; puis ça revient de même.

Chaque bordée pagaie à son tour. On avance par deux poussées alternatives, qui font régulièrement balancer la pirogue.

Le rythme, la chaleur, l'immobilité, le chant, le balancement, tout berce et anesthésie. On se sent la tête vide ; les idées se heurtent sans qu'on puisse les suivre ; on ne sait à quoi l'on pense. Il semble qu'on connaisse depuis très longtemps la chanson qu'on écoute. On ne dort pas ; on regarde distraitement le défilé des rives toujours pareilles. C'est de l'engourdissement.

Les pagayeurs eux-mêmes en arrivent à s'assoupir et dorment en pagayant ; le chef d'orchestre dort en battant la mesure ; le chanteur chante en dormant, étendu sur le dos ; Botolé lui-même dort en tenant la barre.

Aussi en arrive-t-on toujours à des réveils désagréables. Tantôt l'on pique du nez dans un buisson de poils à gratter ; tantôt la barque est rabotée d'un bout à l'autre par un fragment de souche qui émerge et qui vous laisse à peine le temps de vous jeter à plat ventre ou d'exécuter un saut de carpe ; parfois c'est une pluie de fourmis affamées ou un vol de frelons qui viennent interrompre le bon somme.

Mais il ne faut pas désespérer : dix minutes après, ça recommence.

Itongo.

Un poste étrange ; des cases en détresse. Personne dedans, si ce n'est un vieux lépreux solitaire qui hisse le pavillon quand le soleil se lève et amène les couleurs quand tombe la nuit.

Ça marche. Nous franchissons maintenant les rapides comme si c'était à la descente. A cette époque de l'année, la navigation est plus pénible que dangereuse. Il faut surtout laisser faire les nègres. Pourvu qu'il y en ait deux ou trois d'assez solides pour aller à la nage attacher la cordelle, il n'y a plus qu'à haler sur le bout.

Cependant, du train dont nous allons, nous ne savons combien il nous reste de chemin à parcourir. Les M'bwaka eux-mêmes n'en sont pas sûrs. Ça n'aurait pas grande importance, si nos hommes avaient encore de quoi manger.

Ils ont eu cet après-midi une grosse déception. Il nous arrivait depuis quelque temps des bouffées d'une odeur plutôt fétide, et les M'bwaka s'étaient mis aussitôt à inspecter la berge en reniflant à pleines narines. Brusquement, un plongeon presque général, et les voilà tirant leur coupe vers une masse informe accrochée dans une souche. Cris, palabres, discussions : enfin tout le monde regagne le bord par le même chemin.

C'était un cadavre trop nauséabond pour être mangé. Cependant, c'était un homme qui n'était pas mort de maladie.

Deux pagayeurs ont pris la brousse cette nuit. C'étaient précisément deux de nos plus solides. Ils vont nous manquer.

L'Oubanghi devient, en effet, de plus en plus accidenté. Son cours diminue de largeur, mais il s'encombre davantage.

Le pittoresque y gagne sans doute, mais les difficultés croissantes nous empêchent de nous en réjouir.

De plus, nos pagayeurs se plaignent et font la mauvaise tête. Ils n'ont pas tout à fait tort. Ils ont faim ; ils réclament à manger.

Nous leur donnons bien quelques boîtes de conserves, mais c'est si peu de chose pour ces affamés ! Sans compter que nous n'en avons pas de reste.

On ne risque, en somme, pas grand'chose à franchir les rapides avec une baleinière. Il n'y a guère qu'un instant d'émotion à passer. Aujourd'hui, à l'« En-avant », nous est arrivé un accident des plus désagréables.

Les hommes tiraient par terre, à la cordelle, le boat allégé d'une partie des charges. Quelques-uns, descendus sur les roches immergées du rapide, cherchaient à repousser l'embarcation, que la violence des remous ramenait toujours contre ces rochers. A bord, nous épaulions sur des perches pour aider le mouvement. Nous passions. Mais voilà la corde cassée, et la baleinière drossée en plein courant. Les pagayeurs, qui étaient à l'eau, se raccrochent aux bordages, tandis qu'à bord nous perdons l'équilibre. Avec la rapidité d'une flèche, nous filons droit sur un gros écueil à fleur d'eau. Si nous touchons, notre affaire est faite. Nous aurons pour le moins une voie d'eau et coulerons sûrement avant d'atteindre la berge. Cette perspective nous remet vivement sur pieds. Nous voilà tous campés, la perche à la main, guettant la roche pour épauler et amortir le choc. Silence! C'est le moment! Des perches cassent, mais notre effort fait dévier la barque ; nous entendons grincer les tôles contre le rocher. Nous avons frôlé, par tribord, depuis le milieu jusqu'à l'arrière. Nous l'avons échappé belle.

Ce matin nous avons franchi les rapides de l'Éléphant. Chevalier a voulu se dégourdir les jambes et gagner par la berge un village qui, nous avait-on dit, ne devait pas être éloigné. Moussa, l'ineffable Moussa, l'accompagnait ainsi qu'un « savage », comme les Sénégalais appellent les indigènes.

A deux heures, nous arrivons à Kaya avec la baleinière. Pas de Chevalier ; mais, quelque temps après, arrive Moussa, qui nous annonce avec sérénité que notre camarade a voulu gravir une colline et s'est égaré. Lui, Moussa, l'a laissé se débrouiller tout seul.

Au moment où nous partions à sa recherche, Chevalier arrive, frappé d'une légère insolation. Sans son « savage », il y serait resté.

Vers le soir, nous sommes rejoints par tous les camarades de *La relève*, qui ont quitté Banghi cinq jours après nous. Ce n'était pas la peine de nous donner tant de tracas pour partir en avance.

Ouadda.

Couché à Ouadda : c'est la dernière escale.

En débarquant, nous avons rencontré un superbe albinos, élégamment vêtu d'une tunique rouge de soldat anglais ; c'est un Banziri ; les cas d'albinisme ne sont, paraît-il, pas rares dans cette peuplade.

Les autres indigènes sont des Banda Ouadda.

Un Sénégalais, en service à la factorerie, a tué un éléphant il y a une huitaine; en ce moment, il y en a beaucoup. Aussi le village empeste : toutes les maisons regorgent de viande. Boys et pagayeurs en ont échangé contre toutes sortes de choses : pour la circonstance, l'un d'eux nous a même volé une bouteille de vinaigre qu'il a repassée pour du tafia au Sénégalais : celui-ci s'est plaint d'avoir été trompé sur la marchandise.

Tous sont revenus avec des blocs de rumsteak noirâtres, durs et puants ; quand on les fend, on trouve au-dessous de la croûte sèche une bande de viande encore un peu rosée ; le centre est verdoyant.

Mais tout y a passé, non sans quelques indigestions inévitables.

Rencontré en route le colonel Destenave, qui rentre en France. Le temps perdu nous force à naviguer jusqu'à la tombée de la nuit pour atteindre Fort de Possel... Enfin !

Fort de Possel. — Besou. — La Kémo.

Fort de Possel n'est qu'un point de transit, au confluent de la Kémo et de l'Oubanghi. Une factorerie végète péniblement à côté du poste. Mais, tout autour, c'est le désert. Il faut aller à deux journées de marche dans le nord pour trouver des villages de M'brou. Les quelques Sabanga, qui sont sur la Kémo en amont du poste, sont des envahisseurs venus de Bangaso. Quant aux Langouasi, ils occupent toujours la région plus lointaine que Dybowski traversa. Les Ouadda sont sur l'Ombella, plus dans l'ouest. Si bien que sur cette partie du territoire Banda on ne trouve guère que des étrangers.

Le pays semble pourtant capable de nourrir plus de gens qu'on n'en rencontre. On est sur la lisière de la grande forêt équatoriale, et l'on retrouve sa merveilleuse végétation partout où il y a de l'eau. Mais ailleurs, c'est déjà la brousse ingrate, avec ses hautes herbes, ses roseaux envahissant les flaques des marais, ses broussailles en parc ou ses rares palmiers.

L'éléphant s'y rencontre. L'homme s'y plairait aussi, à ce qu'il m'a semblé.

A l'embarcadère du poste, à l'embouchure de la Kémo, sont amarrées de superbes pirogues. Les toutes petites n'ont rien de remarquable, mais il en est dont la taille est vraiment surprenante. Elles jaugent plusieurs tonnes et mesurent environ 20 mètres de long.

Elles s'effilent régulièrement de l'arrière à l'avant, avec des extrémités construites en petites plates-formes. De place en place, dans le fond, les indigènes ont laissé des parties épaissies qui forment une membrure. Quatre-vingts hommes peuvent y tenir sans peine.

La construction de ces embarcations représente un travail énorme pour des indigènes, qui ne se servent que de mauvais outils. Pour les creuser, ils s'aident du feu, brûlant petit à petit le bois et achevant l'œuvre à la hache. Ce travail exige néanmoins la coopération de nombreux ouvriers à la fois. Aussi ces pirogues sont-elles la propriété des villages.

On choisit, pour les construire, des fûts d'un seul jet, gigantesques, et dont la recherche coûte bien du temps. Deux essences surtout paraissent les plus employées. L'une est d'un bois tendre, jaunâtre, très léger, qui fait des pirogues quasi insubmersibles. L'autre est d'un bois rouge, très dur à travailler, qui, paraît-il, résiste aux termites. Les pirogues qu'on tire de ces arbres imputrescibles sont beaucoup plus solides, mais lourdes : elles sombrent facilement pour peu qu'elles embarquent.

Jadis on en trouvait un grand nombre : elles deviennent plutôt rares. Comme elles étaient les meilleures, les Blancs les ont accaparées les premières, et, faute de les réparer, ils les ont laissées se perdre.

Les indigènes du fleuve n'en construisent plus aujourd'hui ; ou, s'ils en fabriquent encore, ils ont grand soin de ne pas les laisser voir, dans la crainte très justifiée qu'on les leur prenne.

De l'autre côté de la Kémo, s'élève un petit village cosmopolite. On y rencontre d'anciens serviteurs d'Européens, les femmes des boys en service au poste, enfin les familles des employés de la factorerie hollandaise.

Quelques Gobou et des Banziri s'y sont aussi installés et vendent le poisson qu'ils prennent surtout avec des nasses. Celles-ci rappellent assez bien les nôtres, mais elles sont tellement larges qu'un homme de taille moyenne pourrait s'y tenir debout.

Ils les plongent toujours en eau profonde, le long des berges, le pavillon tourné en aval. Parfois ils construisent, pour les retenir, de petits barrages en branches; mais le plus souvent ils utilisent des souches ou des racines enchevêtrées.

Les nasses qu'ils placent entre les roches des rapides sont de plus petite dimension. Ils les immergent dans les passes assez profondes et tournent le pavillon de manière à engouffrer le courant.

Les pêches sont souvent assez belles, mais les Européens n'en profitent presque jamais; les miliciens accaparent tout.

Au village Sabanga, je suis tombé sur un atelier de sculpture. Un vieux à cheveux blancs taillait avec une petite hachette des écuelles en bois. A côté, deux hommes achevaient de creuser un tam-tam.

La fente servant à évider cet instrument est bien plus large que je ne pensais. En son milieu, l'ouvrier peut introduire la main et remuer le poignet.

Il serait d'ailleurs incompréhensible que les indigènes arrivassent par un autre moyen à creuser un tam-tam sur toutes ses faces. Dans la partie basse, soit; mais en haut, c'est impossible.

Leur outil est une étroite lame de fer en forme de bédane, dont la tige serait une douille. On la monte sur un manche coudé à angle aigu; et, selon que la lame est de champ ou de côté, on s'en sert comme d'une hache ou d'une herminette, voire comme d'une gouge, en râclant.

Il faut néanmoins un temps considérable pour arriver à un bon résultat. L'ouvrier doit éviter également de faire ni trou, ni fissure, pour ne pas diminuer la qualité du son.

Le vieux Sabanga m'a expliqué le procédé pour rétrécir la fente, une fois l'évidement achevé.

On entoure le tam-tam en son milieu d'une longue corde qui fait une boucle complète, mais sans nouer. Puis on place de chaque côté de grosses pierres chaudes et du sable, jusqu'à ce que l'instrument soit presque enterré. On emplit alors la cavité d'eau bouillante, qu'on verse aussi sur le sable.

Sous l'influence de la chaleur et de la vapeur d'eau, le bois s'assouplit. On serre alors la corde, en la fixant à de solides piquets. On recommence l'opération jusqu'à ce que la fente médiane soit rétrécie, à ce point qu'on se demande comment, avec de si primitifs outils, les indigènes arrivent à creuser leurs tam-tam sans y pratiquer d'autre ouverture.

Décidément, je suis bien touché. Je vais de mal en pire, et, coûte que coûte, il me faut essayer de réparer mes intestins. Pour me faire soigner, M. Charles Pierre (1) m'a emmené en pirogue jusqu'à la mission de la Sainte-Famille.

Si je n'avais été aussi souffrant, j'aurais pris plaisir à voir les Banziri manœuvrer leurs longues perches. Pendant que l'un d'eux pousse, courbé sur son « tombo » (2) en courant de l'étrave jusqu'au chimbek (3), l'autre fait un moulinet en allant prendre sa place pour pousser à son tour. Sous leur effort, la pirogue vibre tout entière.

(1) M. Charles Pierre, de la Compagnie de Sultanats, qui refit le trajet de l'Oubanghi au Caire par le Nil.
(2) Tombo : perche.
(3) Chimbek : abri de fortune en paille.

A l'arrière, une dizaine d'hommes pagayaient à petits coups précipités, mais vigoureux.

A la hauteur du village Gobou, nous avons aperçu une pirogue qui se détachait de la berge. Deux hommes la montaient et pagayaient debout. Ils ont gagné le milieu du fleuve, puis ils ont pris dans le fond de l'embarcation un grand paquet oblong qu'ils ont jeté à l'eau. C'était un « enterrement » à la mode riveraine.

Nous sommes arrivés à la nuit close, ce qui a sans doute dérangé davantage les braves gens qui nous accueillaient. Mais personne ne s'en serait douté.

Besou.

Ces jours-ci, il y a de la poudre dans l'air. Les Togbo sont en grève. On n'en voit plus un seul venir à la Mission porter du manioc ou du maïs.

Les Sabanga de Fort de Possel auraient, paraît-il, saccagé leur village. Il y a certainement du vrai dans tous ces racontars, mais les exagérations sont manifestes. Demain nous irons voir.

Nous sommes partis à cheval avec le R. P. Moreau pour le village d'Angoa, qu'on nous a dit ruiné de fond en comble.

En route, nous sommes tombés sur la horde des Sabanga, qui s'en revenaient chargés de dépouilles opimes : lits, chiffons, filets de chasse, calebasses et surtout paniers de manioc.

Comme L... m'avait affirmé leur avoir défendu de le suivre, je leur ai fait abandonner leur butin, convaincu d'ailleurs qu'ils sauraient bien quand même revenir le chercher.

C'est le seul incident remarquable.

Les herbes sont tellement hautes que, même à cheval, on voit à peine à quelques pas devant soi. Sur notre gauche, dans le nord, les noirs m'ont montré quelques hauteurs massives et peu boisées. C'est dans cette direction que s'élevait le poste fondé par Dybowski au bord de la Kémo.

Partout ailleurs s'étend la plaine assez humide, avec des tranches de bois bordant des marigots, où les éléphants aiment à fréquenter.

Au bout de trois heures de marche, nous sommes arrivés chez Angoa, dont le village paraissait absolument intact.

Les Sabanga se sont contentés de faire main basse sur tout ce qu'ils ont pu ramasser, pendant que les Togbo effrayés s'enfuyaient dans la brousse. Ils ont cependant fait du tort aux cultures en arrachant le manioc avant sa maturité.

Angoa, pris en flagrant délit de mensonge, nous a expliqué en souriant qu'il avait eu surtout peur de voir les Sabanga commettre les méfaits dont il les savait capables.

Après le palabre, j'ai jeté un coup d'œil sur le village, construit dans le style général des villages Banda. Beaucoup de cases s'élèvent sur de petits monticules. Presque toutes ont le pignon surmonté d'une longue tige de bois enguirlandée de feuilles de maïs. Près des cases, on trouve de petits greniers à mil montés sur pilotis, ou des claies à claire-voie verticales, sur lesquelles sèchent des épis de maïs; près de la porte, des filtres à sel en vannerie, soutenus par un trépied.

Les Togbo eux-mêmes n'ont rien de bien spécial. En une seule visite, on les a assez vus.

Dans la cour de la Mission, les enfants ont construit, pour s'amuser, un instrument bizarre qu'ils appellent koté-koulindi. Schweinfurth, je crois, l'avait déjà signalé sur le haut Oubanghi ou le Nil.

Ce sont deux branches, fichées en terre et courbées en arc par deux cordelettes tendues qui vont se fixer dans une ouverture percée au centre d'une planchette.

Cette planche, solidement maintenue par des crochets profondément enfoncés, recouvre un gros trou creusé dans le sol.

Pour jouer de cet instrument, le musicien s'assied et frappe alternativement les cordes avec un bâtonnet, tandis qu'il diminue leur tension en appuyant doucement sur les arcs de bois, afin de varier sa musique.

Je ne prétendrais pas qu'il y réussît, mais le système est ingénieux.

Le R. P. Moreau m'a conduit au bord de l'Oubanghi pour m'y montrer le café sauvage. Sur les berges humides, recouvertes chaque année par les eaux, la végétation est des plus vigoureuses. Abrités par des arbres énormes, les caféiers poussent à l'ombre, dardant leurs tiges grêles ornées de feuilles rares, sombres et lisses, et portant leurs fruits rosés adhérant aux branches.

Dans ces parages, le café n'est pas rare, du moins dans les sous-bois qui bordent les ruisseaux ; mais il n'est pas très abondant, puisque les arbustes restent localisés dans le voisinage des cours d'eau permanents.

C'est dommage, car il est meilleur que le café à gros grains cultivé dans l'État Belge.

Mon séjour à la Mission m'a permis de faire connaissance avec les Banziri de Besou. Malheureusement, ce sont des émigrés que le voisinage de Banda a déjà modifiés. Leur pays d'origine se trouve beaucoup plus à l'est, aux environs du Koango, sur la rive française.

Pêcheurs de préférence, piroguiers adroits autant qu'audacieux, ce sont, parmi les indigènes, ceux qui se déplacent le plus volontiers. Mais ils ne s'éloignent jamais de la rivière, semant de place en place de petites colonies comme celle de Besou. Ils servent d'intermédiaires constants aux Banda de l'intérieur, à qui ils achètent du grain et du manioc, en échange du poisson qu'ils pêchent, ou de la bimbeloterie qu'ils colportent.

Cette existence vagabonde leur a permis de développer certaines qualités qui facilitent leurs rapports avec nous et nous les rendent plus sympathiques. Il m'est avis cependant qu'ils ne méritent pas complètement les éloges qu'on en a pu faire. L'élégance relative, la coquetterie et l'amabilité du beau sexe, leur ont peut-être, plus que le reste, valu les préférences du voyageur. Leur gaîté, leur confiance expansive font, en effet, contraste avec la sauvagerie et la brutalité de tous leurs voisins. C'est déjà quelque chose, mais c'est insuffisant pour les dresser sur un piédestal. Les Banziri ont comme proches parents les Bouraka et les Sango, qui parlent la même langue et probablement aussi les riverains de l'autre berge, que nous appelons Yacoma, nom qui signifie simplement « gens du haut ».

Ils sont musclés, de taille moyenne, et ensellés. Prognathes et lippus, ils ont des yeux en amande, presque bridés, le nez large, mais souvent assez long et pas trop épaté. La couleur noire de leur peau tire sur les teintes moins sombres, comme il arrive chez certains riverains du moyen Congo, avec lesquels ils ont un vague air de famille. Même il faut noter chez eux la fréquence de cas d'albinisme, plus ou moins complet, mais indiscutable.

Hommes et femmes ont peu de cheveux. Mais il fut un temps, assez peu éloigné, paraît-il, où les femmes, surtout celles des chefs, avaient coutume d'allonger démesurément leurs cheveux avec des postiches en fibres végétales.

Anthropophages avérés, ils se taillent les incisives en pointe et s'ornent de tatouages sur les membres et le tronc. Les hommes ne sont pas circoncis. Les femmes s'épilent et poussent même la coquetterie jusqu'à se faire arracher cils et sourcils. Le comble de l'élégance consiste à se teindre en rouge de la tête aux pieds.

Leur vêtement est très sommaire, comme d'habitude : un pagne pour les hommes ; pour les femmes, deux bavettes emperlées, quelques feuilles et l'innocence pour les jeunes enfants.

Industrieux, habiles surtout à fabriquer des engins de pêche, ils travaillent aussi le bois avec adresse. On trouve chez eux des boîtes en écorces cousues, de grandes cuillers sculptées, des écuelles et des plats massifs, des tabourets de formes bizarres, dénotant une certaine recherche.

Leur goût se révèle aussi dans le soin qu'ils apportent à s'orner la tête de perles rouges enfilées dans les cheveux et dans la profusion de bijoux de toutes sortes.

Au demeurant, gens gais, insouciants et tranquilles. Les villages que j'ai vus offrent l'aspect banal des villages de Banda. Les cases sont du même type ; la toiture cependant est faite de chevrons qui reposent sur le petit bourrelet de terre sans y être englobés. Tout autour, les cultures se font rares ; seuls les esclaves ou les femmes y travaillent. Le Banziri navigue, pêche, bavarde ou dort. Il a l'âme du chemineau. Il en a la gaîté, l'inconstance, l'aptitude à tout faire et à s'accommoder de tout. Les femmes sont des compagnes agréables; les hommes, des serviteurs débrouillards; les chefs, toujours d'humeur facile. Mais, plus je les vois, moins je crois qu'il faille s'y fier.

Les missionnaires ont fait ici un effort remarquable, sinon vraiment utile. Les concessionnaires peuvent objecter que les Pères trouvent, avec leurs prosélytes, une main-d'œuvre suffisante et gratuite. Il n'en faut pas moins reconnaître qu'ils ont su s'en servir.

Chez eux, tout le monde travaille. Nulle part ailleurs je n'ai rencontré d'Européens qui paient autant de leur personne.

On sent dans leur besogne la continuité de l'effort, et, ce qui caractérise le mieux leurs entreprises, l'esprit de suite, dont l'absence est la marque propre de nos travaux administratifs.

Si le premier soin d'un successeur n'était, en général, de détruire l'œuvre de celui qui l'a précédé, on pourrait avoir partout, comme ici, des habitations confortables, des postes bien organisés, des cultures prospères, des ressources locales, et même du bétail, puisque les Pères arrivent à en élever malgré la tsé-tsé qui vit sur la rivière.

Mais, parmi les missionnaires, d'aucuns comptent déjà dix années de séjour. Sans qu'il soit besoin d'en exiger autant des colons ou des fonctionnaires, on peut croire que les individus seraient peu de chose s'il n'existait qu'un seul plan, dont on appliquerait malgré tout l'idée directrice.

Je quitte la Mission pour me remettre en route;

mais j'ai encore de la peine à marcher et bien peu de forces.

Fort de Possel.

Pas de porteurs. Il faut donc encore reprendre la pirogue. Si j'en crois ce qu'on me dit, nous ne mettrons guère plus de quatre jours pour gagner Fort-Sibut. Par terre, c'est à peine moins long. Ces manipulations de bagages sont bien la chose la plus ennuyeuse que je connaisse. Une fois les colis embarqués, il faut pouvoir trouver sous la main l'indispensable, et même un peu de superflu, sans avoir besoin de bouleverser toute la cargaison. C'est beaucoup plus malaisé qu'on ne pense.

La Kémo.

J'ai dit au revoir à Fort de Possel.

Couché sous mon chimbek, j'écoute la chanson des pagayeurs Gobou. L'eau gicle contre la pirogue, dont elle affleure parfois les bords. Le courant est assez rapide, et nous n'irions pas vite si nous ne pouvions, par endroits, nous servir de la perche.

Les berges défilent, verdoyantes et boisées, avec des pentes humides couvertes d'herbes, ou des falaises à pic, d'où font saillie des racines tordues. Dans les arbres s'agitent des bandes de singes, le cercopithèque de Brazza avec son diadème noir, ou le colobe Guéréza, dont nous apercevons parfois la chabraque de poils blancs. Des butors immobiles guettent patiemment la venue du fretin. De gros varans dorment aplatis sur les racines et se laissent tomber dans l'eau à notre approche. Quelques barrages de pêche, ailleurs un sentier marquant la place d'un gué, dénotent seuls la présence de l'homme.

L'absence totale de villages semble choquante le long de ce cours d'eau, dont l'aspect fait penser aux rivières de chez nous. J'y cherche les laveuses brandissant le battoir de leurs bras nus. Mais je n'entends que le clapotis de l'eau, et je ne vois, pour me ramener à la réalité, que de gros cynocéphales papions, qui nous regardent passer en faisant la grimace.

Le soir, nous sommes entrés dans le confluent de la Tomi, où nous avons campé.

La Tomi.

On ne saurait croire comme c'est vite fait de chavirer dans un rapide. Un clin d'œil, et la pirouette est faite : la pirogue est drossée, le courant l'emporte à la dérive, un choc se produit : on penche, on embarque, on coule.

Pour moi, je ne sais comment je me suis trouvé accroché à une grosse branche qui émergeait d'un remous. J'ai pu sauter sur une autre et gagner un tronc d'arbre, d'où j'ai contemplé le désastre. Une partie de mes bagages dérive au fil de l'eau ; quelques caisses en train de s'emplir roulent dans les remous et s'aplatissent contre les roches ; tout le reste est déjà dans le fond.

De l'émotion ? C'est probable. Mais je n'en sais plus rien : un vide, un saisissement bien voisin de l'hébétude, puis quelques sensations confuses. D'abord la conscience très nette de la perte de trois mois d'efforts et la fragile espérance que quelques caisses vont résister. Ensuite, c'est l'eau qui gronde, qui bouillonne ; enfin, c'est un mélange confus d'hommes, de bagages, de toutes sortes de choses, au milieu desquelles je vois encore, comme si j'y étais, la face noire et contractée du pagayeur noyé. Je vois les grands trous de ses yeux blancs, dilatés par l'effroi, sa bouche béante, aphone ; il s'enfonce, reparaît, s'enfonce encore ; j'aperçois une dernière fois la plaque de perles rouges qui ornait sa chevelure rase, puis deux grands bras maigres qui dressent en l'air des mains aux paumes livides, puis plus rien. Fini !

En nous y mettant tous, nous avons réussi à renflouer la pirogue ; mais on n'a pas pu retrouver le noyé. Les Gobou ont couru le long de la berge, en appelant à grands cris déchirants leur camarade disparu. Revenus de leurs recherches vaines, ils ont pleuré en silence.

Puis, leur insouciance reprenant le dessus, la plupart se sont mis au sauvetage.

C'est un désastre. Cependant mes hommes ont presque tout repêché. Sans répit, avec un courage inlassable et une bonne volonté touchante chez ces gens qui n'ont aucune récompense à espérer, les Gobou ont plongé et replongé jusque dans le rapide. Le courant est si fort qu'il a roulé des caisses à 200 mètres en aval : les Gobou les ont retrouvées. Un à un, ils ont retiré mes fusils, mon vérascope (1), mes mallettes, mes cantines. Mais dans quel état ! Tout ce qui pouvait fondre est fondu ; je découvre dans chaque malle des bouillies de toutes sortes de choses. Ce sont mes collections qui ont souffert le plus : leur perte est à peu près complète. Seul mon petit vérascope a résisté : il est plein de vase et de graviers, mais il marche quand même.

Rien ne sert de se désespérer. Mieux vaut essayer de

(1) Malgré son séjour prolongé sous l'eau, mon vérascope Richard n'a cessé de fonctionner.

sauver les épaves. Pour comble de malheur, voici la pluie qui recommence.

J'ai envoyé quérir des porteurs jusqu'à Fort de Possel. En les attendant, je fais sécher au feu les restes de mes récoltes.

De l'eau! Toujours de l'eau! La pluie tombe en nappes sans crier gare, sans nous donner le temps de tout abriter; et ce sont chaque fois de nouvelles avaries. On recommence. Faute de mieux, on fait provision de patience contre la « guigne ».

Les porteurs ont fini par trouver le campement après deux heures de coups de fusil, en guise de signaux d'appel. Ils nous avaient dépassés et, depuis hier, nous cherchaient le long de la berge.

Nous avons traversé la Tomi à l'aide d'un gué d'éléphants et suivi les pistes qu'ils ont battues. Nous avons ainsi fini par rejoindre le sentier menant à Fort-Sibut.

La pluie s'est arrêtée. Le soleil la remplace. De la brousse monte une chaleur humide avec des relents de moisi.

Nous sommes sur un immense plateau de latérite, couvert d'andropogons coupants et gigantesques. On ne voit rien à deux pas devant soi. A mesure qu'on avance, la brousse éventrée se referme et masque le sentier par où l'on est passé.

Le soir, nous avons pu arriver jusqu'au poste des M'brou. Nous avons eu la visite d'une panthère vers dix heures.

Djongoro.

J'avais recueilli en route quelques jolies cétoines. Au poste, j'ai demandé au chef Djongoro de m'en faire ramasser par les marmots curieux qui m'entourent. Ils m'en ont apporté deux calebasses pleines. Mais ils leur avaient soigneusement arraché les pattes et les élytres, « pour qu'elles fussent plus faciles à manger ».

CHEZ LES BANDA

Krébédjé.

Cette dernière étape m'a paru bien pénible, et Krébédjé me ravit comme un pays enchanteur.

Du haut de la côte, j'aperçois le poste avec son esplanade nue et blanche, criblée de soleil, au milieu de laquelle se dresse le mât de pavillon.

Sur une face, une grande case en briques, un palais... merveilleux. Près de nous, d'autres maisons plus modestes, et des cases en torchis. En face, des hangars ; puis le camp des indigènes. Un immense jardin.

En bas de la côte, un ruisseau encaissé, avec un ponceau branlant en lianes et en gaulettes. A droite, la Tomi, dont je revois couler les eaux sournoises. Mais je ne lui garde pas rancune ; je suis trop heureux d'être arrivé !

Krébédjé. — Chez les Banda.

Au coucher du soleil, j'ai vu des pagayeurs Banziri, de passage au poste, pêcher dans la Kémo d'une façon ingénieuse et bien peu fatigante.

Ils étaient deux dans une pirogue et se laissaient aller au courant, jusqu'à venir porter en grand, mais sans bruit, contre la bordure d'herbes près des berges à pic. Le poisson, surpris dans le refuge où il comptait passer la nuit, cherche à fuir. Bloqué par l'embarcation ou embarrassé par les herbes, il saute en l'air et retombe presque toujours dans la pirogue, où l'on n'a qu'à le saisir.

A parler franc, les deux pagayeurs n'ont pas fait une pêche magnifique ; ils ont cependant recueilli en peu de temps une friture comme n'en prend pas souvent un pêcheur à la ligne.

Mamadou, l'ordonnance du Dr Berthier, est un Sénégalais de la Mission Marchand. Il est allé en France. Deux choses seules l'ont frappé. Sur le port de Marseille, il a trouvé des blanches qui n'étaient pas farouches. Dans les rues, à Paris, des esclaves blancs lui ciraient les souliers.

C'est tout ce qu'il se rappelle.

Mohamed Niébé, dernier fils de Rabah, est, depuis sa reddition, en villégiature obligatoire au poste, à Fort-Sibut. Il y occupe une petite case, dans le quartier des miliciens, et vit modestement avec quelques femmes qui l'ont accompagné dans l'exil.

Indifférence ou résignation, il n'a pas l'air mécontent de son sort.

C'est un jeune homme d'une vingtaine d'années, bien pris, de taille moyenne, ayant de l'allure lorsqu'il consent à se séparer de ses godillots européens. Sympathique au premier abord, sa physionomie, mobile et éveillée, décèle cependant la finesse et l'astuce.

De fait, Niébé est un matois : il connaît dans la perfection l'art de tirer la carotte. Jamais il n'est à court de motifs invraisemblables pour justifier sa mendicité. Même il sait extraire au bon moment, de dessous son boubou, un oignon dont il vous fait cadeau avec un

3

sourire attendri, et comme ému d'avance de vos remerciements. Malgré les refus, il garde une espérance tenace. Avec lui, tout est toujours très bien : « Sèmèh, sèmèh, sèmèh! » répète-t-il sans cesse, avec les gestes onctueux et enveloppants de l'Oriental.

On est un peu déçu de cette humilité. Chez ce fils de conquérant, on aimerait à trouver l'indifférence hautaine, si belle chez l'Arabe vaincu.

Niébé, d'ailleurs, n'a presque rien de l'Arabe, sauf l'extérieur, le langage et les pratiques musulmanes. Encore ne fait-il guère le salam que lorsqu'on le regarde et ne se fait-il point scrupule de boire de l'alcool ou du vin, dont il est très gourmand; il apprécie même le saindoux de conserve, sachant cependant qu'il provient de l'animal impur.

Il est, en somme, peu intéressant. Lui-même avoue avec candeur qu'il fut toujours mis un peu à l'écart. Son père, l'Arabe, comme il l'appelle, n'était pas tendre pour lui et lui fit souvent donner la bastonnade. Il ne reçut aucune instruction; il apprit seulement à faire des enluminures, un peu de charpente et des travaux à l'aiguille.

Même après sa blessure, il ne fut jamais considéré comme un guerrier, un chef. L'épée de son père était heureusement trop pesante pour son bras. Car, Fadel-Allah mort, on peut douter que les vieilles bandes de Rabah eussent aussi facilement déposé les armes si Niébé avait été un autre homme.

Grand émoi. Un fauve est venu cette nuit visiter le parc à bœufs. Il a tué un taureau et emporté une génisse, dont on a retrouvé la carcasse dans la brousse.

Il n'a pas eu grand mal à fuir avec son fardeau, car le bétail qu'on a importé ici a de la peine à y vivre : ce sont des squelettes ambulants, avec une paire de cornes et de la peau.

A la tombée de la nuit, le lion est venu nous rendre une nouvelle visite. Nous l'avons d'abord entendu rugir très loin, dans la direction du marigot qui contourne le poste.

G... et les camarades ont organisé un affût. Mais les indigènes l'ont fait manquer. Les Ndis, au village de Krébédjé, se sont mis à faire tam-tam. Quelle musique! Trompes, sifflets, tambours, cris et battements de mains ont fait rage toute la nuit.

Vers neuf heures, le lion, sans s'effrayer, est cependant passé dans les lougans entre le poste et le village. G... l'a tiré sans le toucher. La bête a pris sa course, sans doute pour ne plus revenir.

Mon boy Génaga a éprouvé le besoin de prendre femme. J'ai suivi les débats du marché. Génaga s'en tire avec une pièce de Guinée bleue, un kilo de perles rouges et de menus cadeaux. Naturellement, c'est moi qui paye.

Je le soupçonne fortement de m'avoir soustrait des capsules et de la poudre; mais il m'a appris les articles du Code matrimonial, ce qui vaut bien l'oubli du larcin.

Le principe du mariage repose sur l'achat de l'épousée. Mais, si le prétendant a lui-même une sœur, il peut l'échanger contre la femme qu'il demande en mariage. Sa sœur fera partie de la famille de la nouvelle mariée jusqu'à ce que un de ses beaux-frères l'épouse.

En cas de divorce, s'il est réclamé par la femme, celle-ci ne recouvre la liberté qu'en restituant à son mari tout ce qu'il a payé pour l'avoir.

En général, le nombre des épouses n'est limité que par la fortune du mari. Chaque femme vit à part, avec ses enfants. Le mari cohabite avec celle qu'il a épousée en dernières noces; mais il s'applique loyalement à rendre ses devoirs à chacune des autres tour à tour, selon ses désirs.

Les garçons restent avec leurs parents jusqu'à leur mariage; ils s'en vont alors fonder une nouvelle famille dans un endroit qu'ils ont librement choisi.

A la mort d'un homme, ses femmes deviennent la propriété de son frère, qui les épouse, si l'âge n'y met obstacle (1).

A défaut du frère, ce sont les fils qui recueillent tous les droits paternels, avec cette restriction qu'ils ne peuvent épouser leur mère.

Les veuves non remariées doivent rester dans la communauté et participer à toutes les charges. Aucune ne peut se soustraire à cette loi sans rembourser sa dot.

Décrire un village comme Krébédjé, c'est décrire tous les villages Banda. Krébédjé a néanmoins l'apparence de la propreté et de l'aisance. Comme partout, les cases sont groupées par quatre ou cinq, formant de petites communautés familiales. Au centre de chaque groupe, ou à peu près, un petit tertre : c'est la place, le forum ; on y a planté une rangée de pieux espacés, ou un arbre mort auquel on a laissé les branches : c'est là que les visiteurs accrochent leur fourniment : fusils, sagaies, sacoches. Comme ce vestiaire fonctionne sans ouvreuses, c'est à lui-même qu'on offre de menus cadeaux : on y suspend de temps en temps quelque épi de mil ou de maïs, afin qu'il se montre gardien plus

(1) C'est le lévirat, si fréquent chez tous les indigènes.

fidèle. Dès le matin, le propriétaire de céans y fait apporter ses armes, surtout s'il peut en tirer vanité. Il installe à côté un lit de repos, quelques bibelots, sa pipe, et passe ainsi la journée à se chauffer le ventre au soleil, dans une attitude de mollesse béate, qui fait du nègre le modèle du traditionnel épicurien.

Non loin de là, sur la place, un peu en contre-bas, s'élève le grenier, ou plutôt le séchoir, construction provisoire, en paille, dont les murs prennent des airs penchés, ou tendent le ventre, comme si la case était trop pleine. Un toit s'ajuste sur le tout, tant bien que mal ; à l'intérieur, s'étagent quelques claies en branchages où s'étalent les épis non décortiqués.

Ce grenier ne sert pas longtemps. Une fois vide, le propriétaire en fait un abri pour la sieste. Mais il se garde bien d'y faire la moindre réparation qui l'empêcherait de tomber en ruines. Il se réfugie alors dans la case aux palabres. Beaucoup de groupes en possèdent. A Krébédjé, elles m'ont paru construites avec plus de soin qu'ailleurs. Ce sont de petits kiosques, dont un côté seulement est fermé par une natte, qui le protège contre le soleil, lorsqu'il baisse à l'horizon. Sous ces abris, traînent toutes sortes d'objets : mortiers, pierres à moudre, grès à repasser, dont l'usage est commun.

Autour de la place, les habitations sont rangées sans ordre, sans symétrie, mais toujours soigneusement espacées, dans la crainte du feu, sans doute.

Comme chez les autres Banda, ce sont des cases rondes, à toiture sphéro-conique en paille tendue sur une carcasse en bois. L'aire intérieure est creusée en cuvette, dont les déblais servent à construire un mur circulaire, haut d'environ 70 centimètres. Ce mur est percé d'une porte étroite protégée par un auvent cintré. Sur le seuil, un fétiche. La toiture touche presque le sol. Le pignon est formé d'un bouchon de paille, qui cache la ligature des chevrons, joints au sommet, sans l'appui d'un mât central.

Toutes les cases sont construites sur le même modèle. Dans un retrait, cependant, nous en apercevons une petite, qui a plutôt l'air d'un abri de fortune : c'est le hangar aux *tam-tam* ; j'en compte trois : un grand et deux petits. Le vieux Krébédjé est tout heureux de me dire qu'il les a volés chez les M'bagas, un jour que ses hommes furent les plus forts ; sans quoi les Ndis n'en auraient probablement pas d'aussi beaux, car ils ne savent pas les faire.

Tout autour des cases, on a défriché quelques arpents de brousse pour planter du maïs, du mil et des patates. Quelques bananiers se dressent çà et là, poussés au gré du hasard. Deux ou trois poules, grosses comme le poing, errent à l'aventure, fort affairées, car elles pourvoient seules à tous leurs besoins.

Un petit sentier vous invite à quitter la place. Après maints lacets inutiles, à travers les herbes, on arrive à un autre groupe d'habitations, semblable au premier.

Un peu plus loin, on en trouve un troisième, puis d'autres encore, égrénés sur un espace assez considérable. Partout ce sont les mêmes gris-gris, les mêmes cases, les mêmes cultures. Vous faites sauver quelques femmes, crier quelques bambins pansus, épouvantés par votre approche. Des roquets jaunâtres, sales, d'une effrayante maigreur, vous filent entre les jambes, en hurlant comme si vous leur aviez donné leur quotidienne ration de coups de trique, et, sans vous en apercevoir, vous vous retrouvez en pleine brousse. Retournez-vous, cherchez, cherchez bien : plus de village. Krébédjé a disparu ; vous n'apercevez même plus le pignon d'une case. Si vous n'entendiez par hasard pleurer un marmot ou aboyer des chiens, vous croiriez volontiers que vous êtes égaré dans la brousse déserte.

Niébé, devenu mon ami, vient assez volontiers faire avec moi la causette. Il sait que j'ai toujours une boîte de thon ou de sardines pour lui; il en profite. Moi aussi, du reste. Je lui fais raconter quelques événements historiques du Chari. Voici, par exemple, la version qu'il me donne du combat de Niellim :

« Nous partîmes de Kouno à l'aurore; le soleil du matin, comme maintenant, quand nous arrivâmes à la montagne : 'Othman, 'Abd el Qader, Kouradj, Sultan Arba', ici Babecker, moi, Talahatou, Kabsour, Fekih Ahmed Kebir, It-Hameden, Cheikh Dahab, Rabah, Amir Yousouf, Fekih Ahmed Seghir, 'Abdoullah. Voici la montagne : les gens d'Othman étaient à l'est; nous au pied, c'est-à-dire moi et Fekih Ahmed Kébir : Rabah juste au milieu. Nous chantâmes l'intercession de Dieu ; nous dîmes : « Allah est le plus grand contre « les chrétiens. Fais la guerre sainte aux chrétiens dans « le chemin de Dieu ! » Nous nous battîmes. Les chrétiens moururent. Nous prîmes les canons. Gaourang s'enfuit. Nous prîmes les femmes des Barmas.

« Toi et ton frère, on marche au combat; quand vient la bataille, tu cours avec lui, tu te bats ensemble, tu meurs ensemble. Si le Seigneur ne te fait pas mourir, tu es vainqueur; tu marches en avant ensemble. Quand tu as peur, alors on ne va pas ensemble, tu te sauves. C'est fini (1)! »

(1) Avec une indulgence et une bienveillance qui n'ont d'égale que son érudition, *M. G. Demombynes, professeur d'arabe à l'École coloniale*, a bien voulu remettre sur pieds le texte boiteux que nous avions recueilli et nous en donner la traduction.

J'ai trouvé un joli coin pour pêcher quand la promenade est impossible. C'est entre la Tomi et le jardin de Martret. Un cul-de-sac de la rivière forme une mare toujours pleine. Des silures surtout l'habitent ; il y en a de 1 mètre de long. Ils sentent trop la vase pour figurer sur notre table, mais les pêcher est un passe-temps.

Des arbres superbes donnent de l'ombre : même à midi, il y fait presque frais. Je m'amuse à regarder une famille d'écureuils qui grignotent des fruits dans les branches sans paraître effrayés. De gros rats gris passent leur nez pointu entre les herbes. Quelquefois des colobes guérézas apparaissent dans le feuillage, tout noirs, avec un grand manteau de poils blancs. Des bengalis viennent effrontément se percher presque sur ma tête. Des nectarinias aux couleurs rutilantes butinent sur les fleurs, en s'accrochant partout dans des poses étonnantes. Des martins-pêcheurs me font concurrence : ils restent sans bouger à l'affût, tout drôles avec leur corps sans queue et leur immense bec rouge. Tous les jours, au sommet du même arbre, chante un foliotocolle, à qui je destine une cartouche de cendrée la première fois qu'il se laissera voir.

On passerait là des heures charmantes. Mais de cet humus en décomposition montent des senteurs fadasses. De grosses bulles de gaz viennent crever sur l'eau dans l'enduit visqueux des diatomées couleur de rouille. Quand on marche, ça fait flic flac : on croit poser le pied sur un tapis d'éponges. Mais ce sont surtout les fourmis qui m'expulsent : de grosses fourmis fauves ; elles accourent en bataillons dès que je pose quelque part les tripailles avec lesquelles j'appâte. J'ai beau changer de place, j'en trouve toujours autant. J'en ai partout. Elles mordent, et, quand on les arrache, la tête et les mandibules restent implantées dans la peau.

Des Ndis sont venus vendre un peu de manioc. Sans eux, le poste aurait peine à subsister. Chaque semaine arrivent ainsi de petites caravanes, bien curieuses à examiner.

En tête, marchent en file indienne des femmes court vêtues de leurs bouquets de feuilles vertes; chacune porte sur la tête deux ou trois calebasses presque vides et en tient une autre en équilibre sur la paume de la main, à hauteur de l'épaule. Derrière, des fillettes et des jeunes garçons, tout nus, trottinent, chacun avec une petite charge. Quelques hommes ferment la marche sans rien porter que leur sagaie, leur arc ou leur coupe-coupe, qui ne les quitte jamais. Ils sont au moins une cinquantaine; mais, en réunissant toute la provision, il n'y a pas de quoi faire la charge d'un homme.

Dans leur naïveté, tous ces gens se figurent qu'en fragmentant ce qu'ils apportent ils ont l'air de fournir davantage et seront plus payés.

Sur l'esplanade, tout le monde s'aligne et s'accroupit, puis, tour à tour, va vider dans le magasin sa provision de farine.

Faute de pouvoir peser, on les paye à tant la calebasse. Mais on emplit moins la cuillerée de sel ou de perles qu'on leur donne en paiement.

Du sel ils sont si friands que beaucoup le dégustent séance tenante et s'en retournent les mains vides. En général, ce sont les plus forts qui sont les moins économes. Mais ils se rattrapent en route; car, à peine partis, ils dépouillent les imprévoyants qui n'ont pas englouti leur ration tout entière.

Le hasard des sentiers m'a conduit à une case solitaire, presque cachée par des bananiers, dans un petit coin d'ombre et de fraîcheur. Deux hommes, assis par terre, achevaient leur repas. L'un d'eux était couvert d'emplâtres rouge-brique. C'était un de ces pauvres diables, comme on en rencontre souvent par ici, chez qui le manque de soins détermine des « avaries considérables ».

L'autre n'avait plus que le pouce à chaque main. J'avais tout d'abord pensé à de la lèpre. Mais, en regardant de près, je trouvai des traces de sutures sur des cicatrices d'amputations. J'en demandai la cause :

« Dans le temps, me répondit-il, j'habitais par là-bas, dans un village, bien loin. Un jour j'y ai ramené une femme avec laquelle je me mariai. Elle était trop jolie. Le chef en eut envie et me la demanda. Sur mon refus, il me fit empoigner, parce que les femmes jolies ne sont pas pour tout le monde ; elles sont pour les chefs. Pour me le prouver, il la prit, me fit couper les doigts et me chassa. » — « Alors, que fis-tu ? » — « Il était le plus fort. Je n'avais qu'à m'enfuir. »

Maintenant l'infirme et le malade associaient leur malheur.

Comme je m'en retournai en réfléchissant à cette rencontre, j'aperçus une scène qui vint changer le cours de mes idées.

Sur le seuil d'une paillotte, trois vieilles femmes étaient accroupies, toutes trois laides à faire peur. Un énorme toungou en étain leur faisait faire la lippe ; dans la lèvre inférieure, un gros nzara pendait, et elles fumaient la pipe.

L'une d'elles devait raconter aux autres une bien bonne histoire, car elles riaient d'un gros rire qui secouait leur abdomen ridé et leurs seins pendants, pareils à des bourses vides. Mais ce qui rendait le tableau plus risible, c'était le bruit de castagnettes des toungous sur les anzara ; le petit claquement convulsif de leurs lèvres en spatules évoquait l'image de trois canes barbotant dans le ruisseau.

Krébédjé m'a fait les honneurs de sa résidence royale. Guidé par lui, je me suis introduit en rampant par l'ouverture étroite qui aère seule son logis. Passé les chambranles, on descend une marche, et on est arrêté par une barricade de bûches redressées. Ce sont des morceaux de bois mis au sec. En attendant qu'on les débite, ils font office de paravent. On ne peut passer que d'un seul côté; il y fait noir comme dans un four; instinctivement, on courbe l'échine. Nous y sommes. Entre trois mottes de terre, quelques tisons achèvent de se consumer. Krébédjé souffle dessus ; la braise crépite; la flamme luit, mais donne plus de fumée que de lumière. Comme on s'habitue à tout, je finis par distinguer, le long du mur, quelques petites jarres, en équilibre sur des supports fixes en terre; à droite, deux lits très bas, en baguettes, et couverts d'une vieille peau d'antilope. C'est tout. Dépêchons-nous de sortir prendre l'air! Je me redresse et me heurte aussitôt le front contre une espèce d'étagère, élevée au centre de la case, sur quatre pieux, à hauteur d'homme. C'est l'armoire à glace et le buffet. Il y a dessus du maïs sec, des paniers de mil et de farine de manioc; trois marmites très grasses et très sales; un grand clou qui vient du poste; une calebasse pleine de quelque chose qui empeste; enfin le jupon de madame, en fibres végétales jadis teintes en rouge.

Pour faire ces reconnaissances, j'ai dû m'aider de mes mains, à l'aveuglette. Elles sont maintenant pleines d'huile de ricin rance, de graisse noirâtre et de suie. Je bats en retraite avec une hâte circonspecte.

Au dehors, on respire; je m'essuie après la colonnette de cendres qui flanque extérieurement la porte : ce sont les résidus de la fabrication du sel ; la marmite-filtre est auprès.

Tiens ! un paillasson de bouteille au pied du mur ! Je me baisse pour le ramasser, mais Krébédjé m'arrête. Ce n'est pas un paillasson : c'est le concierge ; c'est le fétiche protecteur du foyer, dieu Lare, Cerbère muet, dont on paie la vigilance avec quelques rogatons.

Krébédjé me propose de continuer la visite ; mais toutes les cases sont pareilles, et je me figure aisément les pires, maintenant que je connais la meilleure.

Des Bidigiri sont arrivés au poste. C'est la première fois qu'on en voit à Fort-Sibut.

Ils sont établis sur les rives de la haute Fafa, à quatre jours de marche dans l'ouest. Les hommes qui sont venus sont tous solides, râblés, d'une bonne taille, l'air plutôt inculte. Ils ressemblent à première vue aux Banda ; cependant ils paraissent plus grands, moins musclés ; leur type se rapproche davantage du nègre idéal et conventionnel. Ils se taillent les incisives supérieures en pointe, et les inférieures à pans coupés. Ils ont les lèvres ornées de tongous en ivoire épais de 2 centimètres et larges comme une pièce de 2 francs. Ils se dilatent les narines en y introduisant de petites rondelles de la taille d'une pièce de quatre sous, et même de plus grandes encore ; on dirait que certains ont le nez trilobé. Leurs lobules sont percés et ornés, en guise de boucles d'oreilles, de tibias de cigogne grossièrement sculptés.

Leurs cheveux forment une calotte terminée par une tresse épaisse, soigneusement graissée, formant un bourrelet au-dessous duquel ils se rasent. Par-dessus les cheveux, ils se couvrent d'un bonnet d'écorce, épousant la forme de la tête et serré par une corde, en dessous du bourrelet de cheveux.

Des bijoux en abondance : quelques anneaux de fer aplatis, des bracelets grossiers en fer forgé; d'autres en peau d'éléphant; ils en portent des séries aux poignets ainsi qu'aux jarrets et aux chevilles. Des colliers de perles de fer ; des pendeloques faites d'osselets, de becs d'oiseaux, de griffes ou de petites cornes.

Beaucoup suspendent à l'épaule une sacoche en cuir ou en paille, dans laquelle on trouve un briquet complet, du tabace n rouleaux et une pipe en terre, dont le tuyau est en fer forgé et brasé.

Ils me paraissent très voisins des Mandja, parlant à peu près la même langue. Je ne serais pas éloigné de croire qu'ils sont un rameau de ce groupe, au même titre que les M'baka, qui habitent au sud de Krébédjé, sur la Tomi, à hauteur de M'brou.

Ce ne sont certainement pas des Banda, malgré les confusions très excusables qu'on peut faire, au milieu de ces fractions isolées de tribus démembrées qu'on trouve çà et là, parmi tous les Banda envahisseurs.

Je suis allé broussailler sur les terres de Gwongbwo. Pour me reposer, je suis descendu dans le fond du ravin, où les femmes du village viennent puiser de l'eau à une petite source.

Un Ndi y travaillait à tresser des paniers, avec des lanières découpées dans l'écorce des grandes herbes appelées « gousou », dont on se sert aussi pour faire des hampes de flèches.

L'homme avait d'abord détaillé de longues bandelettes en rejetant la moelle. Il les rabattait d'un mouvement rapide, en les faisant passer entre le pouce et la lame d'un couteau peu tranchant. Au fur et à mesure, il les trempait pour les assouplir.

Quand il en eut fait une bonne provision, notre vannier découpa dans une feuille fraîche de roseau cinq bandelettes qu'il allongea parallèlement par terre, puis il s'assit dessus pour les maintenir en place. Ces lignes vertes devaient lui servir de repère pour faire sa besogne avec symétrie.

Pour commencer, il prit des lanières préparées deux par deux et les entrelaça avec la partie médiane des brins verts, de façon à faire un damier parfaitement carré. Dès lors, il ne lui restait plus qu'à opérer face par face, en comptant comme sur un canevas, de façon à croiser alternativement dessus et dessous. Chaque ruban se composait donc de deux brins accollés. Pour les faire chevaucher, l'homme appairait toujours deux rubans voisins, ce qui rend le treillis plus solide.

De temps en temps, il se déplaçait à mesure qu'il voulait élargir une autre face. Ses pieds lui servaient presque autant que ses mains.

En quelques minutes, il eut achevé de tresser le fond de sa corbeille. Il se mit alors à redresser les faces et à les unir sans changer son procédé.

A ce qu'il m'a semblé, c'est la méthode la plus ordinaire ; elle sert même pour faire les nattes.

Tout jeunes, les indigènes apprennent le métier ; aussi tous y déploient-ils une adresse remarquable, et sont-ils tous vanniers par nécessité.

Niébé m'a raconté l'histoire de M. de Béhagle. Elle tourne un peu vers le plaidoyer *pro domo*. Mais, d'une façon générale, elle cadre assez bien avec les renseignements qu'on a pu recueillir. Elle témoigne en tout cas d'un respect certain pour le courage et le sang-froid que notre compatriote sut conserver jusqu'à la mort.

« Quand il arriva, on lui fit accueil solennel ; il entra. Rabah était dans la cour. Il alla saluer Rabah, qui tenait audience ; il se présenta à lui, devant tous les chefs assis. Rabah fit venir l'interprète et dit à M. de Béhagle : « Viens-tu avec la paix ou avec la guerre ? — « Par Dieu seul, dit M. de Béhagle, c'est avec la paix « seule. — Alors, dit Rabah, que la paix seule soit avec « toi ». Il se leva et salua. M. de Béhagle se leva et Rabah aussi ; et il salua Rabah, qui dit à Djoubara : « Em- « mène M. de Béhagle dans sa maison, » et il lui donna une bonne maison. Ses hommes étaient là ; ils étaient tous là. Djoubara vint et lui dit : « Je vais lui faire, « moi, une installation, voilà ! » Il lui apporta du blé, des œufs, des poulets, du riz, de la graisse, du lait ; il en apporta et le donna à M. de Béhagle. « C'est bien, « dit M. de Béhagle ; va dire merci à Rabah ! » Djoubara s'est levé ; il est allé trouvé Rabah, et il lui a dit : « M. de « Béhagle a dit : Remercie-le ; c'est bien là la paix ; « je suis très satisfait de lui. — Djoubara, dit Rabah, « porte un mouton aux hommes de M. de Béhagle. « C'est pour les hommes. Dis-leur que moi, Rabah, je « l'envoie à ses hommes ; fais-les manger. » Djoubara le porta à M. de Béhagle, en disant : « Mange les pro- « visions ; je les ai apportées pour toi ; le mouton, je « l'ai apporté pour tes hommes. — C'est bien, dit M. de « Béhagle. » Rabah lui fit beaucoup de bien.

« Le lendemain, à midi, Rabah fit venir Fadel Allah, Mohammed Niébé, Fekih Hamed Kebir, Fekih Hamed Saghaïr : « Prenez des défenses d'éléphant et des « plumes d'autruches ; portez-les à M. de Béhagle. » On porte quatre sacs de plumes d'autruches à M. de Béhagle. — M. de Béhagle dit : « C'est bien ; merci pour « cela à Rabah. Moi, M. de Béhagle, je suis très con- « tent de cela. » Nous nous levons ; nous allons trouver

Rabah : « M. de Béhagle a dit : c'est bien, bien, bien! » Rabah dit : « Allez-vous-en chez vous. » Nous nous sommes levés et nous sommes allés chez nous.

« Nous avons passé comme cela trois jours. M. de Béhagle a pris une carte du pays et a été trouver Rabah ; il a déplié la carte ; il s'est approché de Rabah, et il lui a dit : « Voilà! tu as Dikoa Ngourounou, Goulfei, « Marwa, Koussouri, Logone ; moi, je veux tous ces « pays-là pour moi. — Pour qui cela, dit Rabah. — Le « pays, dit-il, je le partage au milieu ; à l'est de Kous- « souri, c'est à moi ; à partir de Dikoa, c'est à toi, « Rabah. — Pourquoi cela, dit Rabah. — Ce pays-là, « dit-il, je le veux. — Mais non, dit Rabah ; ce pays-là, « c'est ma terre ! Pourquoi partagerais-je le pays avec toi. « Toi, monsieur de Béhagle, veux-tu la paix ? Viens razzier « avec moi : tout ce que tu souhaiteras de Rabah, je te « le donnerai ; je te donnerai le pays que tu conquére- « ras ; j'y ferai avec toi un marché, mais que moi, « Rabah, je partage le pays, jamais. Si c'est comme cela, « les gens de ce pays se fâcheront contre moi ; alors tu « t'arrangeras avec eux, toi, monsieur de Béhagle. « Voyons ! Comment y aurait-il deux souverains dans le « même pays ? Jamais ! — Non, dit M. de Béhagle, si toi, « Rabah, tu ne veux pas me donner ce pays-là, si tu « refuses, je te le prendrai, ce pays-là. — Non, dit Rabah, « tu es venu avec la paix ; tu n'es pas venu avec de « mauvaises paroles ; et des paroles comme celles-là ne « sont pas bonnes. » Alors M. de Béhagle se lève ; il va au tapis où Rabah est assis ; il s'assied au-dessus de lui ; il prend Rabah par les mains. « Non, dit Rabah, « Tu es venu avec la paix seule, par Dieu seul ; j'oublie- « rai ta méchante action, monsieur de Béhagle. — Non, « dit M. de Béhagle, à moins que j'aie le pays. » Rabah, alors, dit aux soldats : « Emparez-vous de M. de « Béhagle ; emmenez-le dans la maison de Djoubara et « attachez-le ; mettez-lui des fers. Allez! Amenez les « hommes de M. de Béhagle ; apportez ses bagages ! » Ils apportèrent tout; ils apportèrent tous les bagages ; on les mit dans le trésor. C'est tout.

« (Au combat de Nyellim), tous les chrétiens étaient morts. Gaourang avait fui avec son armée. Nous prîmes les canons, les cartouches; nous prîmes tous les fusils; tous les soldats étaient morts, sauf M. Samba Sal et deux autres. Nous restâmes quatre jours; puis nous partîmes pour Kouno; nous arrivâmes dans la maison de Gaourang. Nous restâmes quatre jours. Alors nous envoyons une lettre à Dikoa. Nous disons : « Les chré-« tiens sont morts tous ; Gaourang a fui avec son « armée. » Quant à M. de Béhagle, Rabah fait une lettre à Fadel Allah, où il lui dit : « Pour M. de Béhagle, tuez-« le ! » Fadel Allah s'en va à la maison de Djoubara : « Amène M. de Béhagle! » Fadel Allah dit : « Monsieur de « Béhagle! — Voilà, dit M. de Béhagle. — Ils m'ont « apporté une lettre de mon père qui dit que je te tue. « Mon père a dit : S'il veut se faire musulman, je ne le « tuerai pas. — Je ne me ferai pas musulman, dit M. de « Béhagle. — Emmenez M. de Béhagle, dit Fadel Allah, « emmenez-le sur le marché et pendez-le! » Les Bornouans apportèrent une corde ; les Arabes attachèrent M. de Béhagle par le cou et le pendirent à une pièce de bois. Ils l'accrochèrent : M. de Béhagle mourut. Les Bornouans vinrent dire à Fadel Allah : « M. de Béhagle « est mort ». Fadel Allah dit aux Bornouans : « Allez ! « Emportez M. de Béhagle. Enterrez-le bien loin « d'ici (1) ! »

(1) Traduction de M. Demombynes.

Fourneau, Bruel et leur suite sont arrivés. Grand émoi! On a passé la revue des caisses et du matériel échoués dans les magasins sans espoir prochain d'en sortir. Puis meeting.

Bruel a exhibé un petit âne en gomme et démontré expérimentalement, devant l'assemblée, les beautés de la machine à écrire et les applications du caoutchouc. « Tout ça, c'en est! » Les nègres n'ont pas compris et se sont dit : « Ce n'est pas vrai ; tout ça, c'est des affaires pour Blancs. » Mais ça ne fait rien.

Puis Kieffer a gratté un peu de mandoline. Les Ndis, pour l'imiter, se sont grattés le ventre en la trouvant bien bonne. Mais ça ne fait rien.

Enfin M. Fourneau leur a dit que désormais on ne leur achèterait plus rien avec des fusils à capsules, car la toile leur conviendrait bien mieux. Personne n'eut l'air convaincu, mais ça ne fait rien.

Pour clore la fête, on a fait tam-tam. Mesdames Sénégal ont arboré des pagnes bariolés et se sont pavanées avec leur chevelure plus ou moins emperlée suivant la magnificence de leurs maris successifs. Quelques-unes ont même exhibé des ombrelles multicolores, et, par ce soleil, ce n'est pas du luxe.

Mesdames Banda ont, pour la circonstance, changé le petit bouquet de feuilles fraîches qui leur pend par devant, attaché à la ceinture avec une ficelle. Beaucoup ont même poussé la coquetterie jusqu'à changer aussi celui qui leur pend par derrière.

Les femmes des chefs portent des tabliers, grands comme des rabats, en fibres d'écorce garnies de perles.

Tout le monde s'est tassé en un petit groupe chatoyant où l'on chante à tue-tête. C'est toujours la même chose. Mais ça ne fait rien. Quand on chante, on claque des mains. Quand on claque des mains, on danse.

C'est une façon de parler, car la danse consiste à piétiner sur place. Mais c'est tout de même infiniment drôle, surtout vu de dos. Le piétinement s'accompagne, en effet, de coups de reins saccadés donnés en mesure. Sous le pagne qui les moule, on voit onduler lourdement des croupes énormes, comme peuvent en avoir ces beautés callipyges. A côté, s'agitent des croupes nues, sur lesquelles tressaillent en cadence les bouquets de feuilles, ou les bavettes emperlées, installées là comme pour chasser les mouches.

Comme le groupe est devenu trop compact, il faut se donner de l'air. Quelques-unes de ces dames se mettent donc à tourner autour à petits pas sautillants, minaudant du postérieur, tandis que leurs seins ballottants rythment sur leur ventre une espèce de contre-chant. C'est tout à fait cocasse.

Les hommes, gagnés par l'entrain général, se sont mis de la partie. Ils y apportent une vigueur peu commune. Ils organisent même une farandole qui se déroule en théorie échevelée au travers de l'esplanade. Comme le mouvement du bas des reins est absolument de rigueur, ils s'en vont, demi-courbés, tête en avant, bras écartés et jambes fléchies, procédant par bonds pesants qui soulèvent des flots de poussière. Le lambeau d'étoffe, qui passe entre leurs jambes et se fixe à la ceinture, pend et flotte par derrière. Que voilà bien les hommes à queue de l'Afrique centrale! Tous ces détails sont peut-être un peu décolletés. Mais, puisqu'il n'est plus messéant de parler de la danse du ventre, je ne vois pas pourquoi il serait incongru de parler de celle du postérieur.

Chevalier et Courtet sont partis pour Gribinghi et le Dar Rouña. Ils se dirigent sur Ndellé, la capitale, qui doit être leur point d'attache. Ils y trouveront un officier interprète, résident de France, et quelques Sénégalais, pour les aider à obtenir de Snoussi les moyens d'accomplir leurs recherches.

En partant, ils me donnent rendez-vous à Fort-Archambault pour le mois de mars.

C'était la fête des circoncis dans un village pas très éloigné. J'ai été prévenu trop tard pour l'aller voir. Je le regrette d'autant plus que la circoncision est ici une pratique sur le point de complètement disparaître. Dans leur pays d'origine, les Banda, paraît-il, la conservent encore ; même ils opéreraient les femmes. Aujourd'hui les Gobou, les Togbo et les Langouassi seraient seuls restés fidèles à la coutume, ainsi que les tribus du groupe des Ndokoa.

Chez les uns et les autres, les rites sont les mêmes. Pour les fillettes, pas de cérémonie. Elles restent au village ; on les tient seulement enfermées dans une case, dont elles ne peuvent sortir qu'après leur guérison.

Pour les garçonnets, on donne deux grandes fêtes. La première, le jour où on les circoncit. Il faut, ce jour-là, tuer une grande antilope. Puis les jeunes opérés sont conduits dans une case, à l'écart, dans la brousse, afin qu'aucune femme ne puisse les voir ou leur parler.

Quand ils sont guéris, ils reviennent en troupe, au milieu d'une fête dont le symbole m'échappe. Hommes et femmes se vêtissent, dit-on, de jupes en fibres végétales. Ils se masquent aussi le visage sous d'épaisses coiffures en herbes pendantes, surmontées probablement de têtes d'antilopes. Puis, s'armant de longs bâtons, comme s'ils avaient quatre pieds, ils dansent en simulant les allures des bêtes.

La multiplicité des noms de tribus est telle qu'on finit par s'y perdre : on prend des noms de villages pour des noms de chefs et des noms de chefs pour des noms de tribus. Au milieu de toutes ces confusions, on n'a, pour se guider, que les renseignements très vagues fournis par les indigènes.

Il serait, en effet, puéril de prétendre actuellement définir un type Banda. Hormis quelques signes très superficiels, fournis par des parures ou le langage, on ne saurait, la plupart du temps, distinguer à première vue un Banda d'un Banziri ou d'un Sango. On est évidemment en présence d'une race très métissée, où l'on découvre même parfois de véritables physionomies européennes.

Pour résumer les caractères les plus *fréquents*, on peut dépeindre le Banda comme un nègre à peau foncée, à système pileux peu fourni, à cheveux crépus et rudes. La tête est étroite, les traits sont plutôt enveloppés, le nez large, les lèvres fortes et le prognathisme modéré. Il est de taille moyenne, avec une grande envergure plus étendue, des membres étoffés, des reins cambrés, dont l'ensellure rend plus évidente la proéminence des fesses.

En rapprochant les caractères physiques des indications fournies par le langage, il ne nous semble pas imprudent d'avancer que les Banda d'ici ont bien des points communs avec les populations plus méridionales, habitant au sud de l'Oubanghi.

Comme renseignement positif, on sait qu'il y a environ cinquante ans, peut-être un peu plus, les Banda habitaient, plus à l'est, un pays limitrophe du Ouadai, s'étendant vers le sud jusqu'aux rives de la M'bomou. C'est là que les localisait le cheikh. Et Tounsi, sous le nom de Bandèh Djoko et de Bandèh Yam-Yam. Ils se connaissent dans leur langue sous le nom de Ouaka, qui désigne aussi la rivière que nous appelons Koango. Des perturbations profondes, dues aux incursions des Arabes et des Anglo-Égyptiens dans le bassin du haut Nil, les ont chassés vers l'ouest, jusqu'aux régions où nous les trouvons aujourd'hui. Ils se sont établis en îlots plus ou moins fixes, dont la localisation est rendue plus difficile par notre ignorance de la topographie.

A Banghi, nous trouvons les Ngéré ; il y en aurait même jusque sur la Sanga.

Entre Banghi et l'Ombella, sont les Kana.

Sur la rive droite de l'Ombella, sont les Ouadda ; au-dessus d'eux, les Tongouagoua, les Bindi ou Bouendi, les Pata, les Linda, les Kourouma et enfin les Dakoa, Dakboua ou Lagba, qui sont des voisins, mais peut-être pas des parents. La rive gauche de la rivière est occupée par des Sabanga, qui parlent aujourd'hui banda, mais se rattachent au groupe N'sakara de Bangasso.

Aux environs de la Kémo, se trouve les M'baga, puis les Togbo sur les territoires de la Mission de Besou. Les Gobou occupent la bande riveraine de l'Oubanghi.

Sur la Kémo supérieure, les Langouassi sont encore où Dybowski les trouva.

Sur la basse Tomi, les M'brou, à côté de M'baka, qui sont, non pas des Banda, mais des Mandja isolés.

Au-dessus d'eux, les Ndi, dont le centre principal est Krébédjé, autrement dit Fort-Sibut.

A l'est de Krébédjé, des M'bi et les M'baga de Griko.

A l'ouest, sur la Fafa, les M'boulou de Parako, qui se réclament du groupe des Langouassi. Au-dessus d'eux, les Ouia. Au nord de Krébédjé, les Ka, riverains de la M'poko. Plus haut, les Ngola, qui ont donné leur nom au poste des Ungourra.

A l'ouest de Gribinghi, les Ngao.

Sur la rive droite, les Ngapou, puis les Marba, ou

Marouba, au Kaga Yagoa; les M'bélé, ou M'bré, au Kaga M'bré, que visita le capitaine Truffert.

Sur les rives mêmes du Gribinghi, les Odjo, auprès de Yatounga, autour de Tangboagoa, dont nous avons fait Tambago.

Il est probable qu'on trouve ailleurs encore des fragments de ces groupes, surtout dans leur pays d'origine. La liste des tribus Banda est en effet bien loin d'être épuisée.

Il faut y ajouter les M'bouala, sur le Goumbéri, dans le pays de Snousi ; — les *Linda* et les *Mapi*, sur le Koango ; — des Dakoa, Dakboa ou Dakpa, au nord-est de la Kémo ; — les Boubou, qui forment un grand groupe comprenant les Gobou, mais qui habitent plutôt en territoire belge, avec les Mono et les Banda.

Il faudrait joindre peut-être aux Banda les Bongo, qui avoisinent le Bahr el-Gazhal.

On aurait encore chance de trouver quelque tribu nouvelle parmi les trente ou quarante autres noms qu'on m'a donnés. Mais le manque de moyen de contrôle m'engage à n'en pas tenir compte. D'autant plus que ces renseignements deviennent plus flottants et moins affirmatifs : de vagues distinctions s'établissent ; il faudrait distinguer deux groupes : les Ouaka proprement dits, puis une autre famille qui comprendrait les Langouassi, les Ouadda, les M'boulou et quelques autres.

J'attendrai, pour en parler, de posséder des indications plus précises.

Je suis allé faire mon tour chez Krébédjé. C'était l'heure du repas du soir; le soleil baissait sur l'horizon et allongeait les ombres. L'air s'embrumait déjà d'une buée légère; tout reposait, comme si la nature se recueillait dans le calme, pour jouir, heureuse, d'un peu de fraîcheur.

Sur les places, devant les cases, des groupes pittoresques prennent le frais. Quelques-uns dînent accroupis sur le sol, autour des plats où chacun puise avec conviction : ce n'est pas l'heure de se distraire; l'occupation est importante et absorbante.

Le repas se compose, en général, d'une bouillie très épaisse de farine de manioc, cuite à l'eau et au sel végétal. Dans une marmite plus petite, fume un brouet liquide, tout vert. On dirait du jus d'épinards, où nageraient des feuilles entières de toutes provenances; feuilles de patates, de citrouilles ou de légumes sauvages.

A tour de rôle, chacun enfonce ses doigts dans le manioc, dont il prélève une quantité proportionnelle et même un peu supérieure à sa capacité buccale. Puis il trempe la part ainsi captée dans la sauce verte, l'y roule, l'imbibe, et se l'introduit enfin dans la bouche toute grande ouverte : pour ce faire, le convive se penche le corps en avant, le cou tendu, avec un petit mouvement très élégant de circumduction du coude, qui permet à la main de s'introduire du côté gauche de la bouche, toute chargée de nourriture, et d'en sortir du côté droit propre et nette. Le geste s'accompagne d'une aspiration bruyante, suivie des bruits variés d'une laborieuse mastication.

Il arrive même souvent qu'on entend ensuite une explosion de satisfaction évidente ; mais ce symptôme de réplétion semble tellement naturel qu'ici, comme en beaucoup d'endroits, on le prend pour une politesse. La nourriture prise, on se rince la bouche, on boit et l'on digère.

Un commensal du chef, interrompant son repas, m'a

cependant adressé la parole au passage. A l'air moitié figue, moitié raisin, qu'il avait pris en me montrant sa marmite vide, j'ai compris qu'il ne me tenait pas des propos absolument aimables.

Mon truchement, qui pouffait, m'en a donné la traduction. « Es-tu venu chercher des poulets, docteur? Autrefois, nous en avions beaucoup ; c'était avant l'arrivée des Blancs. Poulets et cabris couraient alors partout. Depuis que les Blancs sont venus, disparus les cabris, envolés les poulets ! Les Blancs mangent tout ; ils dévorent ; les N'dis les regardent faire. Reluque ici, s'il y en a, du poulet, regarde là-dedans, s'il en reste ! »

Et du doigt il récurait vivement le fond graisseux de la marmite... Je restai tout interloqué, mais j'avoue n'avoir rien trouvé à répondre : le bonhomme avait cent fois raison.

Partirai-je, ou faudra-t-il rester encore un jour en panne? Depuis hier, mes charges sont prêtes. J'ai tout rangé, tout réparti par colis d'une vingtaine de kilos. Tout est dans mes malles ; mais, si demain les porteurs n'arrivent pas, il faudra que je déballe.

Les porteurs sont arrivés à neuf heures. Ce sont des M'baga; il n'y en a que vingt et un. Tant pis, je laisse quatre charges de vivres ; dans mon état, on n'en a pas grand besoin.

A dix heures, le départ. Si ce n'était la peine de quitter les camarades, je m'éloignerais sans regret. Il me semble que je vais vers le pays de Cocagne, où je trouverai la guérison.

Cependant Martret m'inquiète. Il n'est pas encore rétabli de sa fièvre hématurique, et déjà il a recommencé à piocher son jardin. A dix heures, il y était encore.

4

Cette imprudence lui jouera peut-être un méchant tour.

Allons, en route, le vent nous pousse!

SUR LA ROUTE DU GRIBINGHI

De Krébédjé à la M'poko.

Décidément, il est impossible de faire comprendre aux porteurs que les caisses ont un couvercle et un fond. Ils vous les retournent en tous sens, avec les mêmes précautions que certains facteurs du chemin de fer manipulant des objets fragiles.

Le bruit de mes bocaux tintinnabulant à chaque nouvelle secousse me retentit jusqu'au bout du pied, qui me démange : mais, comme ils ne comprendraient pas davantage, ce serait un geste inutile.

D'ailleurs, ça se tasse. Les porteurs ont pris leur allure. Je les vois trottiner, jambes fléchies, le buste droit, la nuque contractée. D'une main ils maintiennent leur charge sur la tête, tandis qu'ils font avec l'autre de grands gestes pour s'aider dans la marche et garder l'équilibre.

Comme ils ne sont pas tous également vigoureux, le convoi s'est égréné dès le départ. J'ai dû faire régler l'allure par Yabanga, qui se pavane en tête, coiffé de mon chapeau et armé de ma carabine Flobert : le sultan n'est pas son cousin.

De la M'poko aux Ungourra.

Mon convoi s'est augmenté de quelques M'baga que je n'avais pas vus hier ; ils nous ont rejoints en cachette pour soulager leurs camarades. L'harmonie de mes charges en souffre un peu. Mais cette marque de solidarité mérite bien qu'on feigne l'ignorance.

Toutes les grandes termitières pointues que nous rencontrons le long du sentier sont démolies jusque dans le sous-sol. Les noirs m'ont expliqué qu'au moment où les mâles prennent leur volée les termites sont bons à manger.

Les indigènes viennent alors le soir allumer des feux de paille autour des termitières et battre du tam-tam. Quand les mâles sortent, ils se brûlent les ailes et tombent par terre, où on les ramasse. Après quoi, on démolit le nid jusqu'au fond pour s'emparer des larves. C'est, paraît-il, un peu sucré.

Arrivé en plein midi.

J'ai reçu la visite de Ngirimintou, le chef du village, venu pour me soumettre quelques doléances. J'ai eu beau lui expliquer que je n'étais rien dans l'administration, il m'a néanmoins fallu l'écouter : un Blanc est toujours un chef.

Donc, Ngirimintou s'est présenté, drapé d'un somptueux burnous rouge, que jadis lui donna Rabah quand il convoqua les chefs Banda au Bandero. Il était accompagné de quelques suivants et de deux femmes et m'apportait quatre œufs. « Tu comprends, me dit-il, je suis resté ici longtemps avec Samba, qui m'a fait toutes sortes de misères. J'en avais assez. Heureusement il est parti. Maintenant, j'étais tranquille avec Ali ; il était mon frère. Et voilà que Coumsère le retire pour mettre à sa place un « Sénégal » qui vient d'avoir des histoires avec les gens de Djongoro. Ça ne me va pas. J'en ai assez de tous ces changements. Je ne sais plus comment faire. Si le Sénégal nous tracasse, nous partirons bien loin sur le Gribinghi. Je voudrais bien avoir la paix. Qu'on mette un Blanc dans le poste et que ça soit fini ! »

Il raisonnait très juste. Mais tout ce que je pouvais faire, c'était de l'engager à aller se plaindre à Krébédjé. Le moyen n'eut pas l'air de lui plaire.

Comme conclusion, il m'a demandé un cadeau. En échange, il m'a convaincu que sa tribu est celle des Ngola. Avec nos habitudes d'esprit, de Ngola nous avons fait Ungourra; en parlant vite, ça se ressemble.

Des Ungourra à Dékoa.

Le long de la piste, beaucoup de cases détruites, avec des amas de scories. Nous entrons en pays Mandja. Le paysage n'en est pas plus agréable. Au sortir des Ungourra, le terrain, plus accidenté, dégageait une certaine fraîcheur : des fonds de ravins verdoyants et quelques bandes mieux boisées avec des clairières assez vastes.

Mais ça na pas duré. Nous avons bien vite retrouvé les termitières. Il y en a de très grandes, pointues, étayées sur un tronc d'arbre en guise de mât central ; d'autres, plus élégantes, en colonnettes élancées, sont coiffées d'un chapeau pointu ; quelques-unes ressemblent à des *Phallus*.

Au poste, j'ai causé avec quelques indigènes moins timides. Ce qu'ils m'ont raconté confirme ce que j'avais appris déjà. Ils se réclament des populations voisines de la Sanga, dans l'ouest. Avant l'arrivée des Banda, ils occupaient toutes ces régions-ci. Le flot envahisseur les a noyés. Ils sont en pleine décadence. Réduits à végéter dans les régions les plus ingrates, ils opposent l'inertie aux tentatives d'absorbtion. Ils y réussissent, mais la race dégénère. Si nous ne les prenons pas sous notre protection, tous les Mandja seront bientôt détruits ou réduits en esclavage.

Dans certains mots de leur langue, on est frappé par la persistance anormale du son *u*.

Le soir, pour fêter le premier janvier, j'ai allumé quelques feux de Bengale. Il y avait au poste des tirailleurs rapatriables, en route pour rejoindre le paquebot. Grand succès. Ce fut à qui répéterait « feu d'artifice » à sa façon, et autant de façons que d'hommes. J'étais presque aussi content que ces grands enfants.

Très pittoresque leur campement. Tous ces hommes sont en loques. Quelques-uns malades, enroulés dans leur couverture, errent avec l'air de fantômes. Sans ordre, un peu partout, se dressent des moustiquaires de formes invraisemblables, multicolores et dont la teinte dominante est sale.

Entre ces lits improvisés, brûlent de vrais troncs d'arbres, avec des éclats rouges qui font paraître plus noire la nuit. De place en place, des marmites où cuit le couscous ; ailleurs des plats où fument les boulettes, sous la surveillance vigilante du cuisinier.

On cause, on crie même. Un mélomane joue de la flûte ; un autre gratte le banjo national à une corde, et dont la caisse est faite d'une vieille boîte à sardines. Ce ne sont qu'éclats de rire. Beaucoup de vie, beaucoup de gaîté. C'est presque la gaîté de nos troupiers de France.

Le bivouac de mes porteurs est bien triste à côté. Les malheureux ont dû se serrer la ceinture. Ils sont groupés par trois ou quatre autour de larges feux de braise, presque sans flamme ni fumée. On sent chez eux l'éreintement de la route, avec la caisse sur la tête qui les a tassés une journée durant. Ils gisent affalés sur la terre, nue comme eux. Quelques-uns, en se tournant, se sont mis sur les cendres chaudes. Qu'importe ! En des poses avachies, sur le dos, bras et jambes étalés, ils reposent, la tête sur le sol, bouche bée. Ils dorment. Plusieurs, courageux ou veinards, ont déniché une vieille marmite où cuisent quelques haricots. D'autres grignotent un peu de manioc cru ; quelques-uns font griller au feu des épis de mil, dont ils croquent le grain sans l'éplucher.

De Dékoa à Nana.

Encore et toujours des cases détruites. Gentil et les premiers qui traversèrent ces régions, autrefois peuplées, ne les reconnaîtraient plus aujourd'hui.

Au rebours de ce qui se produit partout, en Afrique où l'on se sert de porteurs, c'est la route qui fait fuir l'habitant.

Cependant ces fonds de vallées paraissent assez fertiles. A cette heure matinale, les hautes futaies qui bordent les marigots respirent la fraîcheur ; l'air est chargé de bouffées odorantes ; dans les branches, les oiseaux s'en donnent à gorge déployée. Cette intensité de vie fait un frappant contraste avec la brousse. Partout où l'eau manque, c'est la solitude aride et désolée.

J'ai rencontré Roquemaure et le capitaine Dubois, qui m'a paru bien malade.

Du haut d'une côte, nous découvrons enfin un lambeau d'horizon. Au sortir de cette brousse, où l'on voit à peine à quelques pas devant soi, on éprouve un plaisir plus vif à voir la perspective s'étendre.

Sous nos pieds, s'enfuit une descente poudreuse, inégale, avec ses blocs de cailloux et ses termitières en bornes kilométriques. Dans le bas, un épais rideau de verdure masque le cours de la Liloa.

Plus loin, une série de molles ondulations boisées, avec des tons jaunes, verts, feuille morte, fait songer à nos paysages d'automne. En s'éloignant, elles semblent se confondre avec un long pli de terrain qui enclôt l'horizon. C'est la ligne de partage des eaux entre le Congo et le Tchad. A travers l'air embrumé de buée et de chaleur, ces hauteurs prennent des teintes violacées, lavées de lilas clair, qui se noient dans l'océan plombé du ciel de midi.

Au bord de la Liloa, où nous avons fait halte, j'ai pour la première fois aperçu la tsé-tsé.

De Nana à Trois-Marigots.

J'ai maintenant des porteurs Mandja. Ils ne manquent pas d'allure avec leur sac, leur carquois et leur petit arc suspendus à l'épaule. Ils ont presque tous les narines percées, et de petits brins de paille introduits dans les trous ; quelques-uns s'en sont mis même dans la cloison nasale. Un gros toungou s'étale dans la lèvre supérieure ; la lèvre inférieure est souvent percée, elle aussi, de plusieurs trous. Certains ont de grandes pendeloques d'oreilles faites avec de petites cornes de céphalophes. Cette parure donne à ceux qui ont de la barbe une physionomie assez originale. Ils sont gais, courageux, et paraissent bons enfants.

En traversant le marigot, qu'on appelle Iky, j'ai retrouvé la tsé-tsé.

De Trois-Marigots à Gribinghi.

C'est aujourd'hui la dernière étape ; il est temps que cela finisse. Cette brousse est désespérante de tristesse et de monotonie. Toujours le même sol poudreux, ou semé de cailloux qui roulent sous le pied. Toujours la même végétation, avec ses rares taches vertes d'herbe nouvelle, et ses nappes sinistres, ravagées par le feu. Toujours les mêmes arbres tordus, rachitiques et pelés, avec des paquets de feuilles sèches. Par-ci, par-là, des squelettes calcinés d'arbres encore debout ou couchés sur le sol, et les termites, pour mieux les dévorer, les encroûtent de terre rouge ; ces insectes sont apparemment les seuls hôtes vivants de ces sites miséreux. Tout sent la poussière et le roussi. A peine, de temps en temps, quelque fleur incolore jette-t-elle au passage des odeurs entêtantes. On en vient à souhaiter le marais où le cheval s'embourbe, ou encore le ravin qu'il faut dégringoler.

Heureusement le Nana, qu'on passe sur un pont suspendu, vient mettre dans le tableau un peu de vie et de lumière.

Après ça, on recommence, mais on a le soulagement d'apercevoir enfin le Bandero, qui est le terme de la route. De loin, l'aspect n'en est pas engageant. Avec son sommet tout rond et ses flancs rocheux complètement dénudés, on dirait un crâne énorme, comme ceux qu'on trouve un peu partout sur le bord de la route.

Nous sommes arrivés vers deux heures, juste pendant la sieste. Tout le monde dort.

Fort-Campel.

Fort-Campel me cause une sensation plutôt fâcheuse avec ses cases à la débandade.

Peut-être cette impression doit-elle être mise au compte de mon mauvais état de santé. Cependant, malgré les offres hospitalières des camarades, ce n'est pas ici que je vais m'arrêter. Impossible de me ravitailler, et, comme il me reste vingt-deux œufs, je m'en contenterai pour les quinze derniers jours de route.

D'ailleurs le séjour ici n'a pas l'air agréable. Le Bandéro est encore plus affreux de près que de loin. Ce n'est qu'une énorme roche, ronde, luisante et nue. Le soleil la surchauffe tout le jour ; le soir venu, elle renvoie sa chaleur, que le vent nous apporte : c'est un véritable calorifère.

On ne trouve de fraîcheur qu'au bord de la rivière, mais on y rencontre aussi les moustiques.

Le Gribinghi, étroit et encaissé entre ses berges vertes, paraît très poissonneux. On y a jeté deux cartouches de dynamite, qui ont fait venir sur l'eau une pleine brouetté de poissons, dont quelques-uns pèsent au moins 20 kilos.

La pêche doit être, avec le jardinage, la principale ressource du poste, car le pays, vu du redan fortifié, a l'air désert et misérable : c'est le Kaga ou le marais, la roche ou la vase, le bourbier insoumis ou la brousse stérile.

De Fort-Campel à Fort-Archambault. — Le Gribinghi. — Le Haut-Chari

Le sort en est jeté! j'embarque! J'espère être plus heureux que le sous-officier qui vient de mourir en route. D'ailleurs, avec tous les préparatifs du départ, on n'a pas le temps d'avoir des idées sombres.

Il fait à peine jour sous la voûte d'arbres qui nous couvrent. La rivière, déjà sale, a pris ce matin une teinte opaline ; la buée flotte ; la rosée ruisselle partout goutte à goutte. La fraîcheur et l'humidité mordent la peau. La nature en est tout engourdie. Quelques tourterelles plaintives sont les premières à s'ébrouer : c'est l'amour qui les rend matinales ou les tient éveillées la nuit. Après elles, les charognards s'en vont à la corvée de quartier. Je ne sais pourquoi ces bêtes me rappellent les hommes. Je revois les matins de Paris, l'air enfumé de la grand'ville ; les viveurs attardés et les balayeurs lançant leur long balai,avec le geste large du faucheur. Souvenirs !....

Nous dépassons à droite le confluent de la Koddo, qui vient de chez Snoussi. Le Gribinghi ne diffère guère de la Kémo, de la Tomi, ou de la Nana. Ses berges sont plus acores et le rideau de verdure qui les couvre est peut-être un peu plus étroit. Son lit, très encaissé, est tout encombré d'arbres que les crues ont arrachés du sol. Les berges ont parfois 4 ou 5 mètres, et plus. On en voit saillir un réseau inextricable de racines énormes, entre lesquelles la terre a disparu. Les arbres qu'elles retiennent semblent tous en équilibre instable : ils penchent, ils penchent, à croire qu'ils vont s'abattre sur nous. Quelques-uns, coudés à angle droit, servent d'éventaires à la crue qui y installe son bric-à-brac : vieux pagnes, nasses brisées, roseaux, paquets de feuilles mortes, nattes et paniers y pendent pêle-mêle, lamentablement, dans l'attente de la crue prochaine.

Mes pagayeurs Yacoma ont failli me jouer un vilain tour. J'étais descendu sur la berge par nécessité. Voyant les herbes sèches, les hommes y ont mis le feu, sans s'inquiéter de moi. En quelques secondes, je me trouvai en pleine fournaise, avec des cartouches dans mes poches et mon fusil chargé. J'ai réussi à regagner la rive, aveuglé, roussi, suffocant, avec le feu à ma chemise, que je n'avais pas eu le temps de rentrer dans mes chausses. Sapristi, ce n'est point par métaphore que j'avais le feu aux trousses.

Vers le soir, nous sommes passés sous un pont suspendu. Ce sont des lianes tendues d'un arbre à l'autre, par-dessus la rivière. Je soupçonne fort ces édifices de ne pas offrir une parfaite sécurité. Mais c'était l'indice de la présence de l'homme. Plus loin, nous avons abordé au gué du village d'Odjo, qui se cache à dix minutes de marche dans la brousse. Des Banda l'habitent. Je suis allé leur acheter un peu de manioc et des kérés (1) pour encourager mes hommes.

Quelques heures après le départ, nous avons croisé le convoi du capitaine d'Angeville, rentrant en France. C'est le seul incident.

La rivière est un peu plus large. Au travers des arbres, on aperçoit la brousse triste et la plaine couverte de grandes herbes jaunies. Toute la vie se concentre sur les berges. C'est un fourmillement d'oiseaux de toutes tailles, de toutes couleurs. Les uns s'échappent en bandes bruyantes, se poursuivent, se querellent et jacassent éperdument. D'autres guettent, silencieux, la proie qui passe. De rares marabouts, pensifs et renfrognés, font les cent pas sur la vase, en compagnie de sombres ibis. Des cigognes blanches, et d'autres toutes noires, battent des ailes en criant,

(1) *Dioscorea anthropophagorum* : espèce d'igname sauvage comestible.

perchées sur des bois morts. Perroquets, perruches, tourterelles, touracos, pintades, s'envolent sans répit. Mais il faut ménager sa poudre. J'ai abattu, pour les préparer, un martin-pêcheur de grande taille (1) et un gros scotopélia (2).

Mes hommes ne comprennent pas que je ne tue pas tout, sans miséricorde. A tout instant, ils s'arrêtent de pagayer pour me faire des signes pressants et mystérieux. « Qu'y a-t-il? — Heu, heu! » me font-ils, en se courbant, et en m'indiquant une direction vague, d'un mouvement de tête qui leur dévisse le cou... « Je ne vois rien... Où ça ? En haut? en bas? à gauche ? à droite? — Oui, oui! » Avec eux, c'est toujours oui. Mais je n'aperçois jamais l'animal qu'au moment où il se sauve.

Je leur ai tué un énorme poisson qui s'était engagé à fleur d'eau dans une souche.

Nous nous sommes arrêtés au débarcadère d'un village de Banda, situé sur la rive gauche, assez loin dans la brousse. On l'appelle Yatounga; nous n'y sommes restés que le temps d'acheter de maigres provisions pour l'équipage.

En aval, nous avons trouvé de nombreux barrages de pêche, installés par les indigènes. Ils utilisent les arbres branchus, renversés dans l'eau en travers du courant. Sans les élaguer, ils complètent le barrage en ajoutant de place en place de longues perches verticales. Ils ménagent ainsi des trous plus ou moins carrés, répartis irrégulièrement sur toute la surface, et introduisent dedans de grosses nasses pansues, munies d'un pavillon carré. La rivière est si poissonneuse que les indigènes

(1) *Ceryle rudis.*

(2) Grand hibou qui pêche le poisson et se reconnaît à ses pattes, dont le dessous est hérissé de scutelles.

doivent trouver dans la pêche leurs plus sûres ressources.

Les miennes commencent à baisser d'une façon inquiétante. Presque tous mes œufs sont pourris, depuis vingt jours que je les promène. Quant à mon cuisinier, il a trouvé un moyen simplifié pour faire du bouillon. Comme je ne puis manger la viande qui a servi, je la lui donne. Aussi la retire-t-il dès qu'elle est assez cuite; il laisse ensuite le prétendu bouillon mijoter sur le feu, jusqu'à ce qu'il me plaise de demander la soupe. J'ai découvert le truc en débarquant. Je ne m'étonne plus de n'avoir pas trouvé de goût à mon eau chaude quotidienne.

Depuis Yatounga, les rives sont devenues absolument désertes. On s'en rend compte en constatant l'abondance du gibier. Ce matin, nous faisons s'enfuir à chaque instant des antilopes venues à l'abreuvoir. Ce sont surtout des Kobs de Buffon et des Guibs tachetés. J'en ai tué plusieurs, au grand plaisir des hommes, qui ne cessent de manger. Ils ont de la viande à ne savoir où la mettre. Ce qui ne les empêche pas, d'ailleurs, de faire la mauvaise tête parce que je les oblige à larguer un immonde crocodile qui flotte sur l'eau, le ventre ballonné.

Toute la journée, nous avons été obsédés par des tsé-tsé en masse.

Quelques échouages commencent à ralentir la marche. De plus, nous avons perdu pas mal de temps à dépecer notre gibier.

Nous sommes arrivés à Finda lorsqu'il faisait nuit noire. Le capitaine Boisseau et le lieutenant Dhômme s'y trouvaient de passage, pour retourner en France. On a fait un brin de causette avant de se coucher.

Nous ne sommes plus ici sur le territoire Banda. Les

gens de Finda s'appellent les Koungoa. On en a fait Akounga. Maistre les donne comme parents des Sara. En réalité, ce sont des Léto, proches parents des Ndokoa, dont ils parlent la langue.

Le paysage s'accidente. Le Gribinghi devient plus tortueux ; il s'encombre de bancs de sable et même de quelques rocs. Sur la rive gauche, nous avons passé un petit kaga rocheux qui tombe à pic dans la rivière. Des arbres et des broussailles le couvrent jusqu'à la cime et abritent des bandes de cynocéphales et de colobes à manteau blanc. Je suis descendu leur donner la chasse. Tout le kaga est sillonné de pistes ouvertes par les éléphants; ce sont de vrais sentiers de chèvre, et l'on est surpris que ces gros animaux pesants soient assez agiles pour les avoir tracés.

Du haut de la colline, la vue s'étend. Le paysage donne toujours la même impression de tristesse. De-ci, de-là, de petits bouquets de broussailles semblent perdus dans la mer infinie des herbes desséchées. Un lagon miroite au soleil, tache étincelante entourée d'une bordure de roseaux encore verts. Ce site, âpre et misérable, est empreint, dans sa sauvagerie, d'une mélancolie troublante. Il fait comprendre la solitude, avec tout ce qu'elle recèle d'attirant et de farouche, sa sérénité poignante et son calme écrasant.

Cette promenade m'a rendu tout triste. Les tsé-tsé, qui nous importunent, achèvent de gâter le reste de ma journée. Et puis Rama m'agace. J'en viens à regretter de l'avoir recueilli. Il est cependant resté longtemps en France, chez Gentil, à un âge où le nègre se dégrossit très vite. Il parle notre langue presque avec correction. Son maître s'est appliqué à faire de lui un être moralement supérieur à tous les gens de sa race. Mais tous ces efforts sont restés inutiles. Le premier coup du soleil soudanais a fondu le vernis qui masquait les défauts de son âme de nègre. Depuis qu'il est parti avec moi, Rama passe le jour à battre du tam-tam sur une caisse à farine, sans faire œuvre de ses dix doigts. J'ai beau dire, j'ai beau faire : à peine daigne-t-il répondre à mes paroles. Il ne sort de sa torpeur que pour boire et pour manger : c'est la brute.

Des échouages plus fréquents nous retardent. Pour regagner du temps, je laisse venir la nuit. L'ombre descend lente et molle ; elle étend son manteau bleu, ouaté de brume. J'écoute mourir les bruits. Des bandes de canards passent en sifflant, cherchant leur gîte. Des moineaux se disputent une place pour dormir, tandis qu'au loin une chouette hulule et que pleurent les courlis. Une lueur douce semble s'élever de la terre des deux côtés de l'horizon : c'est le soleil qui se couche et la lune qui se lève. Les moustiques commencent leurs symphonies.

La faim m'a ramené cette nuit le rêve qui m'obsède. Je vois d'abord des plats succulents qui défilent et laissent flotter derrière eux des panaches odorants. Puis mon songe me transporte chez un Potin fantastique. Je circule au milieu de piles de boîtes de conserves. Le crayon à la main, j'établis mes commandes. Je déguste. Le garçon empressé répare mes oublis. Rien de trop cher, rien de superflu. Mon pantagruélisme serait idéal, si mon sommeil n'était troublé. Le songe finit régulièrement par une avalanche terrible de boîtes et de caisses. Je m'éveille en sursaut et n'ai que le temps de sauter du lit : c'est messir Gaster qui ne veut pas que je l'oublie.

Ce matin, je sens davantage l'éreintement de ces

fantasmagories nocturnes. Pour secouer l'engourdissement, je suis parti à pied le long de la berge. Mais on a de la peine à circuler dans les herbes sèches. On y fait trop de bruit. Le gibier se sauve sans qu'on le devine. J'ai plus de chance de regarnir le garde-manger en restant assis dans la baleinière. On n'y est pourtant pas très bien à l'aise. Des taons et les tsé-tsé ne désarment pas. Ah! les mouches! Et puis, je m'énerve et je m'en rends parfaitement compte. Les ibis surtout me rendent hargneux. Je les aperçois devant nous, perchés sur de grosses branches, avec leur grande tache de plumes vert bronzé en épaulettes. Ils nous guettent et nous laissent venir; puis, sans jamais repasser derrière nous, ils se sauvent en poussant des han-han-han pleurards, qui dénoncent notre approche et font fuir le gibier.

La chasse n'a cependant pas besoin d'eux pour être infructueuse. Les rives sont escarpées : les antilopes ne peuvent trouver une place pour venir boire, et de l'embarcation nous n'apercevons pas la plaine. Comme il faut trouver à manger pour les hommes, j'ai fait aborder de meilleure heure.

A peine descendu, un Yacoma, en quête de bois mort, est venu me signaler la présence d'une harde d'antilopes. Elles étaient au moins cent, dans le fond couvert d'herbe verte d'un marais desséché. D'un coup de fusil j'en ai tué une. Comme les autres, à peine effrayées, avaient gagné la lisière opposée de la cuvette, je me suis approché en rampant. D'une balle, j'en roule une autre; le reste s'enfuit. La bête blessée, une femelle, se relève et se traîne sur les genoux; elle va pénétrer dans la brousse; je me hâte, j'approche, je la touche presque, lorsqu'en deux bonds une panthère me la vole, sous mes yeux. A peine ai-je eu le temps d'apercevoir le fauve; il n'a fait que deux sauts et puis a disparu. Les Yacoma qui m'accompagnaient en avaient fait autant.

Nous avons fini par gagner le poste de Lutos. Il est aussi misérable que les autres. Son rôle semble être de figurer, pour la plus grande joie des passagers, qui peuvent ainsi croire que le Gribinghi n'est pas encore désert.

Ces Lutos, qui lui donnent leur nom, s'appellent en réalité Léto; certains voyageurs en ont fait Routou, ou Arétou, et les ont rangés dans la famille Banda. A ne considérer que les apparences, l'erreur est parfaitement excusable. Toujours est-il qu'ils ne parlent pas Banda et se réclament du groupe Ndokoa, dont le centre est beaucoup plus à l'est. Pour ma part, je ne suis pas très convaincu que Ndokoa et Banda n'aient pas une souche identique; mais, au point de vue politique, la distinction est nette et bien tranchée.

Ceux qui habitent les rives du Gribinghi ne sont vraisemblablement pas de race pure. Ils viennent de l'est et ont dû se mêler à des autochtones qui habitaient cette vallée. C'est d'autant plus probable que beaucoup d'indigènes ont une stature et un habitus capables de les différencier des Ndokoa. Maistre, en particulier, a appelé Sara les gens de Mandjatezé, qui sont en réalité des Ngama, dont la parenté avec les Ndokoa paraît incontestable. Nachtigal les signale, en effet, dans le Timan, au sud du Ouadaï, et les Ndokoa affirment avec quelques réticences qu'ils sont bien leurs parents. Quant aux Tané, qui habitent aussi, avec les Valé et les Telé, la rive gauche du Gribringhi, ils portent le nom par lequel les Banda désignent tous les Ndokoa.

On peut, en somme, admettre avec certitude la

parenté Ndokoa directe entre les Lélo, les Tané, les Valé et le Koungoa. Le groupe Ngama est peut-être un peu spécial.

Comme groupes issus du mélange des Ndokoa et des autochtones, il y a les Gaga, les Koumou-Ngama, les Tétokoula, les Doubaï, les Gnalbabo, les Nooghé, les Iavéla et les Valé-Djoko, chez qui cette épithète pourrait déceler un mélange profond avec des Banda-Djoko.

Mais il y a de telles confusions entre tous ces noms et toutes ces tribus qu'on ne peut guère espérer éclaircir la question quand on traverse le pays au pas de course.

Si les types physiques présentaient des différences accentuées, on pourrait se risquer à être plus affirmatif. Mais je crois qu'en la circonstance il est préférable de ne pas trop s'avancer, de crainte d'ajouter de nouvelles erreurs à celles qui sont déjà accréditées.

Aujourd'hui, nous arrivons dans la région des rapides. Les premiers que nous venons de passer n'ont rien de bien terrible. La barrière de roches est presque tout entière sous l'eau, qui fait par-dessus de grosses bosses. La nappe vert sombre semble avoir la consistance d'une masse d'huile. Elle glisse sur une pente courte et rapide, puis fait une chute brusque de 80 centimètres à peine. Il manque au spectacle le bruit, les tourbillons, l'écume, pour le rendre impressionnant. Nous avons suivi un étroit chenal, le long de la rive gauche, et sommes restés accrochés en équilibre sur deux pierres au milieu du courant. Les hommes se sont mis à l'eau pour soulager la baleinière, qui est partie comme une flèche et a sauté le pas sans la moindre difficulté.

Et nous avons continué la route, harcelés par des

nuées de petites mouches, des fourous, qui nous piquent jusqu'au sang.

Vers le soir, nous sommes arrivés à d'autres rapides. Ceux-ci sont beaucoup plus sérieux. Il faut zigzaguer pendant une trentaine de mètres sur une pente hérissée de gros blocs arrondis. Pour passer, les hommes sautent à l'eau. La baleinière se cabre, pique du nez, puis s'échappe à grande vitesse, entraînant les noirs pendus en grappe au bordage. Nous filons entre la berge et un îlot vaseux, couvert de roseaux : nous y apercevons des crocodiles qui prennent le frais et deux bandes de pintades.

Comme il était tard, nous nous sommes arrêtés à quelque distance en aval, et nous avons dormi, bercés par le bruit monotone de la chute.

Le Gribinghi s'élargit. Son cours est moins encaissé. Presque constamment une berge meurt en pente douce, tandis que l'autre reste à pic. Nous échouons plus fréquemment ; mais, comme nous pouvons naviguer à la perche, nous compensons les pertes de temps.

Sur les bancs de sable et de vase, nous dérangeons plus souvent des crocodiles endormis. Pintades et antilopes abondent, ainsi que des cormorans solitaires, perchés sur les basses branches et qui agitent leur cou démesuré avec inquiétude lorsqu'ils nous voient approcher.

Nous avons abordé le long d'une pente douce, labourée par les hippopotames, quand ils s'en viennent pâturer la nuit. Vers onze heures, ils ont éveillé le campement. Notre présence dérangeait leurs habitudes. Ils ont bruyamment manifesté leur mécontentement. Quelques-uns sont venus secouer la baleinière, tandis que les autres croisaient en grognant et lançaient leur puissante haleine avec un bruit de jet de vapeur.

Il faisait trop nuit pour les voir et les tirer. C'eût été d'ailleurs inutile, car, au bout d'une heure, ils s'en sont allés.

Nous avons retrouvé ce matin nos visiteurs nocturnes. Le troupeau comprend quelques vieux animaux et des femelles énormes, qui portent chacune un petit sur le dos. Ils ont la peau rose comme de petits cochons. Malgré l'avis des pagayeurs, j'en ai tué un; mais ce meurtre a failli nous coûter cher. La mère s'est précipitée sur la baleinière, et, avant que nous ayons eu le temps de nous garer tout contre la berge, elle a bousculé l'embarcation. D'un coup de boutoir, elle a fait un trou dans une tôle. Elle s'est heureusement contentée de cet exploit.

Quant à nous, nous avons tous fait la culbute. Rendu prudent par ce petit accident, j'ai préféré descendre sur la berge pour assassiner plus commodément quelqu'un de ces gros pachydermes.

C'est aussi facile qu'amusant. Comme le bief n'est pas très étendu, chaque animal revient presque toujours respirer à la même place. On se cache, on guette, et on envoie sa balle au bon moment.

Certain d'en avoir tué trois, j'ai attendu que les bêtes fussent remontées à la surface. Au bout de trois quarts d'heure, les Yacoma ont signalé la première en hurlant : « Niama! Niama! (1) » Ils se sont mis aussitôt à la dépecer, pendant que je pêchais à la ligne. Le sang et le contenu du ventre ont, en effet, attiré des bandes de poissons, dont quelques-uns ont plus d'un mètre. Deux fois ma ligne, grosse comme le

(1) « La viande! La viande! »

petit doigt, est emportée d'un seul coup. J'y renonce.

De gros crocodiles viennent, eux aussi, rôder autour des hommes qui travaillent dans l'eau. C'est un voisinage dangereux; j'en tire un; la balle le scalpe; il mesure cinq pas de long.

Pendant ce temps, deux autres victimes ont reparu sur l'eau. On les a halées dans la petite crique où les hommes travaillent à dépecer la première. C'est une ignoble boucherie. Il coule du sang partout. Les Yacoma jubilent; ils taillent à coups de couteau et de hachette. Des éclaboussures giclent de tous les côtés. Les hommes sont rouges de sang jusqu'à la tête. De temps en temps, ils avalent quelques morceaux tout crus, ou s'essuient entre les lèvres la lame et le manche des couteaux sanglants. Ils ne veulent rien laisser perdre : ils cassent les os et les sucent, ou recueillent dans des calebasses la graisse et la moelle qui coulent des grosses dents.

L'odeur du sang a attiré toute une nuée de rapaces qui attendent impatients que les hommes aient fini; les arbres en sont couverts. Les nouveaux arrivants chassent les autres, qui planent et tournent en criant. Il y a là des néophrons aux allures hypocrites, des milans hargneux, de petits vautours à tête noire, d'autres plus grands et fauves à qui tous font place; quatre ou cinq marabouts au crâne dénudé se sont joints à la bande. A peine les hommes ont-ils abandonné les carcasses encore fumantes que tout ce vol d'affamés se rue à la curée. Les mandibules s'en donnent tant qu'elles peuvent; les serres font le reste. Chaque lambeau déchiré passe dans vingt becs, qui se le disputent; les batailles commencent sur les carcasses à grands coups d'ailes et de rostres, et se terminent en l'air après des poursuites acharnées. La voracité leur fait perdre toute prudence. Je tire à balle dans le tas ; chaque coup en abat quelques-uns ; les autres s'éloignent à peine un instant pour revenir à la charge.

La nuit qui tombe rapidement chasse tout ce vilain monde, qui s'en va percher sur de vieux arbres morts pour digérer en paix. Protégés par l'ombre, des crocodiles sont venus prendre leur part de festin : nous entendons claquer leurs mâchoires, qui broient les os. Les hippopotames aussi sont revenus rôder en soufflant autour des cadavres de leurs congénères. Mais ils sont repartis aussitôt.

Cette journée de repos m'a valu du bien-être et de la détente. La fraîcheur monte avec la lune, l'eau fume, le jour s'éteint. Las d'avoir tant travaillé à débiter leurs trois hippopotames, les Yacoma se sont assis en rond autour du feu et contemplent d'un air satisfait les quartiers qui rôtissent. D'ici, je sens à pleines narines les odeurs de graillon. J'y prends presque plaisir.

A mesure que la viande cuit, les hommes la retournent en se brûlant les doigts, avec des gestes de singes qui s'échaudent. La faim les rend muets. L'un d'eux, pour distraire son impatience, découpe des lambeaux cartilagineux et les engloutit tout crus. Un autre vide des tripes, en les pressant dans ses doigts.

Enfin, tout est paré ; à table ! Le partage ne se fait pas sans discussions, mais il y a tant de victuailles que chacun trouve à se satisfaire. Tous s'en chargent. C'est brûlant, tant pis. Tenant les morceaux à deux mains, ils y mordent à belles dents, de leurs vilaines dents taillées en pointe. La graisse et le jus découlent des coins de la bouche et dévalent en rigoles sur les poitrines brunies.

Une bouchée n'attend pas l'autre. Les lambeaux

déchirés disparaissent avec accompagnement de claquements de lèvres, à rappeler un cheval qui piaffe. Personne ne songe à boire. Parfois une bouchée trop grosse exige de violents efforts pour se laisser déglutir. Entre deux coups de dents, un des convives recrache ce qui ne peut passer : mais c'est rare, car tout fait ventre, sauf les os.

Et voilà déjà une bonne heure que cela dure. Quelle capacité ! Ils me font envie. Manger !... Manger !...

La nuit est venue, claire et bleue dans ses voiles qui flottent.

Génaga chante. Les notes s'égrènent de sa Kindi, grêles et frisantes, monotones. Il chante à mi-voix comme une complainte, une mélopée un peu triste, nasillée, chevrotante, avec des chutes jusque dans le sous-sol et des reprises imprévues sur un ton de fausset.

A la lueur des feux où la viande se boucane, les arbres paraissent plus grands ; leurs fûts s'élancent, les cimes s'élèvent, s'élèvent, s'élèvent si haut qu'elles touchent le ciel ; et, dans les trous noirs de la voûte, les étoiles apparaissent toutes petites, accrochées aux branches comme les bougies d'un sapin de Noël.

Dans le demi-sommeil où je reste plongé, j'aperçois les Yacoma, dont les torses nus s'éclairent de lueurs rouges en éclats qui vacillent. Ils mangent. Leur appétit n'a pas faibli, leur voracité est la même ; c'est à qui finira le premier pour reprendre un des morceaux mis au chaud sur la braise.

Je crois même qu'ils en remettent cuire ! Mais oui, ils rechargent. Bis'millah ! quels estomacs !

J'ai fini par m'assoupir. A une heure, mon ventre m'a réveillé : les Yacoma mangent encore. A trois heures, nouveau réveil : les Yacoma mangent toujours.

A cinq heures, j'ai crié : « Tout le monde debout ! » Les Yacoma mangeaient. Et. quand nous avons démarré, en pagayant, ils avaient encore la bouche pleine.

D'ailleurs, l'embarquement a été quelque peu pénible. Il a fallu caser ces amas de viande encore tiède. Il y en a partout : dans les coffres étanches, sur les caisses, jusque sur mon chimbek. Nous voguons au travers des senteurs de pot-au-feu, entourés d'un nuage de mouches. Ah ! les sales bêtes ! je me demande d'où elles sortent ?

Par contre, les Yacoma sont aujourd'hui d'une humeur charmante. Ils pagaient avec frénésie, en hurlant des O et des A, entremêlés de « Niama » et de « Dokotér » qui doivent, à leur idée, me faire goûter des joies triomphales.

Ce que je vois de plus clair, c'est que nous filons au moins trois nœuds. Malheureusement, la navigation s'accidente de plus en plus. Nous venons de traverser une passe tortueuse, encombrée de gros rocs, au milieu desquels nous avons circulé grand train, non sans quelque émotion. Maintenant, ce sont des bancs de sable, d'huîtres, ou de gravier, sur lesquels on touche. L'allure se ralentit : et puis les Yacoma digèrent ; la chaleur étouffante les rend somnolents.

A une heure, nous sommes dans les gros cailloux. Ici il faut ouvrir l'œil. D'abord ce sont de petits ressauts que nous franchissons assez librement. Nous entrons ensuite dans un étroit couloir, resserré, bordé de roches entassées, polies, chauffées à blanc. A l'orée, nous nous engouffrons dans un cul-de-sac, où l'eau retrouve un peu de calme, sous une voûte de feuillage. Devant nous, le bras semble barré par une dalle énorme, plate, basse, nue, sauf quelques touffes d'herbe. A droite, cependant, s'ouvre le passage praticable, c'est-à-dire 30 mètres de glissade aboutissant à une vraie chute, où l'eau fait une vraie volute, un creux et un gros remous, le tout encombré de pierres moussues, sur lesquelles la rivière écume.

En aval, la carcasse d'un chaland naufragé nous recommande la prudence. On allège le boat ; quelques hommes vont se mettre au-dessous de la cascade, pour le repousser, si par malheur il se jette au plein. Les autres embarquent et vont en amont prendre le courant. Voici qu'ils redescendent... la baleinière enfile le chenal... l'allure s'accélère... l'avant sort de l'eau... elle pique du nez, bondit... elle passe, elle est passée. C'était en somme moins dangereux qu'on n'aurait pu le croire. J'aurais même dû m'en douter, car mes boys avaient laissé leur bagage dans la barque.

Ce bas Gribinghi est vraiment très pittoresque. On peut en jouir, malgré le soleil, les tsé-tsé et les taons. Ce qui est moins agréable, c'est l'odeur de la viande, qui commence à se faisander.

Nous approchons du confluent avec le Bà-Minghi. La rive droite est très escarpée, rocailleuse, et pourtant la végétation paraît plus vigoureuse et plus touffue. Les échouages alternent avec des chocs sur des roches à fleur d'eau. Au sortir d'un chenal rétréci, nous venons même de heurter un écueil avec tant de violence que nous sommes tous tombés pêle-mêle avec les caisses et les quartiers de viande sèche.

Brusquement la rive droite s'abaisse et meurt dans un grand banc vaseux. La berge gauche est taillée à pic dans du sable mêlé d'argile. Le fleuve fait un coude. Nous débouchons dans une ampoule, où se jette à droite le Bà-Minghi. C'est très banal. Un troupeau d'hippopotames a élu domicile en cet endroit profond.

Nous voici donc sur le Chari. On ne s'en douterait

guère. Nous passons encore à gauche le confluent d'une petite rivière, la Vassako, et voici les Yacoma qui se mettent à entonner une de ces furieuses barcaroles, où des cacophonies étranges se marient à des accords d'une surprenante douceur. « Dokoler... Chari... Yacoma-hé. Fort-Chameau! Yé, yé, oh!... ». Je ne comprends pas, mais je devine ce que cela veut dire. Le voilà, le Chari, dans toute sa splendeur de fleuve soudanais. Il se vautre dans un lit immense et sans contours, vague, paresseux, lent, plein de bancs de sable qui étalent leurs croupes.

Devant nous, au confluent d'un ruisseau, un poste en vedette en haut d'une berge raide. C'est l'Irina. On y aborde. Le Sénégalais qui le commande a noyé la tristesse de sa solitude dans des flots de « pipi ». Il est tellement bavard que je n'arriverai pas à l'envoyer dormir.

Le Chari.

La perspective de toucher au but a donné un regain d'ardeur à l'équipage. Même les boys s'arment de perches ou de pagaies. Malheureusement, c'est du courage inutile. A cette saison de l'année, le Chari n'est déjà plus librement navigable pour une embarcation chargée comme la nôtre. Sur cette nappe immense, aucun point de repère. Nous naviguons à l'aveuglette, évitant de notre mieux les cailloux et les bancs d'huîtres. Mais le manque de fond nous arrête à tout instant. Il faut se mettre à l'eau, porter à bras la baleinière ou lui faire un chenal en creusant le sable avec des planches cassées. La besogne est rude; nous n'avançons pas vite.

Entre temps, les Yacomas ont attrapé par la queue un

crocodile de plus d'un mètre. Ces sauvages sont stupéfiants : à mesure que l'un d'eux était forcé de lâcher la bête, un autre la reprenait ; un petit coup de bâton par-ci, un petit coup de poing par-là, ils ont fini par l'étourdir et l'ont éventrée au couteau. Le crocodile du Chari est vraiment de bonne composition. Les autres animaux ne paraissent guère plus farouches. Sur les bancs immenses qui prolongent les rives déboisées, nous apercevons des antilopes en troupes. Notre passage ne les fait même pas s'écarter. Quelques-unes lèvent la tête, nous regardent et se remettent paisiblement à brouter. On n'a même plus envie de les tirer ; ce serait du meurtre.

Des hippopotames dorment au soleil, leurs gros corps informes à demi immergés. Des bandes d'ibis sacrés, de tantales, de cigognes blanches ou noires, s'échelonnent en files interminables, immobiles sur les grèves. Des canards barbotent un peu partout. Des grues couronnées courent éperdument en secouant leurs ailes. On a l'impression que ce fleuve indolent est la source de toute cette vie. Bêtes et plantes ne vivent plus que par lui. Dans les rares échappées des berges en pente douce, on aperçoit la brousse malingre et dépouillée : buissons confus, arbres convulsionnés, qui paraissent pousser les racines en l'air, champs d'herbes sèches, prairies de roseaux tranchants, paysage d'incendie, végétation de squelettes.

Où l'eau manque, que doit-il rester ?

Nous avons, ce matin, dépassé le confluent du Bangoran. Quelques barrages de pêche nous font soupçonner la présence de l'homme. Nous avons d'ailleurs aperçu deux indigènes qui se sont effondrés dans les hautes herbes. Je voudrais bien cependant me renseigner et savoir si Fort-Archambault est encore aussi loin que les Yacoma le prétendent. Ils sont éreintés, et, comme il leur reste de la viande pour plusieurs jours encore, ils mettent à manœuvrer une mauvaise volonté évidente. Je n'ai pas les mêmes raisons qu'eux. Je veux arriver demain. On naviguera la nuit.

Nous nous sommes réposés jusqu'au lever de la lune; les moustiques sont désespérants. Nous avons aperçu les feux d'un bivouac de pêcheurs : tous ont pris la fuite.

Les rives du fleuve sont aussi peuplées la nuit que durant la journée. Sur les bancs de sable, nous devinons les ombres d'antilopes en promenade. Tout près de nous, un lion, que nous avons dû déranger, nous a donné un échantillon de sa musique. Certains rauquements nous font vibrer de la tête aux pieds. Des expirations saccadées explosent, brèves et rapides, et meurent en roulades graves comme un tonnerre lointain. C'est un timbre de voix qui n'a pas son pareil.

Au petit jour, trois gros éléphants ont traversé le fleuve en amont, à 2 kilomètres de la pirogue.

Sur la rive droite, nous venons d'apercevoir des plantations de mil. Plus loin, des descentes fréquentées taillées à flanc de berges. Quelques petites pirogues, rustiques, difformes, mal taillées. Un peu plus loin, des cases. C'est Kodeberi. Dans deux heures, nous serons à Fort-Archambault.

De fait, nous n'avons pas tardé à apercevoir le poste et les villages qui l'entourent. Après ces quinze jours de désert, la vue de ces lieux peuplés nous remplit le cœur de joie. Si l'on y trouve en outre le même accueil que nous y reçûmes, on a vite fait d'oublier les lenteurs du chemin.

FORT-ARCHAMBAULT. — LES PAYS SARA

Jusqu'à nouvel ordre, Fort-Archambault me semble un pays de cocagne. En se privant, les camarades me donnent chaque jour des œufs à la coque et quatre litres de lait. J'y ajoute quelques lavages intestinaux, pour agmenter l'ordinaire, et je goûte les joies d'une béatitude parfaite. Repos complet.

Aujourd'hui, je me suis installé dans mon nouveau logement : c'est une case, construite par les Sénégalais avec des boules de terre glaise. Une toiture en paille, deux petites pièces, une véranda d'où je peux voir couler paisiblement le Chari. Mon bonheur serait parfait, si je n'avais pas à déplorer les pertes de la route.

Les camarades qui travaillent commodément dans les laboratoires du Muséum se doutent à peine de ce que représentent les collections qu'on leur rapporte : on perd en route au moins deux fois autant qu'on ramasse; c'est toujours à recommencer.

Décidément, c'est gentil, Fort-Archambault : c'est propre, bien tenu ; il y a de l'ordre, ça sent le militaire. On s'en aperçoit facilement au Chari.

Le poste s'élève au bord même de la rivière, qui coule au bas d'une berge à pic, haute de 5 à 6 mètres aux basses eaux. Un fossé profond, un parapet en argile, limitent sur les trois autres faces l'enceinte du camp ; un petit bastion garni d'un canon de campagne commande le front de terre.

Deux belles cases en briques, d'autres en torchis, abritent les quatre Européens. Le camp des Sénégalais s'élève à l'extérieur.

En amont, un gros village qui s'appelle Ndoia, habité par des Tounia. En aval, un autre village habité par des Niellim. Ce sont des ennemis de vieille date, que la présence des Blancs a réussi à calmer. Les Niellim avaient expulsé de Ndoïa les Tounia et s'y étaient installés. Mais, ayant eu maille à partir avec les Européens, lors de leur arrivée au Chari, les Niellim durent s'enfuir. Les Tounia revinrent aussitôt. Puis les difficultés avec les Français ayant cessé, les Niellim revinrent à leur tour et s'installèrent de l'autre côté du poste, car les Tounia leur avaient repris la place.

Aujourd'hui, les deux tribus s'observent du coin de l'œil, se gardant des hostilités ouvertes, mais se rattrapant sur des contestations et des chicanes interminables, que le capitaine de Fort-Archambault s'efforce de débrouiller avec une patience angélique.

Sur l'autre rive, en aval, on aperçoit des groupes de cases qui sont habitées par des pêcheurs semi-nomades. Je n'ai pu arriver à savoir exactement leur nom : Horogou, Horomaï ou For? J'en donne ma langue au chat. Mais n'importe : ici au moins il y a du monde, et c'est rare ; depuis le Congo, c'est la première fois que je vois des indigènes dans le voisinage immédiat d'un poste.

Couché dans une chaise longue, je regarde dîner les camarades, en ramassant les insectes attirés par la lumière. On cause fort peu. Le calme de la nuit en impose, quoi qu'on dise, et n'était le cri périodique du boy, qui brame « la souite » pour faire venir le marmiton, chacun pourrait en paix causer avec son âme. Échanger même des mots semble superflu ; il suffit de ne pas se sentir seul.

Dans le camp des Sénégalais, brillent çà et là des feux devant les portes. Une voix nous arrive, chantant quelque complainte bambara, dont on devine l'accompagnement monotone sur un bandjo, fait d'une vieille boîte à sardines.

Tout à l'heure, de l'autre côté du fleuve, nous avons entendu des cris déchirants qui ne voulaient plus finir; puis des rires affolés et des plaintes couverts par des bruits de tam-tam. Nous avons fait demander ce que ce hourvari signifiait.

A son retour, le boy nous a expliqué qu'un Horo, homme ou femme, avait le mauvais œil : il était possédé par « Allah des Kerdys » et s'était changé en une bête, pareille à la petite genette qu'on m'a apportée cet après-midi. Or, c'est la bête qui hurle. Alors, pour guérir le malheureux, on l'a porté dans la brousse, en faisant grand bruit ; on l'a laissé par terre en mettant à côté une jarre de pipi (1). Il ne pourra revenir au village que lorsqu'il l'aura bue tout entière.

C'est un moyen de guérir l'hystérie qui ne manque pas d'élégance.

Gaoura, chef des Tounia, et son fils Borondo, sont venus me présenter leurs hommages. Ce sont deux types. Gaoura ressemble à un vieux singe, maigre, sec, long, étroit; avec des yeux futés dans une figure mobile, toute plissée par les rides. Borondo est un colosse, gros, large, épais, gras, à la face épanouie. toute bouffie d'un côté par une énorme chique. Gaoura n'a qu'une longue chemise ; Borondo, une veste trop étroite qui ne joint pas sur la poitrine, et les restes d'un pantalon trop court.

Je me suis fait raconter leur histoire, qui n'est pas claire. Il semble certain que leur pays d'origine est

(1) Pipi, boisson fermentée, faite avec du mil en germination.

beaucoup plus en aval, au-dessous du Bahr Sara, là où les signalent encore les vieilles cartes. Ils furent chassés par les Niellim, émigrant eux-mêmes vers l'ouest, sous la poussée de leurs voisins les Boa.

Les Tounia se dispersèrent : le plus grand nombre se réfugièrent à Ndoïa, où prospérait alors une petite colonie, commandée par le père du chef actuel. D'autres s'en vinrent demander asile aux habitants du Bahr el-Azreg et du Bahr Sara ; leurs qualités de pêcheurs émérites leur permirent bien vite de se faire apprécier, et, dès lors, ils vécurent en communauté avec leurs hôtes. Les Horo, qui leur ressemblent beaucoup et reconnaissent l'autorité de Gaoura, me paraissent être leurs très proches parents, malgré qu'ils ne parlent pas la même langue.

Les Européens appellent les Tounia, Tounia Bodo, ce qui ne signifie pas grand'chose. Bodo veut dire homme. Mais c'est plutôt la corruption de « bedoum », qui désigne en langue kaba un des points cardinaux (1).

J'ai profité d'un peu de mieux pour aller rendre leur visite à Gaoura et à Borondo, que je n'ai point rencontrés. De crainte de commettre quelque indiscrétion, je ne me suis pas attardé dans le village et ai continué ma promenade en traversant les lougans. Les tiges de mil achèvent de se déssécher sur pieds et font, au souffle du vent, un bruit incessant de marée lointaine. Tout est sec, mort ou calciné. C'est monotone et triste, de la tristesse des chaumes.

A droite, assez loin, on aperçoit de nombreux groupes de cases, avec leurs enclos en paillassons tressés, soutenus par de grands pieux qui dépassent.

(1) On trouve également un groupe appelé Kaba Bedoum, où ce qualificatif se rapporte bien à la situation.

Au bord du fleuve, la marche est plus accidentée. La piste côtoie le sommet d'une berge, presque partout à pic. Des arbres clairsemés se cramponnent sur l'escarpement. Par-ci, par-là, des broussailles d'épines. En bas, de longs chapelets de flaques d'eau qui dort sur un grand tapis vert. Ce n'est pas le fleuve, mais un de ses bras innombrables et vagabonds, dont la sécheresse l'a amputé. Plus loin, des bancs de sable énormes, aveuglants de soleil. Plus loin encore, le Chari, paresseux et lent.

A mesure que nous avançons, nous sentons des bouffées d'une odeur qui se précise : un cadavre pourrit dans les environs. Des charognards ne tardent pas à nous le faire découvrir sur une place sablonneuse, en bas de la berge. Nous en voyons des bandes, attablées par petits groupes sur des débris de squelettes humains. A notre approche, ils s'éloignent, très dignes, en se dandinant lourdement, avant de prendre leur vol.

Les débris sont récents : les os suent leur graisse ; des plaques de sang caillé maculent encore un morceau de crâne. Il y a là les débris épars de trois squelettes ; un seul est encore à peu près complet ; il ne lui manque que la tête et la main droite. Éparpillés tout à l'entour, un bâton taché de sang, un tuyau de pipe, des côtes, les tabliers de peau qui servaient de pagnes, des morceaux de têtes, des os rompus. Les bêtes ont dû faire bombance : sur le sable, on lit des traces de grands félins et d'hyènes, les empreintes grêles de marabouts, et les écorchures des serres de rapaces. Par endroits, des piétinements confus attestent des batailles entre tous ces voraces.

A en juger d'après les dents superbes, blanches comme des dents de chien, ces hommes devaient être dans la force de l'âge, lorsque le vieux Gaoura les fit tuer il y à cinq jours. Le Tounia qui nous accompagne nous affirme que c'étaient trois sorciers. Les pauvres diables furent accusés d'avoir le mauvais œil ; je ne sais au juste pourquoi ; eux-mêmes ne le surent pas davantage : il y a là-dessous une histoire de femme enceinte.

Personne ne porta plainte ; le poste ne sut rien. De tels drames sont choses banales ; et d'ici longtemps nous ne pourrons les empêcher. La lutte est impossible tant que la brute domine à ce point dans l'homme.

D'ailleurs, en rentrant, j'ai eu l'occasion de constater une seconde fois combien les noirs d'ici font peu de différence entre la justice et la brutalité. J'ai croisé tout un cortège de Tounia, en tête desquels marchaient deux solides gaillards qui traînaient par les bras une vieille femme ; par derrière, deux autres individus vigoureux brandissaient de longues lanières de peau d'hippopotame et cinglaient à tour de bras, sans répit, le dos et les reins de la malheureuse. Elle se tordait sous la douleur et poussait des hurlements rythmés par les coups de chicottes. Son dos n'était qu'une plaie. Plus la pauvresse hurlait, plus la bande se moquait d'elle, en criant de frapper plus fort. Borondo lui-même stimulait le zèle des exécuteurs. Gaoura, juché à poils sur un roussin, suivait la file. A ma vue, on s'arrête; Gaoura descend de cheval, et Borondo me fait un salut militaire à rendre Polin rêveur ; puis il m'explique l'affaire. Cette femme est une captive de case qui s'était sauvée chez les Niellim de Gaye. Après palabres contradictoires, le capitaine l'a fait restituer ; et la petite correction dont on la gratifie est seulement destinée à lui graver dans la mémoire le souvenir de son escapade. Gaoura opine du bonnet avec satisfaction.

Rien à faire ; il faut laisser passer la justice de ces

hommes. On se quitte, et, tandis que je m'éloigne, j'entends hurler la vieille qu'on rosse de plus belle.

Fort-Archambault est un lieu de déportation, où nous avons mis en surveillance quelques débris de bandes Rabistes. Il y a là un fils de Babekir, le meilleur et le plus brave des généraux de Rabah. Avec lui, sont un Djellabi, Feky Hamett, qui servait de sécrétaire à Rabah, et un Kaba Simmé, Abdour Djal, chef de Baïrak. Il y a aussi un vieux Karé, quelques chefaillons et un certain nombre de soldats, qui servent aujourd'hui comme miliciens auxiliaires. Ce sont d'excellents soldats, à ce qu'en disent les camarades; ils rendent ici de grands services, car c'est grâce à eux qu'on peut faire tous les travaux.

Les indigènes ne les aiment guère et les redoutent surtout à cause de leur réputation et des souvenirs que les Rabistes ont laissés dans le pays. Mais « tels maîtres, tels serviteurs », et, aujourd'hui qu'ils sont avec nous, ils ont appris à changer leurs méthodes.

Rien qu'à voir leur village, on devine que les Niellim sont déjà plus policés que leurs voisins. Mais Gaye, leur chef, n'hésite jamais, paraît-il, à faire sauter une tête, et même plusieurs au besoin. Mahomet est passé par là ; il y a déjà de l'ordre. Chacun ne va plus s'installer à sa guise. On se groupe plus étroitement, et l'aspect général y gagne.

Ce qui frappe le plus, c'est le soin des gens pour s'isoler chez eux. Comme ils vivent beaucoup plus les uns sur les autres que chez les Banda, ils ont imaginé d'entourer leurs cases, non seulement d'un paravent circulaire, mais la plupart des habitations sont elles-mêmes placées dans une cour fermée par un secco tressé, haut souvent de 2 mètres. Les cases sont rondes, jolies et bien faites. Elles ont au minimum 3 mètres au pignon, autant de diamètre, une muraille en secco de 1^m,30 de haut, une toiture en paille, dont la coupe affecte une forme ogivale.

Pour les construire, on commence par le toit. On tresse d'abord une forme en rubans de grosse paille, qu'on renforce intérieurement avec deux ou trois rouleaux d'herbe en cercles concentriques. Par-dessus cette première carcasse, on établit une armature en tiges très légères d'une sorte de jute que les indigènes appellent « dji ». Cette membrure sert à fixer le chaume, bien imbriqué, qui s'appelle « tiani ». Du pignon jusqu'au tiers de la pente, on tresse souvent le chaume, de façon à faire un chapeau bien étanche, appelé « bit ».

Là toiture achevée, on plante en terre un cercle de fourches dépassant le sol de 1^m,30 environ, sur la place même où va s'élever l'habitation. On soulève alors le toit tout d'une pièce, et on l'installe sur les fourches, où il tiendra par son propre poids.

Il ne reste qu'à tresser, en guise de muraille, un paillasson grossier qui fera tout le tour en laissant une porte large de 50 à 60 centimètres. Un store appelé « farfar » la fermera.

Cette case est protégée contre les regards indiscrets par une clôture qui ménage autour d'elle un petit couloir dont l'entrée ne coïncide pas avec celle de la case : c'est le « sara ». Si la famille a besoin de plusieurs cases, un sara les englobera toutes, en circonscrivant une grande cour intérieure; on trouvera là des cases à captifs, une case à cuisine, ainsi que les « daôlô », paniers à mil en paille tressée, de forme quadrangulaire arrondie, recouverts d'un toit conique en paille appelé « oûli ». Ces greniers sont montés sur de grossières plates-formes carrées en rondins, élevées sur des pieux de 50 centimètres à 2 mètres.

Ce nom de sara m'étonne, car c'est ainsi qu'on désigne généralement tous les gens, sans exception, qui habitent ces régions depuis le Logone à l'ouest jusqu'aux frontières ouaddaiennes.

Comme à l'habitude, le mobilier n'est pas riche. En général, on ne trouve qu'un lit, placé au milieu de la case, dont il occupe presque tout le diamètre. Il se compose simplement de baguettes de bois sur un cadre perché à plus d'un mètre du sol. Pour monter dessus, il faut un marchepied, escabeau mobile, ou fourche plantée en terre. Sous le lit même, un foyer.

Dans l'endroit où l'on fait la cuisine, des marmites de terre à fonds arrondis, des écuelles également en terre, des trépieds en bois fixés dans le sol, de gros chenêts en argile pour remplacer les pierres trop rares dans le pays. Même chez les plus pauvres, on trouve une jarre énorme pour la confection du pipi, et une autre plus petite pour y mettre le synonyme ; mais on laisse celle-ci à l'extérieur ; on l'enterre presque jusqu'au goulot, et on perce le fond : c'est le « toulou-sala », autrement dit un urinoir pour dames.

Je ne parle pas des calebasses, des paniers et des débris de toutes sortes de choses ; il y a des « ngier » en paille, petites passoires à pipi en forme de bonnets de coton ; des « labri », paniers à mettre le poisson, qui ressemblent aux nôtres ; des espèces de nasses appelées « niàr », des houes, des mortiers, des pilons, des filets. On trouve aussi des victuailles et des condiments : de l'huile de karité, des chapelets de tomates sèches, des grains de dier, espèce d'hibiscus, de l'amoàni, sorte de levure tirée du mil, qui sert à fabriquer le pipi ; de l'écorce d'un arbre appelé hoûna ; elle se met dans la soupe quand on l'a débarrassée de son épiderme.

Je suis obligé de m'arrêter, car j'en aurais jusqu'à demain si je voulais continuer mes inventaires.

Dans nos campagnes, la forge est pour les hommes ce que la fontaine est pour les femmes : c'est un petit club pour les gens sans fortune. Ici, c'est exactement la même chose. En général, les forgerons sont, il faut le reconnaître, affables et accueillants.

Peut-être celui d'ici a-t-il l'esprit un peu bizarre : il aime à changer de domicile, et sa mémoire fond à la flamme du feu. Ainsi je lui donnai, il y a quelques jours, ma dernière culotte blanche en paiement d'arriéré et en avance de solde. Ébloui par tant de munificence, il me promit de ne plus travailler que pour moi seul; mais depuis je ne l'ai plus revu, ni lui, ni le fer que je lui avais confié. Au demeurant, un bien brave homme. Je suis allé le relancer à sa place habituelle. Chaque jour il s'installe sous le petit toit pointu qui lui sert d'abri. Il allume son feu, prépare ses outils, coiffe ses soufflets et fait un somme en attendant qu'un oisif ou un client vienne lui tenir compagnie. Alors on se secoue et on se met à la besogne.

Quelqu'un prend par la pointe les cornets de peau des soufflets, les pince du bout des doigts, les élève et les abaisse à petits coups précipités. La braise crépite et flambe; le fer rougit. Armé d'une longue pince (sabrh) d'un modèle quasi européen, le forgeron saisit la pièce à forger, la porte sur la kora (enclume), où il la martèle. Les marteaux ne ressemblent pas à ceux de chez nous : ils s'appellent « tialêh » et n'ont ni tête, ni manche. Depuis le Congo, ce sont partout les mêmes. Il y en a deux tailles de formes presque identiques, à cela près que l'un peut servir de poinçon et l'autre de ciseau. Mais tous deux consistent également en une grosse barre de fer ronde, longue d'une vingtaine de centimètres, avec une extrémité aplatie et mâchée par les coups, tandis que l'autre bout s'amincit en pointe ou s'étale en tranchant émoussé. L'usage les a rendus luisants et polis. C'est lourd, glissant, mal commode ; mais ça peut servir à tout : chasse-clou, poinçon, ciseau, marteau, enclume, coin, levier, etc... ; c'est un véritable outil universel. Aussi l'usage s'en perpétue-t-il. Et puis le forgeron tient à ses marteaux : ils ont un joli son quand ils dansent sur l'enclume, et son oreille aime leurs chansons.

Elles ont attiré le client. L'un vient emmancher une hache à lame étroite comme un ciseau à froid. Un autre apporte à réparer un couteau à deux tranchants, tout plat, allongé en feuille de laurier. Celui-ci donne un « ménédjai », en fer brut, simulant une troumbache (1) et servant de monnaie. Un autre apporte de précieuses ferrailles pour fabriquer des hameçons qu'un pêcheur en Seine prendrait pour des ancres de fortune ; il les loge dans une coupelle en forme de bénitier ménagée dans l'argile du soufflet.

Le soufflet est ici, comme chez nous, le meuble principal de la forge : on l'appelle « doubbou ». Deux marmites en terre, prises dans un bloc d'argile, en forment le corps ; les « loüri », cônes allongés en peau souple, les coiffent, maintenus par des ficelles et servent à faire du vent. Deux grandes cornes de kob, les « hou », font office de tuyères et disparaissent à leur extrémité dans le « man ngourgou », entonnoir d'argile qui les protège contre le feu.

Chacun peut manœuvrer l'instrument ; mais ne sait

(1) Couteau de jet.

pas souffler qui veut. Un bon souffleur souffle avec art, et sous sa main le soufflet chante une chanson. C'est un petit tam-tam qui accompagne le chant du marteau. Le souffleur l'écoute, son bruit le charme et le fait s'assoupir. Le forgeron sifflote en regardant venir son œuvre. Un visiteur de bonne volonté polit courageusement un couteau avec un morceau de mâchefer, chantonne et frotte en mesure. Un autre rêvasse en époussetant distraitement l'enclume avec le morceau de bois effiloché qui sert de balai. Quelques-uns causent ; d'autres sommeillent. Les autres contemplent sans rien faire, heureux de leur oisiveté : c'est si bon de regarder les autres travailler.

Le Bahr el-Azreg.

La route du Bahr el-Azreg s'amorce directement derrière le poste. Elle se faufile à travers les tiges de mil moissonné. On marche ainsi à travers les cultures, sans voir autre chose que de rares arbres noueux, découpant leur maigre silhouette au feuillage vert sombre et poudreux. Le sentier serpente, coupant et recoupant d'innombrables pistes, au milieu desquelles il faut l'œil exercé de l'indigène pour s'y reconnaître.

En regardant au loin, le plus loin que la vue peut s'étendre, on retrouve encore cette même illusion qui nous poursuit depuis l'Oubanghi : on croit toujour avoir devant soi un bois dont la lisière s'éloigne à mesure qu'on avance. Mais par ici, les arbres sont plus rares encore, beaucoup ayant été coupés à un mètre du pied.

Aux abords du Bahr el-Azreg, on retrouve un peu de verdure. Le sentier, après un coude brusque, suit d'assez loin le cours d'eau qui s'endort et s'étale dans cette plaine sans rides: pas de courant; une nappe immobile, transparente, de ce bleu sombre, un peu trouble et laiteux, que prennent les mares d'eau profonde. Un tapis de lentilles et de nénuphars le recouvre, au long des berges basses, garnies d'une forêt pressée de joncs et de hautes herbes. Ce n'est, en somme, qu'une succession de cuvettes, de flaques, communiquant entre elles par des couloirs plus ou moins étroits. Partout des diverticules, des lagons, des mares à sec, découpent les rives et témoignent des incursions de la rivière aux hautes eaux. Si, à cette époque, le Bahr el-Azreg ne débouchait violemment son confluent envasé, il mériterait plutôt le nom de marais que celui de rivière. Sa rive gauche est d'ailleurs un parfait marécage. Quant à celle que nous suivons, elle est plutôt sèche et aride, sauf l'étroite banue qui longe l'eau. Mais, dès que l'on arrive aux terrains que ne peuvent atteindre les crues, on entre sur le domaine des termites. Les termitières en pyramides sont rares. Ce ne sont que des types élancés, couronnés de clochetons, de lanternes, de campanilles, et surtout de chapeaux de champignons. Le caprice des constructeurs, le hasard, les accidents, tout a contribué à en varier infiniment les formes. Le coup d'œil est étrange : on croirait parcourir un antique cimetière, semé de colonnes mortuaires renversées ou branlantes, tout hérissé de stelles et de monuments en ruines que les herbes cherchent à cacher.

Naturellement, pas de cultures : l'homme cède la place à ces redoutables terrassiers. Nous ne retrouvons les loungans qu'après avoir traversé la rivière au bac.

Nous sommes alors à Balimba, le village de Ngakoundo. Les gens y sont encore assez farouches et nous évitent soigneusement. Nous apercevons des files de femmes, portant sur la tête des paniers ou des calebasses. Elles sont complètement nues, n'ayant pour la plupart qu'une petite ficelle protectrice des principes. Elles sont en général grandes, grasses, taillées en force, avec des seins piriformes pendants, un gros ventre, des reins cambrés et des fesses énormes. Elles ont la tête complètement rasée et s'arrachent les quatres incisives de la mâchoire inférieure. Quelques-unes ont le corps orné de tatouages. En somme, ce sont peut-être de belles femelles, mais ce sont pour sûr de vilaines femmes.

Le sexe fort est beaucoup mieux. Quoique je n'aie pas encore vu quelqu'un de ces fameux colosses dont parle Maistre, ils sont bien pris, de belle taille, très hauts sur jambes, et ne manquent pas de galbe. Quant à la physionomie, autant que j'en puis juger, ils ont encore le gros nez, les grosses lèvres, les grosses pommettes, et assez de prognathisme pour que je n'hésite pas à les croire bien véritablement des nègres. Comme vêtement, le tablier postérieur en peau commun à toutes les tribus de la région. Nous en avons aperçu quelques-uns qui cheminaient crânement, portant sur l'épaule d'immenses sagaies, et leurs couteaux de jet en crosse, assemblés dans un étui en peau.

Mais le plus grand nombre sont assis à l'ombre, devant les cases, au milieu de poules, de cabris, de marmots tous nus, pleins de santé, qui s'ébattent dans la poussière.

Cette région est en effet très peuplée. Partout s'élèvent sans ordre des groupes de cases plus ou moins nombreuses. Beaucoup sont identiques à celles des villages de Fort-Archambault. Elles sont d'ailleurs habitées par des Tounia, comme me l'avait raconté Gaoura. Mais ici, comme il y a de la place, les enclos sont moins tassés qu'à Ndoïa. Puis des plantes grimpantes, des courges, des citrouilles rampent et égaient un peu l'uniformité des seccos. Le nombre des paniers à grains témoigne aussi de la prospérité agricole. Quelques groupes de cases sont flanqués d'une espèce de mirador, qui sert à surveiller la récolte, et du haut duquel les gens font du charivari pour chasser les bandes de moineaux pillards. Les inévitables petits kiosques à palabre se dressent aussi sur quelques places, à l'ombre de gros karités.

Beaucoup d'autres cases ont moins belle apparence. Elles sont, pour la plupart, placées dans des cultures, sans être protégées par l'enceinte en secco. Ces cases ont un chaume mal peigné, qui nuit à leur aspect général. Elles sont habitées par les vrais Sara.

Je crois bien que cette question des Sara ne sera pas facile à éclaircir. Depuis que je suis ici, tous les indigènes avec lesquels j'ai causé m'ont donné à leur sujet les renseignements les plus contradictoires.

Jusqu'à présent, on peut tout juste retenir que ceux d'ici sont des noirs vigoureux, prolifiques et d'un naturel assez doux. Ils cultivent en quantité le mil, le millet, les arachides, élèvent quelques chevaux, mais n'ont aucune industrie. Leur pays nourrit son monde : il en nourrirait bien davantage ; mais tout cela n'est pas suffisant pour en faire un grenier d'abondance.

Le vêtement des indigènes de la région mérite une mention spéciale, à cause de son originalité. Au rebours de ce qui se passe partout, la pudeur, ici, se place par derrière. Affaire de sentiment !

Toujours est-il que le costume des hommes consiste en un simple tablier de peau, qui couvre la partie la plus charnue de leur personne. C'est tantôt une peau de chien, tantôt de cynocéphale, de chat sauvage ou de genette, le plus souvent de cabri, en raison de son ampleur et de sa souplesse.

L'arrière-train de la peau est coupé horizontalement; les pattes postérieures conservées servent de ceinture. Les pattes de devant restent libres, en guise d'ornement. La tête a été complètement enlevée, peau comprise, sauf deux languettes latérales de 10 centimètres de long, prélevées sur les côtés du cou. Pour se vêtir, l'homme s'attache à la ceinture le tablier qui lui pend dans le dos. Puis il écarte les cuisses, rabat en arrière ses organes génitaux et les recouvre avec le tablier qu'il attire en avant en le moulant sur le périnée. Les deux languettes latérales sont introduites de chaque côté entre la peau des organes et les cuisses, pour coller à la sueur et empêcher le glissement des surfaces cutanées. Ceci fait, l'homme serre les jambes, et voici la morale satisfaite. A leur vue, les premières fois, on en est tout interloqué, et on hésite sur le sexe. Eux n'en paraissent pas autrement gênés, même en marche. Ils en sont bien réduits à se dandiner comme un malheureux tourmenté par un pressant besoin; parfois ils exécutent quelques mouvements d'une gigue discrète pour remettre les choses en place: mais l'habitude, contractée dès l'enfance, leur a fait une seconde nature.

Cependant, quand ils ne se croient pas obligés de conserver les convenances, ils se déboutonnent et laissent flotter leur habit. On dirait alors, à les voir, des gens vêtus d'un frac dont ils n'auraient conservé que les pans.

Certains voyageurs croient que ce vêtement a été imposé par l'humidité naturelle du sol; d'autres, qu'il sert de selle aux Sara. Mais, sans compter que très peu ont une monture, il est permis de ne pas accepter ces explications, lorsqu'on les a vus relever soigneusement leur tablier pour monter à cheval, même pour s'asseoir à terre, sans crainte des rhumes de cerveau, dans ce pays où l'eau, pendant six mois de l'année, est une denrée plutôt rare.

Pour les riverains du Chari, la pêche est l'occupation principale. L'abondance du poisson, la facilité de le prendre pendant la saison des eaux basses, ont permis aux indigènes de perfectionner singulièrement leurs procédés.

De tous les engins, le moins apprécié est l'hameçon, qui ne permet pas d'un seul coup des captures multiples. De plus, en raison de la taille des poissons qu'on peut attraper, l'hameçon et la ligne risquent toujours de ne pas être assez solides. Ici, sauf pour s'amuser, il faut utiliser des cordes grosses presque comme le petit doigt, et des hameçons en fer forgé, longs de 7 à 8 centimètres, sans tenir compte de la courbure. Encore sont-ils souvent coupés net par les hydrocyons.

La sagaie est moins incertaine, lorsqu'elle est entre les mains d'un pêcheur adroit et patient. Le modèle en est à peu près identique chez toutes les peuplades : son fer est long, mince, carré, barbelé suivant les angles. Elle ne peut malheureusement être utilisée que dans les endroits peu profonds ou pour les gros poissons de surface.

Les femmes se servent plus volontiers d'un panier sans fond, en osier, de forme conique tronquée, dont la grande ouverture a 50 centimètres de diamètre et la petite 15 environ. Elles s'en vont en ligne dans les mares, ou sur des bancs de sable, coiffent vivement avec leur panier le poisson qui s'enfuit et l'attrapent à la main en passant le bras par l'ouverture supérieure.

Les filets sont plus sérieux et beaucoup plus employés. Il y en a de toutes sortes : à côté de vulgaires troublettes, très analogues aux nôtres, on en trouve de très grandes, fort bien imaginées. La monture démontable est composée de deux longues perches un peu flexibles, fixées l'une à l'autre en un V très ouvert et frettées sur un très long manche. Le filet est à mailles carrées de 5 à 6 centimètres de côté. Il a la forme d'une poche très profonde, pyramidale, à trois pans, dont l'ouverture est en triangle isocèle. La base seule est fixée par des cordes aux deux montants, qui prennent chacun une dizaine de mailles. Les deux autres côtés du filet restent libres ; mais, à leur angle de jonction, près de l'ouverture, est attachée une longue ficelle qui remonte le long du manche et permet au pêcheur de tenir la poche ouverte ou de la laisser s'aplatir à son gré.

Pour se servir de cet engin, le pêcheur se met à l'avant d'une pirogue, plonge son filet perpendiculairement, presque jusqu'à toucher le fond. A l'aide de la ficelle, il maintient la poche ouverte et laisse dériver la barque au courant. Quand un poisson entre dans le filet, il lui donne une secousse, que transmet la cordelle. Le pêcheur la lâche, le filet s'aplatit et le poisson ne peut ressortir.

Ce sont là les procédés favoris des Niellim. Mais Tounia, Kaba, Sara, Iloro, en ont d'autres encore que j'examinerai à la prochaine occasion.

Rama, le boy civilisé, que j'ai ramené à Fort-Archambault, est de plus en plus désagréable. Il a fait aujourd'hui une réponse qui mérite d'être signalée, car elle dénote bien l'état d'esprit du noir, qu'un saut trop brusque a tiré de l'ornière et qu'un coup du destin y a fait retomber. Le capitaine le faisait appeler au poste pour lui demander un renseignement : « Si le Blanc a besoin de moi, lui fit dire Rama, qu'il se dérange ! »

C'est le sergent de garde qui s'est dérangé. Coût : huit jours de prison, pas volés.

Gaye est venu me demander aujourd'hui une consultation : le motif en est l'avarie traditionnelle. Une chose aussi banale ne mérite pas qu'on s'y arrête. Mais Gaye et le cortège des gens qui l'accompagnent forment un groupe qui a de l'œil.

Le frère de Gaye, Gaye M'basa, c'est-à-dire le petit, a 1m,76 ; Gaye le chef, 1m,80 ; les tailles de ses suivants s'étagent jusqu'aux environs de 1m,95 ; tous solides, bien plantés, presque majestueux. Les uns jouent avec une chicotte, dont la lanière est ferrée vers le bout ; d'autres portent au-dessus de la saignée du bras gauche un bracelet de cuir, d'où pend un couteau à deux tranchants. Ce sont vraiment de beaux hommes, et, chez les Niellim, on en trouve beaucoup dans ce gabarit-là. Ils sont, à mon avis, plus grands, plus forts que les Sara ; j'en viens à penser que Maistre a été trompé par le contraste entre les Banda, qu'il venait de quitter, et les Sara plus ou moins authentiques, dont il abordait le territoire. Car il reste à démontrer que les Ngama de Mandjatezzé sont des Sara, ce que je ne croirai que si on me le fait voir.

Ma maison civile vient de s'augmenter de deux nouveaux numéros : une guenon et son petit qu'elle allaite. Je ne sais pas si je vais arriver à les civiliser.

J'ai donc, à la date de ce jour, pour égayer mon logis, mes deux recrues, un singe rouge qui pleure tout le temps (1), deux petits singes (2) qui font le ménage (?), une petite genette (3) qui me grimpe après les jambes

(1) *Cercopithecus Patas.*
(2) *Cercopithecus Pyrrhonotus.*
(3) *Genetta Poensis.*

pendant que j'écris ces lignes, une tortue trionyx dans une caisse, un chat sauvage (1) qui tourne autour de son piquet, un céphalophe et un jeune guib, que j'élève tous les deux au biberon.

Il paraît que ça ne sent pas bon, dans ma case. Moi, je ne sens rien ; mais, quand les camarades passent à côté de chez moi, ils se bouchent le nez. Ce doit être à cause de mes peaux qui sèchent et des os qui sont suspendus sous le toit.

En allant faire ma tournée quotidienne de chasse aux insectes et autres animalcules, je suis tombé au milieu d'un enterrement. Comme les gens ne pouvaient pas abandonner le cadavre sur la place, ils ont bien été obligés de continuer, et j'en ai profité pour assister à la cérémonie.

Ce fut simple et de bon goût. Le corps, ficelé dans une natte, était installé sur une civière en bois grossièrement faite, que quatre hommes portaient sur les épaules. Une dizaine de femmes suivaient, appuyant sur leur ventre nu une calotte de calebasse, qu'elles frappaient en mesure pour rythmer des vociférations incohérentes, des hurlements déchirants et des sanglots factices : à les entendre, on ne se douterait jamais que, depuis trois jours, elles font sans répit ce métier-là.

A distance et sans ordre, marchent derrière elles les hommes en armes. Ce sont des Tounia de Borondo.

Après avoir cheminé quelque peu à travers les loungans, le cortège s'est arrêté ; les hommes se sont mis à l'ombre d'un arbre ; les femmes se sont groupées à l'écart ; on a planté là le cadavre en plein soleil ; et

(1) *Felis calligata.*

des amis dévoués sont allés à quelques pas de là creuser la fosse. Pendant ce temps, les hommes bavardent et les femmes hurlent.

Dans le sable, la fosse se creuse vite : son ouverture circulaire n'a pas plus de 80 centimètres de diamètre; le trou s'enfonce tout droit d'un côté, progressivement excavé de l'autre. A 1^{m},50 au bas de la paroi verticale, on cesse de creuser en profondeur, pour creuser de côté. On fait ainsi en contre-bas une longue excavation horizontale à ouverture latérale, où le mort sera couché.

La fosse finie, des femmes apportent deux calebasses contenant de l' « eau fétiche ». On en asperge le mort. Tandis qu'une femme met sur la tête le vase vide et s'en va, une autre la suit en lui soutenant la calebasse sur la tête, comme si elle était devenue pesante subitement. On crie encore un peu, puis tout le monde s'en va, laissant le mort entre les mains des quelques amis de bonne volonté, qui l'introduisent tout droit par l'ouverture ronde. Un homme, descendu dans le trou, reçoit le corps, le fait basculer en pesant un peu dessus, jusque dans la chambre horizontale, et le couche sur le côté en lui tournant la tête vers le soleil levant. On fait alors tomber la terre, et on tasse. C'est tout.

Kouno, mon petit boy, qui est moitié Boa, moitié Tounia, m'a dit en rentrant qu'à cause de moi on s'était dépêché, et qu'on avait peut-être omis une précaution habituelle. Quand le cadavre est couché dans la logette, on fait une cloison avec des branchages qui s'appuient sur la marche inférieure et sur l'autre paroi. On répand sur cette claie de la terre qu'on mouille et qu'on maçonne. On ne comble la fosse qu'après.

Mon petit bonhomme m'a dit aussi que les femmes,

chez lui, étaient enterrées avec tout ce qu'elles possédaient de parures en perles, et les hommes avec tout ce qu'ils avaient d'étoffes et de vêtements.

Ce mode de funérailles n'est d'ailleurs pas spécial aux Tounia. Les Niellim, les Sara, les Kaba, tous dans la région procèdent de même.

Je ne m'explique pas très bien l'origine de la mutilation que toutes les peuplades ici se font subir. Hommes et femmes s'enlèvent les incisives de la mâchoire inférieure : quelques tribus, comme les Niellim, les Ndam ou les Boa, ne s'en arrachent que deux ; les Sara, les Tounia, les Horo, les Kaba se les font arracher toutes quatre. Arracher n'est pas le terme exact. C'est faire sauter qu'il faudrait dire : on appuie un morceau de fer au collet de la dent, pour faire ciseau, et on frappe un coup sec sur la tige. Comme on opère chez des enfants de huit à dix ans, la dent saute presque toujours. Avec l'âge, le trou se resserre sous la poussée des dents de sagesse.

La bouche des gens, ainsi mutilée, est plutôt répugnante : on dirait une gueule de vieux chien; c'est peut-être la seule raison qui a fait adopter cette mode.

Gaye M'basa est venu à six heures, comme il l'avait promis. En arrivant chez Gaye Kébir, nous n'avons trouvé que quelques captifs ; mais bientôt le chef est sorti. Saluts; poignées de main; en selle; nous voilà partis. Nous traversons le village, qui s'éveille; de tous côtés des hommes en armes nous rejoignent. Quelques cavaliers arrivent au milieu de galopades effrénées. Tout le monde s'interpelle, se bouscule, se chicane et se donne un mouvement indescriptible.

Gaye est en tête, juché sur un petit cheval isabelle,

dont l'allure régulière et douce sied à merveille à un chef arabisant. Une quinzaine de cavaliers caracolent le long de la colonne. Les uns montent à poil ; pas de selle, pas d'étriers ; une corde autour des naseaux sert de bride. D'autres ont des équipements à la ouadaïenne : selles immenses, énorme pommeau crochu, troussequin plus énorme encore ; leurs chevaux ont le mors arabe.

De tout le monde, je suis, comme de juste, le plus mal monté. Quant à mon boy Génaga, qui m'accompagne, il met une insistance inquiétante à se faire désarçonner, à la joie débordante du public.

Ces Niellim sont vraiment des hommes superbes. Parmi les deux ou trois cents piétons qui nous suivent, beaucoup seraient dignes de tenter un statuaire, tellement ils sont beaux, avec leurs longues sagaies sur l'épaule, ou leur étui à troumbaches qu'agrémente une peau de panthère.

Nous passons le Chari à un gué profond, au milieu des cris, des chutes et des ruades.

Notre allure est très vive. Nos petits chevaux, qui ne peuvent allonger, s'en vont d'un trot menu, sec et raccourci à vous briser les reins : un vrai trot de bourrique. Il faut danser sur sa selle pour éviter les branches et les épines et se garer des sagaies, que les hommes vous promènent à un pouce du nez. Les piétons font comme les bêtes et soulèvent dans leurs bousculades des flots de poussière à vous cimenter la langue dans la bouche.

Quant au paysage, il est toujours aussi immuable, dans son âpre monotonie : la terre sablonneuse et jaune ; les termitières en cathédrales ; les herbes sèches ; la brousse brûlée ; les arbres en pas de vis, et le soleil à indiscrétion. Exception faite des bords du Bâ-Karé, ça ne change pas jusqu'au Djâ.

Nous y sommes. On longe quelque temps la berge, et bientôt émerge curieusement de l'eau la tête de notre première victime. Le coup de fusil est salué de cris lointains : ce sont les Niellim partis la veille pour cerner le troupeau et l'empêcher de fuir. En quelques minutes, nous sommes tous réunis et la chasse commence.

Gaye m'avait demandé de venir pour aider ses hommes ; mais je m'aperçois bien vite qu'ils n'ont pas besoin de moi.

Le bief où sont cantonnés les hippopotames est profond, mais ne va pas très loin. Le long des deux berges, les chasseurs, montés en pirogues, filent en silence et s'échelonnent si bien qu'un hippopotame ne peut venir respirer sans être à portée de sagaie. L'attente est parfois très longue, mais personne ne souffle mot. Les deux hommes qui conduisent chaque esquif se tiennent à l'arrière, prêts à pousser sur la perche. A l'avant se tient le tireur : il est campé sur les jambes, les reins cambrés, l'œil au guet ; la sagaie à hauteur de l'oreille, le bras plié en arrière, tout prêt à se détendre. De son bras resté libre, il manœuvre une perche légère, avec laquelle il précise les évolutions de la barque et accélère au besoin la fuite.

Dès qu'un hippopotame paraît, un sagaie barbelée s'envole et vient se ficher dans son cuir épais. Comme la hampe est immense, l'hippopotame a beau plonger, il en sort toujours un morceau qui le trahit dans sa fuite. Les pirogues le suivent implacablement, et, chaque fois qu'il se montre, une grêle de sagaies l'obligent à disparaître.

Les fers énormes lui font des blessures profondes, dont aucune n'est mortelle, mais par où il perd son sang. Trahi par sa masse et la hampe qui dépasse, il reçoit des coups même entre deux eaux. Impossible de reprendre haleine. Il s'épuise. La colère et la douleur lui font perdre prudence. Furieux, il fonce sur les pirogues, qui bondissent sur l'eau. D'un coup de museau, il fait voltiger en l'air hommes et barques, surpris dans leur fuite vers la berge. Mais, pour une chavirée, dix autres n'ont pas manqué l'occasion de piquer. C'est une véritable *corrida* nautique. L'hippopotame en fureur devient encore plus monstrueux. Il bondit dans l'eau et secoue dans des mouvements d'une puissance inouïe les faisceaux de « piani-ma » qui lui font des banderilles. Sous son effort, les hampes cassent, les fers se tordent; l'eau jaillit de tous côtés et bouillonne en écume ensanglantée.

Mais, à mesure qu'il s'épuise, les pirogues, revenues à la charge, s'enhardissent. Un chasseur enfin lui plante la goumna (1). En se débattant, l'hippopotame a libéré le harpon, dont la corde se déroule, maintenue sur l'eau par un flotteur. Une équipe s'en saisit, et, dès ce moment, l'animal entraîne son ennemi à la remorque. Le combat devient passionnant. L'hippopotame charge avec la fureur du désespoir : les pirogues culbutent; des hommes tombent à l'eau; tout le monde crie; la bête, les barques, les gens, tout tourbillonne. Il jaillit de l'écume, de la vase et du sang.

Mais lentement le monstre se laisse acculer dans un endroit peu profond. On jette à la berge la corde du harpon. Vingt, trente, cinquante hommes halent dessus. Chaque fois que la bête perd pied, elle est attirée de quelques centimètres; mais parfois, à son tour, elle entraîne toute la grappe. D'autres fois, elle s'élance résolument sur la berge. Alors, sauve qui peut, et nous dûmes à trois reprises mettre un terme à ces contre-attaques.

(1) Harpon à fer mobile.

Mais, quoi qu'elle fasse, il lui faut mourir. Gênée dans ses mouvements, elle est criblée de coups. C'est la fin, l'agonie; et bientôt apparaît son flanc rosé tout lacéré d'entailles fraîches et sanglantes, ballonné comme une énorme vessie. Une clameur retentit; on souffle un peu; on prend de nouvelles armes que des ouvriers viennent de réparer sur place, et la chasse recommence.

En six heures, onze bêtes furent ainsi abattues; comme tout le monde restait pour boucaner la viande, Gaye et moi sommes rentrés seuls au logis.

Mon boy Génaga m'est revenu aujourd'hui avec la figure pleine de sang caillé et de cendres. J'ai cru d'abord qu'il s'était battu, ce qui lui arrive quelquefois, en raison de ses équipées nocturnes.

Mais il m'a avoué s'être fait simplement ajouter quelques cicatrices en plus de celles qu'il porte depuis le jeune âge.

Comme nous sommes en pays Sara, il a trouvé la mode agréable et seyante : il s'est fait ajouter deux petites hachures sur chaque pommette au-dessous des yeux.

Il est heureux qu'il ne se soit pas fait taillader le front de cicatrices en V partant de la racine du nez comme les Sara, ou balafrer les joues de longues cicatrices comme les Horo ou les Niellim.

A son âge, il en aurait peut-être été incommodé, et son service en aurait souffert.

En tout cas, cette manie de l'imitation ne lui est pas particulière : voici plusieurs fois que je vois le même fait se renouveler.

Il ne fortifie pas la confiance, déjà très limitée, que je conservais dans la signification des tatouages de races. Ils sont sans doute des indices assez souvent utiles;

mais il ne faut pas trop s'y fier. Le désir de suivre la mode, l'imitation, ainsi que le traitement médical de nombreuses affections, contribuent à les falsifier outre mesure.

Le tisserand de chez Gaye est devenu mon ami; je vais parfois le regarder travailler. Le tisserand, c'est l'ouvrier d'art. On a pour lui la considération due à tous ceux qui se font payer très cher. D'ailleurs, le barême de l'estime publique est, ici comme partout, l'estimation personnelle. L'homme et le métier sont sérieux.

Deux barres de bois, « les tiéri », munies d'encoches en crémaillère, forment un angle sans sommet, incliné et ouvert vers le siège. L'ouvrier est assis entre les deux branches. Sur ce plan incliné, une tige mobile, soigneusement polie, est fixée transversalement dans un cran d'autant plus éloigné que le tisserand a les bras plus longs.

Cette traverse supporte les pièces principales du métier. Au milieu, se réfléchit en anse une petite courroie de cuir, qui tient suspendue les sama; ces rectangles à jour ont leurs petits côtés en bois horizontaux, unis par des fils de coton parallèles, qui répartissent également la trame pour l'entre-croiser par leur déplacement en hauteur. Ce déplacement alternatif s'obtient au moyen des « logoum », pédales très primitives, formées d'une longue baguette attachée à une corde. Chaque sama reçoit de deux en deux la moitié des fils de la trame. Celle-ci porte le nom de niéré. Elle est formée de l'assemblage en une bande, large de 5 centimètres, de fils étendus sur 10 à 20 mètres de long. L'extrémité la plus éloignée est fixée à une vieille marmite chargée de cailloux; c'est une sorte de chariot. Il est assez pesant pour assurer l'extension continue de la bande, assez léger pour que le tisserand puisse faire venir la trame à mesure qu'elle se remplit.

De la marmite, la trame, en effet, va passer sur une mince baguette, fixée entre les branches d'une fourche, au sommet de l'angle formé par les « tiéri ». De là, elle se réfléchit, entre-croise ses fils avec ceux des « sama », et arrive au peigne appelé « podiar ». C'est un cadre en bois, rectangulaire, suspendu à la traverse qui porte déjà les sama. « Podiar » est, à proprement parler, le nom du peigne seul, c'est-à-dire de l'assemblage de minces lamelles de bois perpendiculaires au bord inférieur, épais morceau de bois qui leste l'appareil et guide la navette dans sa course. Elle ressemble à la navette de chez nous, s'appelle koar et contient le dourour, petite bobine sur laquelle est enroulé le coton.

Le tisserand lance la navette contre le « podiar » ; la fait passer entre les fils que disjoignent les « sama »; la reçoit de l'autre côté, tandis que la main qui l'a lancée attire le peigne d'un léger balancement, et presse ainsi le dernier fil laissé par la navette contre les précédents. Le poids ramène le « podiar » en arrière. Un coup de pédale déplace les « sama » et croise la trame en sens inverse ; la navette repasse ; un coup de peigne, un coup de pédale, et la navette revient.

Toc, toctoc, toc ; la « koar » saute d'une main dans l'autre. Le peigne se balance avec le tic tac monotone de tous ces chocs répétés ; tenues entre les orteils, les « logoum » montent et descendent d'un mouvement régulier. Fil à fil, l'étoffe s'allonge, si bien que de temps en temps l'ouvrier doit s'arrêter pour l'enrouler sur deux baguettes suspendues sous ses jambes, au cadre du métier. Ce n'est pas très absorbant, mais il doit cependant falloir une certaine habitude pour aller vite sans rompre trop souvent ces fils volumineux, mais peu solides.

Est-ce la chaleur ? l'orage qui monte ? Est-ce déférence ? Je l'ignore. Le fait est que l'on cause très peu. En revanche, on dort beaucoup. Seuls quelques hommes luttent avec un demi-succès contre le sommeil. Assis le dos contre un arbre, un bon vieux garnit des bobines sur lesquelles semblent déteindre ses doigts. Dans une tache de soleil, un second fabrique du fil ; son coton est pelotonné sur une longue baguette qu'il tient de la main gauche ; de l'autre, il fait virer un fuseau lesté d'une rotule ; à mesure que le fil se tord, le fileur étire de nouveaux brins de coton. Plus loin, un autre tresse un « secco » de grosse paille, à côté d'une femme qui dort, étalée par terre sur le dos : elle est si longue, si plate, si peu accidentée qu'on la prendrait volontiers pour son ombre.

Le vent a rabattu sur le poste la fumée, qui rentre partout. Il n'y a plus moyen de rester dans la case ; et, tant qu'à passer à l'état de jambon, il vaut encore mieux essayer de voir quelque chose.

De l'autre côté de la rivière, les gens ont mis le feu à la brousse, autant pour nettoyer la berge que pour garnir leur garde-manger. Comme tous les jours vers midi, le vent souffle en bouffées qui promènent les flammes avec une rapidité terrifiante. D'une berge à l'autre, on entend crépiter les tiges d'herbe ; et l'incendie ronfle avec tant de violence qu'on jurerait écouter le tonnerre. De temps en temps, craquent en salves les détonations sèches de morceaux de bois qui éclatent. Des tourbillons de fumée noire et épaisse s'élèvent, avec des poussées de flammes qui montent brusquement et font voltiger des feuilles incandescentes.

Tous les charognards sont accourus à deux lieues à la

ronde. On les voit tournoyer, planer, faire des culbutes, en poussant sans répit leur sifflement aigu. La puissance et la précision de leur vol émerveillent. Avec une telle adresse, ils seraient les rois des airs, s'ils étaient mieux armés. Mais leur couardise et leur bec trop faible les réduisent pour le moment à disputer les sauterelles aux guêpiers. Ceux-ci sont encore plus nombreux que les milans. On les voit par bandes, perchés sur les broussailles qu'à épargnées le feu. Patiemment, ils guettent les criquets au passage. Puis ils filent comme des flèches, montent tout droits vers le ciel, si brillants dans leur livrée métallique, bronze et or, qu'on les prendrait pour d'énormes flammèches balancées par le vent.

Tout autour du brasier qui rampe, les indigènes montent la garde, armés de bâtons et de sagaies. A chaque instant éclatent des cris : on voit alors un groupe de grands diables tout nus, qui bondissent en gesticulant, frappent par terre, se jettent à plat ventre, tournent, sautent, courent, frappent encore et se bousculent, avec cinq ou six chiens qui se faufilent en faisant des crochets entre leurs jambes, et des bandes de moutards qui en font autant. A les entendre, on croirait pour le moins qu'ils s'égorgent. Mais tout ce remue-ménage est provoqué simplement par un rat qui s'enfuit. Et Dieu sait s'il y en a ! De tous côtés, ça déboule, des rats, des souris, des mulots, des genettes, des aulacodes, des xérus et des serpents. C'est une véritable hécatombe de vermine. Mais, dans un mois d'ici, il y en aura encore autant.

Ma ménagerie devient insupportable, malgré la mort de mon petit singe et la fuite clandestine de sa mère. « Rasoir » (c'est mon singe rouge), pleure plus que jamais. « La Ferme » et « La Jambe », mes deux autres golos, démolissent brin par brin ma toiture déjà très compromise. Quant à mes antilopes, « Canule », le céphalophe, et Crampon, le petit guib, depuis que je leur ai donné pour compagne une petite femelle de koh, « Bassinoire », elles s'acharnent à me rappeler ma terrible responsabilité de nourrice.

De ce moment, il y a de la lune : je passe des nuits épouvantables. « La Ferme » et « la Jambe », perchés sur le mur, entament des « cro cro cro » qui n'en veulent plus finir. « Rasoir » pleure à fendre l'âme. « Canule », « Crampon » et « Bassinoire » jouent à chat-coupé au pied de mon lit. Le chat, le vrai chat, la trouve mauvaise et crache tant qu'il peut en cherchant à les griffer au passage. Ces courses désordonnées ne vont pas sans nuire à l'harmonie de mon mobilier primitif.

Patatras ! voilà mon photophore par terre ! Les bêtes, prise de peur, s'affolent et tournent au triple galop. Mes bibelots volent ; ma cuvette roule en bas de la table ; la table la suit ; puis voici le seau qui fait la cabriole. Et, pendant qu'éveillé en sursaut je lève les bras au ciel, cette chevauchée infernale se termine par un déboulé de mes trois animaux, qui me sautent sur le lit en décrochant la moustiquaire. Ah ! ce n'est pas tout rose, la maternité ! Il faut que je me débarrasse des couvertures, de la moustiquaire ; je me lève en pataugeant dans l'eau, pour chercher à tâtons mon photophore en détresse, et j'allume. Une tétée à tout mon petit monde, et le calme renaît. Mais voici bien des fois déjà que ces alertes se renouvellent.

Du moment que j'ai chassé pour les Niellim, les Tounia n'ont pu se faire à l'idée que je ne chasserais pas pour eux. Borondo et Gaoura sont même venus me confier leur dépit. Pour ne pas faire de jaloux, il faut que je m'exécute.

Nous sommes donc partis, une centaine de Tounia, Borondo et moi. Borondo est à cheval ; comme son pantalon le gène, il le retire et s'en sert en guise de selle : ses gros mollets nus disparaissent dans des bottes bornouanes. Au départ, ses hommes conservaient encore un peu de retenue, et d'aucuns avaient ajouté à leur costume un petit carré d'étoffe qui leur voilait les parties antérieures. Mais, une fois le Chari traversé, tout le monde lâche sa feuille de vigne ; on roule même soigneusement les petits rideaux, sans doute pour ne pas qu'ils s'abîment. Comme nous sommes partis assez tard, nous pressons l'allure. « Kabé ! Kabé ! (1) » Les bagages ne nous gênent guère ; avec leurs armes, les Tounia n'ont apporté pour mettre la viande que des filets comme ceux de nos ménagères et de grands étuis en osier qu'on prendrait pour des nasses.

Une jeune Kaba nous guide à travers la brousse. Nous coupons une série d'ondulations très molles, séparées par des fonds encore humides, ou garnis de chapelets de mares ; leur direction générale semble parallèle à celle du Chari, qui y vient sans doute quand il déborde. Les antilopes foisonnent ; j'aperçois même une bubale : c'est la première. Çà et là, des traces anciennes d'éléphants. Plus loin, nous longeons un grand lagon, sous les herbes duquel fourmille le gibier d'eau. C'est un diverticule du Bakaré, que nous finissons par rejoindre assez loin de son embouchure. La chasse commence ; mais les Tounia me laissent faire tout seul. Bien plus, ils me gênent, car ils veulent voir ; et, tandis que je m'applique à me dissimuler, eux autres crient

(1) Marchez, marchez.

et gesticulent derrière moi, en haut de la berge.

Vers midi, plusieurs hippopotames avaient leur compte, et je suis allé jusqu'au Kiemkaga pour me reposer. Mais c'est peine inutile : les Tounia m'ont suivi, et, comme ils sont en bons termes avec les Kaba de Solo, tout le village est là pour se faire conter les péripéties de la chasse. On boit beaucoup de pipi, et les têtes s'échauffent. Solo, le chef, me déclare qu'il est très friand d'hippopotame, mais qu'il n'en mange pas souvent.

Comme je suis persuadé que Borondo ne lui offrira même pas une côtelette, malgré qu'il me le promette, Solo ne tardera sûrement pas à venir à son tour m'inviter pour mon fusil.

Mais, pour aujourd'hui, cela suffit : je me sauve.

M. Fourneau est arrivé du Dar Rouña, avec Bruel et Kieffer. Ils m'ont donné des nouvelles de Chevalier et de Courtet, qui ne devraient pas tarder à rentrer. Cependant ils ne peuvent me fixer aucune date, même approximative.

Ils sont revenus par le Bangoran, où ils ont rencontré des éléphants assez nombreux.

Pour le reste, je crois que M. Fourneau s'est inquiété sérieusement d'empêcher Snoussi de continuer la traite. Je crains bien que tous ses efforts ne restent stériles, avec ce personnage que nous voulons toujours traiter comme un potentat et qui n'est autre chose qu'un vulgaire mercanti.

Mais il se moquera de nous tant et tant que nous finirons bien un jour par nous en apercevoir.

Feky Hamet m'a donné en arabe la série des étapes de la vie de Rabah. En voici la traduction (1), autant

(1) Cette traduction m'a été communiquée par M. G. Demom-

qu'on a pu identifier les noms de localités, dont l'orthographe arabe est parfois assez obscure. Il y a certainement quelques lacunes et des erreurs; mais on peut donner assez de créance à ces notes, car le père de Feky Hamet a été un des premiers compagnons de Rabah, que son fils a continué à suivre :

« Au nom de Dieu clément miséricordieux. Sortie vénérable de Rabah hors du pays. D'abord sa résidence fut à Dem Mafiwa, pendant une année; une année à Wachigoua ; et une saison à Dem Chakka; au Darfour, une année; à Dem Er Rif, une année. Il s'installe à Dem Gounda une année ; guerre avec Bananàn; à Dem Karé, une année; à Dar Kouka, une année. Il s'installe à Dem Masounà, une année ; à Dem Boukka, une année; guerre avec le Ouadaï ; à Dem Bahr Bala, une saison ; à Dem Kaga Chech, une saison ; à Dem M'Bangdaï, une année ; à Dar Korbol, une année. Il s'installa à N'dam, où il fut une saison. Il marche sur Saroua ; guerre avec Gaourang. Il s'installe à Bousso, une saison ; à Bañlama, guerre avec Gaourang. Il réside à Mandjafa, trois mois. Ensuite ils se mettent en marche de Mandjafa, et ils s'installent à Logone. De Logone, ils s'installent à Djilba. De Djilba, ils s'installent à Hamdjé; guerre avec Mohamed Taher. Ils partent de Hamdjé et s'installent à Ngala. De Ngala, ils s'installent à Am Habio. Guerre avec Hachem. Ils partent de Am Habio, ils s'installent à Dikoa et y restent une saison. Ils s'en vont. Guerre avec Char. Ils s'installent à Gadjebo. De Gadjebo ils s'en vont : guerre avec Abou Kantour. L'Émir revient : il s'installe à Dikoa et y reste sept saisons. Il part. Il s'installe à El Gamadj : Fadel Allah fait la guerre avec

bynes, le distingué secrétaire de l'École des langues orientales, qui a bien voulu la faire publier avec des commentaires dans la *Revue de linguistique*, en janvier 1905.

Hayatou. Rabah part : il revient à Dikoa. Il s'installe à Gawa. De Gawa, il s'établit à Kodégé; de Kodégé, il s'établit à Klessem ; de Klessem, il s'établit à Modobo ; de Modobo, il s'établit à Bougouman; de Bougouman, il s'établit à Mandjafa; de Mandjafa, il s'établit à Andjia; de Andjia, il s'établit à Baléndjéré; de Baléndjéré, il s'établit à Bañlama; de Bañlama, il s'établit à Mondo; de Mondo, il s'établit à Logone ; de Logone, il s'établit à Bousso ; de Bousso, il s'établit à Saroua; de Saroua, il s'établit à Miltou; de Miltou, il s'établit à Damter ; de Damter, il s'établit à Kouno ; de Kouno, il s'établit dans la Montagne. Combat avec Gaourang et les Chrétiens (1). Il revient s'établir à Kouno. Combat avec le Commissaire (2). Après le combat avec le Commissaire, il revient et s'établit à Dikoa, où il passe un mois. Fadel Allah s'en va à Goulfeï : combat de Çoun. De Goulfeï, il revient; il s'installe à Logone. De Logone, il va à Kousri : combat avec les Chrétiens; il revient s'établir à Logone. Rabah arrive de Dikoa et campe à Kousri; combat de Kousri; Rabah est tué à Kousri.

Fadel Allah quitte Logone et s'établit à Dikoa. De Dikoa, il campe au Gamerghou ; combat avec les Chrétiens. du Gamerghou ; il campe à Ichchégué; combat avec les Chrétiens. D'Ichchégué, il campe à Dar Djébril; de Dar Djébril, il campe à Kilba; là un mois. De Kilba, il campe à Chibak; combat avec les gens de Chibak. De Chibak, il campe à Marghi ; de Marghi, il campe à Bourgouma ; de Bourgouma, il campe à Maïdougouri ; de Maïdougouri, il campe à Dikoa; de Dikoa, il campe à Ngala ; combat avec Guerbaïe. Il laisse Guerbaïe et revient camper à Bourgouma ; de Bourgouma, il campe à Konézi. De Konézi, combat avec les Chrétiens de

(1) Combat de Togbao contre Bretonnet.
(2) Le commissaire du Gouvernement Gentil.

Berkedj. Il s'en va ; il campe à Bellaraba ; de Bellaraba, il campe sur le fleuve où est Ma'allem zi. De Ma' allem zi, il campe à Kouni ; guerre avec Kouni ; là quatre mois. Il part de Kouni et s'installe à Bourgouma ; il retourne à Dikoa et y campe un mois ; guerre avec les Chrétiens. Fadel Allah commence à mourir ; il campe à Goudjba ; de Goudjba, combat avec les Chrétiens. Fadel Allah est tué ; la miséricorde soit sur lui ! Mohamed Niébé sort dans le pays Kirdi : combat. »

Cette énumération est sèche et fastidieuse ; mais c'est de l'histoire, et, malgré les inexactitudes possibles, le dire d'un individu qui parle de ces choses, en témoin oculaire, a peut-être plus de valeur que celui d'Européens qui font des suppositions.

Nulle part autour de Fort-Archambault les indigènes n'emploient plus l'arc. Il leur serait d'ailleurs peu utile, car le pays est plat et la végétation toujours basse. On ne trouve guère l'arc, en effet, que chez les tribus habitant la montagne, ou des régions forestières. La flèche est excellente pour le tir vertical sur des buts haut placés, qu'il est matériellement impossible d'atteindre avec la sagaie.

Pour le tir en longueur, la sagaie, qui porte aussi loin, avec autant de précision, a des effets beaucoup plus redoutables.

Aussi l'armement des guerriers ici est-il partout identique. Il y a deux sortes de boucliers ; l'un très petit est presque une arme de parade : il est souvent garni de houppes en crin ; l'autre, en bois tressé, très étroit, est assez grand pour protéger presque entièrement un homme. Sa partie supérieure est incurvée en dedans, et porte une languette allongée pour protéger un peu le milieu de la face.

Le reste de l'équipement se compose de sagaies immenses, avec une hampe longue de 3 mètres et un fer affectant trois formes principales : il est en feuille de laurier volumineux, mais sans pointe ; ou bien en forme d'as de pique et plus petit ; ou bien simplement triangulaire : les barbelures fortes et peu nombreuses sont sur la hampe. Pas de talon pour faire contrepoids : la longueur du manche suffit à assurer l'équilibre.

Les couteaux de jet sont beaucoup plus simples que sur le Congo ou l'Oubanghi. Ils ont tous la forme d'une crosse très ouverte, avec une branche adventice horizontale vers le milieu de la hauteur, dans la concavité ; ils rappellent assez bien la forme d'un *f* italique.

Rarement les indigènes sortent sans en emporter au moins un. Quand ils s'arment en guerre, ils passent plusieurs de ces troumbaches dans la poignée de leur bouclier. Beaucoup les introduisent dans une gaine en cuir, dont un prolongement entoure comme une gouttière les petites lames horizontales. C'est cette partie qui repose sur la peau quand l'homme porte la gaine sur l'épaule ; la partie de l'étui qui renferme les poignées passe au-devant de l'aisselle ; c'est très bien équilibrer. Les cavaliers cependant auraient de la peine à conserver les armes dans cette position sans les tenir à la main ; aussi ajoutent-ils à l'étui une grande peau flottante, qui retombe derrière l'épaule et fait contrepoids.

Des couteaux complètent le fourniment : ils sont enfermés dans une gaine, munie d'un bracelet qu'on se passe à la saignée du bras. Ce sont des couteaux en fer à deux tranchants, assez jolis de forme, avec une courte poignée parfois en bois, mais le plus souvent garnie de lacets en cuir joliment tressés.

Le sabre est spécial aux Niellim, aux Barma, en général à tous les islamisés : il rappelle à s'y méprendre l'épée large à deux tranchants du moyen âge et des croisades. Nous ne pensons pas qu'il faille voir dans cette ressemblance l'indice d'une imitation. C'est plutôt la simplicité de la forme qui l'a fait naturellement adopter.

Toutes ces armes sont à peine pointues : et les noirs ont raison de les façonner ainsi, car elles sont en fer non trempé et ont besoin d'offrir une certaine surface pour conserver leur solidité. Du moment que l'extrémité est tranchante, elle n'a pas besoin d'être pointue ; elle entre bien tout de même.

Les Kaba ont eu envie de viande plus tôt encore que je ne pensais. Solo vient de me dépêcher un courrier. « Il y a, me fait-il dire, un gros troupeau à côté de chez lui. Si je veux y aller, il me promet des armes et des bibelots pour me payer de ma peine. » Cela augmentera toujours d'autant les collections, et, à ce prix, je peux me laisser faire.

C'est pourquoi j'ai repris le chemin de Kiem-Kaga, toujours flanqué de mes fidèles Tounia en quête de comestibles.

Nous avons pris cette fois la route directe qui longe Bà-Karé ; elle le coupe à une heure du poste. Le gué est d'une fraîcheur délicieuse ; mais la haie de verdure qui ombrage la rivière n'a malheureusement pas d'épaisseur. En quittant ce bouquet ombreux, on tombe sans transition sur un immense banc de sable d'un éclat aveuglant et qui vous brûle la face. C'est le lit du Bâ-Karé aux hautes eaux. Après, nous traversons une plaine marécageuse où pullule le gros gibier.

Un peu plus loin, nous trouvons les premiers champs de mil, et nous ne quittons plus les plantations. La nuit vient. On distingue, dans une demi-clarté, d'énormes termitières et de gros paniers ventrus en paille tressée, coiffés de petits toits pointus ; des bûches les isolent du sol et garantissent contre les termites et les rats le grain qu'on y met à sécher.

Il fait noir lorsque nous arrivons. Des chiens signalent notre approche et nous accompagnent de leurs glapissements aigus. Nous circulons au milieu de groupes de cases très espacés. Des gens, éveillés dans leur premier sommeil, nous interpellent et s'informent, sans oser se montrer ; quelques-uns nous suivent, et bientôt nous nous arrêtons devant la case de Solo.

Nous sommes accueillis avec grand empressement ; mais ces braves Kaba n'ont pas l'air de se douter que la route nous a donné faim et soif. Petit à petit, tout le village se trouve sur pieds, et les gens accourus se mettent en mesure de faire tam-tam. Aussi, est-ce seulement à neuf heures que je réussis à me procurer quelques œufs relativement frais et un peu d'eau tiède.

Pendant ce temps, la danse s'anime. La lune, toute barbouillée, ne s'est pas mise en frais d'éclairage. Comme toujours, on croirait assister à quelque sarabande moyenâgeuse de convulsionnaires, plutôt qu'à des ébats chorégraphiques. Mais, au début tout au moins, la danse ne paraît pas obscène. L'orchestre est imposant : huit petits tambours en terre ; un gros kodjo, haut de plus d'un mètre, donne la mesure ; une kindi brode des variantes sur le thème, avec un son un peu nasillard, un peu trop frisant, mais ayant dans les notes hautes des tonalités presque cristallines d'un effet surprenant.

Le rythme est vif. La kindi jette des croches précipitées. Les assistants, groupés en cercle, accompagnent en claquant des mains. Au début, peu de femmes ;

quelques fillettes ou de jeunes garçons mêlent seuls leur grâce enfantine. Le danseur s'élance au milieu du cercle, bondit, tourne, brandit un seul bras, et s'avance, en exécutant une série de contorsions antéro-postérieures, jusqu'aux assistants qui sont en face ; il leur adresse quelques grimaces aimables, pirouette et puis s'en va. Je n'ai pas compris : c'est, me dit-on, uniquement pour s'amuser ; inutile de chercher davantage.

Quelques hommes pourtant sautent dans le cercle en brandissant leur troumbache. On chante : « Les Blancs font rester dans les postes les Bouda qui mangeaient les hommes. » Le chant ne manque pas d'harmonie ; l'ensemble est agréable. Il est difficile, par contre, tout en restant poli, de préciser l'originalité de la danse. Les Kaba, en effet, n'ont pour tout costume que le petit tablier de peau leur abritant le bas des reins. Pour tenir caché ce que la pudeur leur recommande de ne pas montrer, il leur faut des prodiges d'adresse. Tout le talent du danseur est précisément d'y arriver. Aussi s'aide-t-il plus ou moins de ses mains ; il n'a donc qu'un seul bras de libre ; l'autre est toujours occupé par ailleurs. Je ne sais si l'on conçoit bien la chose, mais on ne peut guère soulever davantage les feuilles de vigne.

D'ailleurs, ça n'a pas d'importance, car il ne fait pas très clair, et il y a une poussière à couper au couteau. On chante quand même : « Gaye a fait la guerre à tout le monde, même aux Blancs ; il a eu beau se sauver, le capitaine l'a rattrapé : pourquoi n'a-t-il pas tué Gaye? pourquoi ne l'a-t-il pas tué? »

Parfois, une femme exécute aussi un cavalier-seul, avec une grâce toute masculine ; on pourrait s'y tromper, tellement ces grandes gaillardes, charpentées à coups de hache, ont un aspect homasse et disgracieux.

Mais, en y regardant de près, on les reconnaît aux volumineuses rondeurs qu'elles présentent vues de dos, et à leurs mamelles pendantes qui flottent, dans leurs bonds, avec des envolements d'étendards. Enfin, signe caractéristique, elles n'ont besoin de rien retenir, et elles agitent leurs deux mains libres.

Dans un coin, un bébé, qui doit bien avoir deux ans, s'essaye déjà à danser sur ses jambes branlantes, à la grande joie de sa mère, qui le surveille avec amour.

On s'excite.... « A Montoukoulé, on a tué un soldat des Blancs. Nous autres avons dit : Pourquoi l'avoir tué ? Nous n'avons que des sagaies ; les Blancs ont des fusils : nous ne sommes pas de force avec eux. »

Les danseurs s'échauffent et s'émancipent. Maintenant, les hommes se sont mis une dizaine sur un rang, en face des femmes assises par terre. Tout le monde bat des mains. Les mâles s'agitent sur place, d'une façon très suggestive. Le geste n'offre aucune équivoque « Oh ! crient les femmes, qu'ils ont bien dansé ! »

A force de battre des mains, ils finissent par y avoir mal. Mais le remède est simple : le danseur souffle dans ses doigts, puis tend sa main dressée à son voisin, qui en fait autant ; les paumes se touchent : chacun se trouve tout à coup soulagé et tout prêt à recommencer.

On recommencerait même jusqu'à demain matin, si je ne priais qu'on cesse. Minuit : il est temps d'aller se reposer pour partir en chasse au petit jour. Mais je ne puis m'endormir : j'ai du bruit plein les oreilles, et tout autour de moi brillent avec trop d'éclat de grands feux. Mes hommes y cuisent l'antilope que je leur ai tuée en route ; ils n'ont pas encore eu l'idée de manger, en bons nègres qui se moquent de la faim quand ils dansent.

Au lever du jour, nous sommes partis en chasse. Des groupes de gens sont grimpés sur de grosses termitières pour nous regarder passer. Kiem-Kaga n'en finit pas; c'est tout en longueur, et nous marchons plus d'une heure avant de rentrer dans la brousse. Nous avons laissé le Bâ-Karé sur notre droite, mais nous rejoignons un de ses bras, le Ngaboukoto, que nous remontons. Les berges sont élevées, la végétation est assez dense, et toujours d'assez petite taille. Un marigot nous barre la route; c'est le Bandja, qui se jette dans le Nguboukoto, en formant au confluent une petite ampoule, où les hippopotames se sont remisés. Leur chasse est assez dure, car ils disposent d'un bief étendu. A midi, une grosse femelle est déjà revenue sur l'eau, et son petit, que je n'ai cependant pas tiré, flotte à côté d'elle; il n'a pas su remonter, respirer tout seul et s'est noyé. Quand on les tue de bonne heure, le matin, les hippopotames remontent toujours beaucoup plus vite, en raison des fermentations du contenu de leur estomac.

Je suis rentré sans attendre les autres, préférant inspecter un peu le village en détails.

Les habitations sont dispersées par petits groupes d'inégale importance. Elles sont plus basses que sur la rive gauche du Chari; la forme du toit est plus écrasée et presque régulièrement conique. Les parois sont encore faites d'un paillasson circulaire haut d'un mètre, appuyé sur des fourches solides, plantées à l'intérieur; une petite levée en terre en protège le pied. Les fourches soutiennent le toit, tressé tout d'une pièce avec des tiges de grandes herbes, assouplies par un rouissage ; elles sont assemblées en bandes égales, larges et plates, formant des croisillons réguliers ; un rouleau de paille limite la base et fixe le départ des brins, qui sont tous réunis au sommet en un volumineux faisceau; de place en place, des rouleaux plus petits assurent la solidité de l'ouvrage. Par-dessus ce premier toit, est installée une couverture faite d'herbes plus fines, non plus en échelons courts, à la façon d'une couverture en chaume, mais laissées dans toute leur longueur; si bien que les dernières couches pendent presque jusqu'au niveau du sol.

Intérieurement, au voisinage du faîte, le toit est orné de roseaux formant une espèce de marquetterie composée de triangles alternativement renversés. Cette toiture d'herbes mal peignées donne à la construction un aspect négligé, quoique les habitations elles-mêmes ne soient pas malpropres. La porte est rectangulaire, étroite, et de même hauteur que le « secco ». Le mobilier est rudimentaire. Le lit, cependant, est construit avec soin et assez confortable : il est formé de trois à six couches de longs roseaux, unis côte à côte, toutes les extrémités les plus grosses tournées dans le même sens, de telle façon que le chevet se trouve plus épais que les pieds; ce sommier repose sur quatre fourches n'atteignant pas 1 mètre; il peut s'enlever à volonté, pour être porté dehors aux heures de sieste ou de paresse; une bille de bois en guise de traversin. Le lit est isolé par un paillasson de même taille que le mur, dont il se détache, pour faire paravent autour de la tête jusqu'au niveau des genoux. Par terre, à cet endroit, est un foyer.

Le restant de l'ameublement consiste en poteries de toutes sortes, à fond arrondi, empilées les unes sur les autres, chaque pyramide maintenue par trois piquets plantés en terre, pour en assurer la stabilité. Quelques calebasses, un mortier en bois, des pilons, des valves d'unios servant de cuillers, quelques paniers complètent le tout. Du côté opposé au lit, se dresse une étagère en rondins, montée sur des pieds haut de $1^{m},50$; c'est là qu'on serre les menus objets et les provisions.

Au plafond, est suspendue une espèce de civière en roseaux, étroite, allongée, sur laquelle on range les objets précieux.

Un grand nombre d'habitations sont dépourvues d'enceinte extérieure. Quand il en existe une, elle ressemble à celle en usage dans les villages Niellim ou Sara ; mais elle est petite et ne limite qu'un couloir autour de la case, comme chez les Horo. On n'y trouve, en général, qu'une seule case.

Au devant des habitations sont des abris sommaires, formés de pieux assez hauts, supportant quelques grosses traverses, sur lesquelles on a entassé des tiges de mil sèches. C'est là-dessous qu'on se met à l'ombre et qu'on prend le frais en faisant la causette ; on y travaille aussi quelquefois à confectionner les paillassons, ou bien on s'y livre à quelque menue besogne.

Au centre de plusieurs groupes de cases, on trouve presque toujours une grande place, qui est le lieu de réunion. Un gros arbre y laisse tomber son ombre avec parcimonie ; mais on y a suppléé en édifiant un abri d'autant plus grand qu'un personnage important habite dans le voisinage. De l'autre côté de la place, sont plantés en terre de gros pieux rameux pour servir de vestiaire ; les visiteurs y accrochent leurs armes, les boucliers en osier, suspendus au sommet, les couteaux de jet un peu partout, les sagaies en faisceaux, appuyées le fer en l'air. Sagaies, couteaux, boucliers sont des modèles communs à toute la région.

J'ai remarqué, par contre, quelques pipes originales, et des cornets de chasse en cornes d'antilopes, recouvertes de minces feuilles de plomb. J'ai voulu faire une tentative d'achat; malheureusement, je n'avais à donner qu'un peu de sel, et le Kaba, à qui je proposais l'affaire, a trouvé que c'était trop peu. « Écoute-moi cela, me fait-il dire par l'interprète, tu n'en trouveras pas tous les jours, des sifflets comme celui-là. » Et le bonhomme se bouche l'oreille, se comprime la tempe, fait une grimace horrible pour souffler tant qu'il peut dans la corne appuyée au ras des lèvres, et m'envoie, avec accompagnement de salive, une grêle de notes affreusement discordantes d'un délicieux effet. Le Kaba s'en délecte sans doute, car il prolonge l'audition en marchant à ma suite. Je m'enfuis, et je courrais encore si je ne m'étais heurté à un pieux fiché au milieu d'une place. Je regarde et constate avec stupeur que j'ai failli renverser une statue. Je croyais me trouver en présence d'une divinité redoutable. Mais, renseignements pris, on m'explique que c'est un monument commémoratif. Un Kaba s'avance : « C'est la figure de ma femme ; tout le monde l'aimait bien ; elle est morte ; un habile artisan a reproduit ses traits dans cette bûche qu'on a plantée sur la place, auprès de son ancien logis ; en la voyant chaque jour, chacun sent se réveiller sa douleur et ne peut retenir ses larmes. »

Je troque avec mon boy son pagne contre mon couteau, et je propose généreusement au veuf mon acquisition en échange de l'œuvre d'art. Il faut croire que le temps des sanglots avait assez duré, car, sans la moindre hésitation, il accepte. Même il vient m'aider à déraciner le monument, que je secoue avec ardeur, craignant qu'un réveil de douleur ne fasse échouer mes négociations. Crainte vaine : pour un mètre de guinée, j'ai acheté du même coup et la statue et les souvenirs.

On bat le rappel sur le grand tambour chez les Niellim. C'est Gaye qui rentre de Falgé. Il a réussi son coup de main et ramené à la raison ce village qui voulait secouer son autorité de grand chef. Du poste, nous entendons les acclamations, les cris et le chant des femmes. C'est le moment d'aller voir.

Le soleil se couche. Sur la grande esplanade, les gens se sont rassemblés. Le chef est assis à sa place habituelle, au milieu des notables, à côté du petit kiosque, en face de la porte de son enclos ; c'est grand palabre.

Plus loin, un groupe s'agite. Deux hommes ont été tués dans le combat ; ce sont deux simples soldats, dont les cases sont tout au bout de la rangée de droite, là-bas, où s'est formé un gros attroupement. On y fait le tam-tam mortuaire. Les deux corps sont cependant restés dans la montagne ; néanmoins l'usage veut qu'on honore les mânes dans leurs demeures.

Les portes des deux cases sont grandes ouvertes. Des femmes appellent les morts par leurs noms, en sanglotant et en poussant des cris. Derrière elles, groupés en masse compacte, hommes et femmes sont entassés, crient, se lamentent et gesticulent. Les hommes brandissent des couteaux et des bâtons ; les femmes lèvent les bras au ciel ; d'autres frappent sur des calebasses renversées, appuyées sur leur ventre. C'est un concert de lamentations, de vociférations stridentes, de plaintes, de jurements, d'imprécations terribles. Tout le monde crie, sans reprendre haleine ; et, au milieu de tous ces bruits, dominent des « la la la la la » interminables, poussés d'une voix aiguë par les parents des défunts. De temps en temps, l'un des assistants ramasse de la poussière et s'en couvre la tête. Le tam-tam va durer comme ça toute la nuit. Les morts, qui l'entendent, s'en réjouissent sans doute dans leur tombe. Mais les vivants ne peuvent dormir.

Le charivari a fait rage toute la nuit; ce matin, il dure encore. Gaye est toujours assis au milieu du même groupe de chefs, à l'ombre du gros figuier, et contemple la scène d'un air éteint.

Entre deux sommes, on a bu du pipi toute la nuit ; les traits sont tirés, les yeux battus. Devant la porte de leurs cases, les soldats, qui ont dansé et bu sans trêve, sont étendus, abattus par la fatigue et l'ivresse, couverts d'une couche de poussière, où la sueur a tracé des dessins tortueux.

Le décor à quelque chose de théâtral. Sur le petit côté de l'esplanade, se dresse la haute enceinte en seccos, qui entoure la demeure de Gaye. Tout auprès, s'abrite, sous un petit toit pointu, le tambour de guerre. A droite et à gauche, les enclos des chefs, caporaux et sergents. Puis de chaque côté, limitant la place, s'alignent les cases uniformes des simples soldats ; elles n'ont pas d'enceinte, car les simples hommes d'armes sont voués au célibat, pour mieux conserver toute leur vaillance ; le village entier pourvoit à leurs besoins. Et tous sont là, étendus par terre au milieu d'un petit groupe d'amis. Les armes et les boucliers sont accrochés après les paillottes. Les hommes somnolent, muets, ivres et las. En avant, les sergents et les caporaux, groupés pêle mêle, silencieux aussi, regardent de loin la danse.

Tout au bout, dans un nuage de poussière, gesticule le groupe des danseurs.

Des joueurs de tambour sont accroupis par terre. Des femmes, alignées par vingtaine sur plusieurs rangs, s'appuient de grosses calebasses sur le ventre et frappent dessus pour faire accompagnement. Derrière elles,

les hommes sont rangés en lignes parallèles par vingt ou trente aussi. Ceux des premiers rangs soufflent dans des trompes et des sifflets. Les autres brandissent en chantant des koura, des sabres ou des troumbaches. On pourrait croire qu'ils entonnent quelque chant guerrier ; mais c'est comme toujours une histoire banale qui fait le sujet de la chanson : de ce moment, c'est un vol de mil.

Les danseurs tournent en cercle, à une allure de pas de gymnastique lent, lourd, pesant. Ils frappent du pied, le buste penché, un bras fléchi, ballant en cadence.

Parmi les femmes, certaines sont littéralement abruties. Elles marchent, inconscientes, battant leur calebasse d'un geste automatique, le regard vide, dormant debout, mais chantant encore : c'est presque du somnambulisme.

L'ensemble du groupe figure un grand éventail à branches tassées et compactes. Les tambours pris pour centre, la masse entière converge autour, sans rompre les alignements. Ceux qui décrivent les plus grands cercles accélèrent l'allure ; les autres sautent presque sur place.

La clique des femmes règle le pas. Des flots de poussière poudrent tout et donnent aux peaux des teints de grisailles.

Sur le côté, dans l'ombre des cases, un petit groupe de femmes sont assises sur des nattes. Puis, derrière elles, accroupie sur le seuil d'une paillotte vide, la sœur d'un des morts regarde, silencieuse et pleure.

Les Horo, les Tounia et les Kaba ont quelques engins de pêche un peu particuliers. Aux basses eaux, ils utilisent, en outre de la sagaie ordinaire, une espèce de foène, appelée « ououfo », faite de trois branches de fer, fixées en triangle au bout d'une perche très longue et très légère ; chaque pointe est munie d'une encoche en hameçon. Entre les mains des Horo surtout, cet instrument donne des résultats remarquables. L'indigène jette son arme de la main droite et rattrape de la main gauche l'extrémité de la hampe, sans jamais laisser s'échapper l'instrument, s'il y a beaucoup de fond.

Quand les marais s'assèchent ou que les bras de la rivière s'isolent, les indigènes s'en vont, par bandes de cinquante ou plus, battre les flaques d'eau laissées sans communication avec le fleuve, dans lesquelles le poisson est bloqué. Hommes, femmes, enfants, tout le monde entre dans l'eau et barbotte. Les uns sont armés du panier conique à deux ouvertures ; d'autres ont des épuisettes à manche ; les hommes manient des troublettes dont la monture en arc de cercle est soutendue par une cordelle ; ils les enfoncent à plat et les maintiennent sous l'eau avec leurs pieds ; de temps en temps, ils les relèvent brusquement pour voir si un poisson ne s'est pas reposé dessus et laissé prendre. Quelques-uns manient à deux de la même façon de grands filets en bande rectangulaire. Mais, dans cette pêche, attraper le poisson est, au début la chose accessoire : ce qu'il faut, c'est remuer la vase. Chacun s'y applique à plaisir. Aussi bientôt l'eau n'est-elle plus qu'une dilution de boue dans laquelle le poisson ne peut plus respirer : il remonte à la surface et se laisse capturer facilement.

Pendant la baisse des eaux et le début de la crue, les riverains construisent aussi de grands barrages, que les Horo appellent tégahoum. Un tégahoum n'est, en somme, qu'une nasse immense, barrant presque tout un cours d'eau. Il se compose de petites chambres circulaires, limitées par des claies, accolées deux par deux en ne laissant entre elles qu'un étroit couloir : leur convexité regarde en amont du courant. En aval, elles ont une porte dont les deux battants, tenus ouverts, vont presque jusqu'à toucher la cloison diamétralement opposée. Une seconde claie entoure les deux logettes, complètement, sauf au niveau du couloir qui les sépare ; cette enceinte a donc sa porte ouverte en amont du courant, et sa convexité vers l'aval ; de ce côté, elle ménage entre elle et les logettes un espace plus ou moins grand. Le poisson qui s'introduit dans ce dédale circule toujours le long de ses parois, entre dans les logettes, et ne peut plus ressortir. Suivant la largeur du cours d'eau à barrer, on construit deux, trois, cinq couples de chambres, qu'on réunit par une claie transversale.

Les riverains utilisent encore une espèce de tramail qu'ils traînent sans que le bas du filet touche le fond. En somme, tous ces engins sont multiples et très bien appropriés à la nature des cours d'eau. Il faut remarquer que, pour ces peuplades, la pêche n'est ni un sport, ni un plaisir : c'est, au contraire, un moyen d'existence, quelquefois le principal. Aussi dédaigne-t-on toute prise qui n'est pas d'importance. C'est pourquoi les filets ont tous des mailles énormes et sont confectionnés avec des matériaux très forts. Malgré tout, on trouve de gros poissons assez pour les détériorer, sans compter parfois les crocodiles qui se font prendre.

Des hyènes viennent tous les soirs rôder au camp des Sénégalais, pour y dévorer les ordures et les restes. A leur approche, tout ce qu'il y a de chiens dans la brousse viennent se réfugier sur l'esplanade, s'assoient en rond et hurlent lamentablement. Il n'y a pas moyen de dormir. Je suis retourné à l'affût, et, malgré toutes mes précautions, je n'ai rien vu que des moustiques. J'avais pris soin cependant de me baigner et de mettre du linge propre. Mais les hyènes m'ont éventé. D'ailleurs les indigènes m'ont dit de ne pas m'entêter. Il faudrait, prétendent-ils, aller à l'affût tout nu, et encore ne serais-je pas sûr de ne pas être senti par ces sales bêtes, dont l'odorat est d'une finesse exquise.

Je crois bien que c'est la dernière fois que je me laisse tenter par ces plaisirs de la chasse nocturne : on n'y attrape que des accès de fièvre.

Les Rabistes avaient composé des chansons pour leurs tam-tam les soirs de victoires. Ils les chantent encore. Ce malheureux Gaourang en fait tous les frais :

« Gaourang est une femelle ; j'aime mieux suivre les Chrétiens.

« Gaourang a encore des savates ; mais c'est grâce à Gentil, tout le monde le sait bien.

« Aïaï Seigneur, les charognards vont manger Gaourang ! »

Ils en ont quelques-unes d'assez mâles :

« Les Nazaréens au sang bleu descendent la rivière : ils ont des sabres; mais nous aussi; et, par la grâce de Dieu, nous serons les plus forts. »

D'autres donnent une idée de leurs procédés persuasifs :

« Allons, seigneurs, venez avec nous ; si vous ne voulez pas, vous viendrez quand même la chaîne au cou. »

Mais il en est quelques-unes qu'on chante aussi aujourd'hui, après la défaite :

« Merci, Tiandi (1); merci, capitaine, et merci, commandant; vous avez déporté Sanga à Gribinghi : mon cœur est délivré de la crainte. »

Pour varier les plaisirs, je suis allé faire une tournée dans l'ouest, chez les Sara. Au départ, nous avons pris

(1) Corruption de Gentil.

la route du Bahr el-Azreg, et nous sommes passés par Balimba. Rien de neuf.

A partir de là, nous avons suivi la rive gauche de la rivière, au travers d'une succession de villages peuplés, à peine isolés les uns des autres par des bandes de brousse épaisse. La route est de ce fait assez animée, et pas trop ennuyeuse, quoi que l'aspect de ces plaines boisées soit toujours sombre et quelque peu monotone.

De tous les villages traversés, un seul, Tando, a un cachet un peu spécial. Il est au plus épais de la brousse, dans une région où l'abondance du gibier a pour corollaire l'abondance du fauve. Aussi, les Sara de Tando ont-ils entouré le village d'une zériba en pieux, haute de 2 mètres au moins, où ne sont ménagées que deux portes étroites. Les cultures sont à l'extérieur. Quant aux cases, elles sont, comme ailleurs, petites, rondes, avec leur toiture en cloche et leur muraille en secco.

Après Tando, le terrain se découvre à mesure qu'on approche du confluent du Bahr el-Azreg. Petit à petit, les marais deviennent plus nombreux. De ce moment, ils sont à sec, et dans presque tous on trouve les levées en terre que font les indigènes pour venir pêcher le poisson qui monte avec la crue.

Ces fonds de mare, où l'herbe est verte, sont fréquentés par des bandes d'antilopes, depuis les grands *Hippotragus*, les *Damaliscus barbus* et les *Kobus* aux cornes immenses, jusqu'aux Kob de Buffon, aux Léchés et aux tout petits céphalophes. On n'a que l'embarras du choix.

Un peu en amont, au confluent du Bahr el-Azreg, nous obliquons sur Manékaga, où nous retrouvons des vieilles connaissances qui nous font, comme d'habitude, un excellent accueil.

Une fois reposés, nous avons poussé jusqu'au Bahr Sara; il n'est plus en cet endroit séparé du Bahr el-Azreg que par quelques kilomètres d'une plaine alluvionnaire toute criblée de mares et de bancs sablonneux.

Lorsque les eaux sont hautes, toute cette région doit être presque totalement submergée ; les inondations des deux rivières se confondent.

Sur les bords du Bahr Sara, nous avons trouvé un village de Horo, appelé Horodjara, installé sur les bancs de sable à sec, au gué qui permet de passer le fleuve. En cet endroit, le Bahr Sara est très large, et je serais tenté de croire qu'il est bien réellement plus grand que le Chari. Son gué est même assez profond à l'endroit du chenal pour obliger un cheval à nager. De l'autre côté, c'est encore une plaine humide, toute coupée de rides, où le fleuve s'épand. Les phacochères y pullulent. La marche est assez pénible dans ces hautes herbes, pour que le sentier coupe en droite ligne afin d'aller rejoindre les terrains boisés. Un village a dû jadis s'élever à cette place, à en juger par les débris de poteries que nous trouvons à chaque pas.

Dans cette immense plaine d'épandage, le Bahr Sara peut s'étaler à l'aise, et la terre, fertilisée par lui, y conserve pendant les grosses chaleurs une verdure relativement fraîche.

Nous relevons des traces d'animaux de toutes sortes: éléphants, rhinocéros, hippopotames, girafes, buffles et antilopes. Des quantités de termitières sont plus ou moins démolies par les griffes des oryctéropes. La tsé-tsé y foisonne ; même en marche, on en est sans cesse harcelé.

Au bout de quelque temps, on arrive à une série de cuvettes allongées dont quelques-unes ressemblent à un lit de rivière à sec. C'est le Bâbo, le même Bâbo qui passe à Daï. D'ailleurs, ce n'est pas une rivière ; j'en ai fait la preuve en le suivant pendant 5 ou 6 kilomètres : ce sont des mares qui se succèdent au fond de plis de terrain. Elles sont nettement limitées, circonscrites, et beaucoup d'entre elles sont manifestement alimentées par le Bahr Sara. Elles forment tout au plus une dérivation de la rivière, un bras fragmenté. Si, pendant les hautes eaux, ces mares communiquent et permettent aux pirogues de passer de l'une à l'autre, je n'en persiste pas moins à refuser de croire que ce Bâbo soit ici un cours d'eau.

A l'endroit où le sentier quitte cette dépression pour rentrer sous bois, nous laissons à droite une grande flaque dans laquelle s'est abrité un beau troupeau d'hippopotames. Et la piste recommence à serpenter sous les broussailles qui piquent et qui écorchent. Le terrain, comme aux bords du Chari, est largement vallonné, avec des marais dans les creux. Puis on monte une pente légère et régulière qui nous amène le soir en haut du plateau où Moudji est perché.

Moudji est le village du Ngamisi. Ses habitants sont Sara ; mais un coin du village est réservé à des Tounia émigrés qui vivent à part.

Moudji a très bon aspect : c'est un village riche. Des cultures très prospères s'étendent alentour. Mais il n'y a rien qui nous change des villages Sara habituels : les cases sont identiques, et on ne peut guère noter que le grand nombre d'entre elles, qui n'ont pas d'enceinte extérieure, ni en secco, ni en broussaille.

Comme l'eau est rare à Moudji, et que les puits sont difficiles à creuser dans le sable, en raison de la profondeur de la nappe, il y a une multitude d'aires battues pour recueillir la pluie.

Elles ont toujours une forme circulaire, avec un bourrelet de terre tout autour ; quelques-unes ont 10 à 15 mètres de diamètre. Elles ressemblent vraiment beaucoup à des pistes pour dresser les chevaux, et la confusion serait excusable. Mais je n'ai jamais jusqu'ici relevé dans aucune des marques de sabots ; bien plus, on se demande pour quels quadrupèdes auraient été construites celles qui n'ont pas plus d'un mètre de diamètre ; enfin, argument péremptoire, à Moudji, il n'y a pas de chevaux ; seul le chef possède une haridelle.

A Moudji, nous avons couché. Un orage a crevé à la tombée du soleil ; éclairs, vent, pluie, toute la lyre ; puis l'averse a duré jusqu'au milieu de la nuit.

Le lendemain matin, la nature en était toute ragaillardie. A la fraîcheur, la terre sentait bon ; les arbres semblaient avoir des feuilles toutes nouvelles, et le sol était couvert de tigelles filiformes qu'un peu d'eau avait suffi pour faire sortir des graines à peine enfouies.

Les Sara eux-mêmes étaient d'une gaîté folle, en écopant, avec des calebasses, l'eau qui s'était accumulée dans les cuvettes artificielles.

Des hommes s'amusaient à lancer leurs couteaux de jet. Ayant promis un prix à celui qui en enverrait un à la plus grande distance, un Sara, râblé et musclé comme un athlète malgré sa petite taille, envoya sa lame de fer à cent dix-sept pas : j'ai compté. Mais j'ai été bien plus surpris quand ces hommes m'ont expliqué que, lancée de cette façon, la troumbache leur est moins utile. Ils ne peuvent viser ; la troumbache toute plate file dans l'air en décrivant des zigzags sans précision. Ils ne l'envoient de cette façon que sur des ennemis en groupes. Mais le but principal de cette arme est d'être envoyée dans les jambes des adversaires, seules parties qui ne soient pas efficacement protégées par le bouclier. Aussi cette arme est-elle celle qui s'emploie le plus dans l'attaque ou la défense des villages. On la jette en la faisant ricocher sur le sol. D'une façon ou de l'autre, elle doit faire des blessures aussi graves quand elle touche.

Après avoir acheté quelques bibelots, nous sommes repartis par la même route, en emmenant des gens de Moudji, à qui j'avais promis de tuer quelques hippopotames. Nous avons couché au Bâbo, pour chasser avant le lever du soleil. Puis nous avons repris sans incidents le chemin de Fort-Archambault.

Dans toute la région, il est rare de rencontrer un indigène sans une arme bizarre appelée du terme général de koura. C'est un morceau de bois courbé à angle obtus, presque droit, aplati sur ses deux faces, large de 3 à 4 centimètres. L'extrémité qu'on tient à la main est un peu arrondie et munie d'une corde pour l'attacher au poignet; l'autre bout est très souvent élargi en lame de hachette.

Les indigènes emploient cette arme comme hachette, coupe-coupe ou casse-tête, mais surtout comme arme de jet. Son maniement n'a rien de commun avec celui du boomarang australien, malgré la ressemblance de ces deux armes; mais la koura rappelle d'une façon surprenante la herké, le bâton à canards qu'on trouve à chaque instant figuré sur les monuments de la vieille Égypte.

Sur les bancs de sable du Chari, j'ai trouvé ce soir des appaux bien amusants. Les Tounia et les Horo les appellent « niousi ». Ce sont des bottillons d'herbe soigneusement ficelés, ayant le volume d'un gros canard. La partie antérieure est peinte en blanc avec de la chaux et de la cendre. Le dessus est peint en noir. La partie postérieure est coupée carrée, sauf une petite languette qui simule la queue. Dans ce mannequin, on plante un bâton qui le fixe au sol. L'extrémité supérieure du bâton, taillée grossièrement, représente avec beaucoup d'exactitude le profil du canard à bosse : la femelle elle-même est figurée.

Les indigènes alignent une vingtaine de mannequins sur un banc où ils ont vu des canards se remiser la nuit. Puis ils plantent tout autour de longs brins de paille soigneusement enduits de glu; ils en éparpillent d'autres sur le sol. A la brune, les canards, trompés par l'aspect de ces faux congénères, s'abattent autour d'eux et s'engluent. C'est un procédé de chasse souvent assez fructueux.

A n'en pas douter, les Tounia apprécient beaucoup la chair de l'hippopotame. Depuis huit jours, Borondo ne cessait de me convier à une partie de chasse. Comme ce sont toujours ses hommes qui m'accompagnent et portent mon bagage quand je vais en route, je n'ai pu lui refuser.

Cette fois-ci, nous sommes allés sur le Bahr Sara, en passant par Balimba et Bémouli, le village du frère de Ngacoundo. Ici, les cases sont nettement différentes des cases Tounia ou Niellim. Elles sont plus petites, et si leur forme est la même, leur toiture rappelle beaucoup plus celle des cases Kaba. Elle est mal peignée, avec du chaume tout en longueur et fixé en surjets réguliers et circulaires, aux environs du pignon. Mais les murailles en secco sont plus hautes et ne touchent pas terre. La porte est plus grande, encore étroite, fermée par un prolongement du secco qui se pousse vers l'intérieur.

Dans la case, quelques bibelots, des armes et un lit rustique à colonnes. Mais ces colonnes sont seulement les quatre pieux des angles, qui ne sont pas coupés et qu'on a joints entre eux, au sommet, par une ficelle. Le sommier est à plus de 1 mètre du sol ; il faut un marchepied pour y monter.

La disposition des enclos a également changé. Ce ne sont plus des seccos, mais des zéribas en branchages qui limitent une cour carrée. On met, en général, une case sur chaque face ; l'une d'elles est la cuisine. On y trouve aussi constamment le petit abri qui sert de tonnelle et de séchoir.

De Bémouli, nous avons marché vers le Bahr Sara, dont nous avons côtoyé la rive droite. Quoique la chose n'ait pas en elle-même beaucoup d'importance, je crois que Maistre avait raison de faire du Bahr Sara la branche initiale du Chari. Il a véritablement l'air plus considérable. Son lit, bien marqué, semble avoir un plus gros débit, si on en juge par la profondeur des eaux, qui y sont encore très abondantes malgré la saison sèche. Les rives sont le plus souvent taillées à pic ; de grands espaces s'étalent parfois au bas des escarpements, laissant alterner des bancs sablonneux ou des forêts de roseaux secs.

A l'horizon, sur la rive gauche, on aperçoit une ligne de moutonnements estompés qui se confondent presque avec la teinte plombée du ciel. C'est la ligne de partage des eaux, la ceinture de collines qui limitent la vallée. Elles sont peu considérables, sans doute, mais elles n'en sont pas moins une barrière infranchissable, et ce n'est pas de ce côté que le Bahr Sara pourra jamais s'offrir la fantaisie de communiquer avec le Logone.

En allant sur Manda, nous avons traversé des villages où nous avons enfin aperçu quelques chevaux. Mais leur nombre ne devait pas être excessif; car nous avons vu des gens étêter des tiges de borgou pour leur donner un fourrage comestible.

Faute d'hippopotames, on a tué des antilopes. Nous avons même pourchassé une bande d'une centaine de jeunes hippotragus, dont l'aspect m'avait dérouté, tant il me semblait peu vraisemblable de trouver un si grand nombre de jeunes animaux, sans une seule bête âgée ayant des cornes typiques.

A Manda, nous sommes retombés dans une agglomération de Tounia et de Horo pêcheurs. Quelques Sara ont élevé un petit village à part et cultivent les lougans.

Rien de spécial : une forge construite toujours d'après le modèle habituel. Retour par un chemin plus direct qui nous a ramenés sur le Bahr el-Azreg, en aval de Balimba.

Toute la brousse est bien misérable. En bien des places même, elle a été brûlée, et il ne reste plus de plantes encore vertes que sur les sommets des énormes termitières qui bossellent partout le terrain. Le sommet en est généralement couronné par un gros arbre, garni d'un lacis de plantes grimpantes, parmi lesquelles j'ai reconnu quelques grosses lianes qui donnent un latex résino-gommeux, mais pas de caoutchouc.

Chez les Sara de la rive droite.

Puisque Chevalier et Courtet tardent au rendez-vous, sans donner signe de vie, je vais en profiter pour aller un peu plus à l'est.

Je suis donc retourné chez Solo, à Kiem Kaga. Il est midi. C'est à peine si mon arrivée a réussi à réveiller quelques chiens et autant de nègres qui dorment à l'ombre des plates-formes.

Cependant, à peine installé à ma place habituelle, j'ai reçu la visite de deux Kaba venus pour me prévenir qu'une harde d'antilopes était dans le voisinage. Comme j'avais besoin de viande pour payer mes hommes, j'y suis allé. Au bout de trois quarts d'heure, n'ayant rien vu, j'ai fait demi-tour : la chaleur est vraiment trop forte. Au retour, un des guides m'a fait traversé le Bà-Karé sur son dos; quand j'ai quitté ses épaules, je me suis aperçu que mon pantalon était plein d'une teinture chocolat délayée. C'était sans doute de la pommade.

Malgré que je revienne bredouille, je ne regrette pas mon déplacement. En repassant, je suis en effet tombé sur l'installation d'un perruquier en plein air.

J'ai longtemps hésité à ranger le barbier parmi les artisans. Maintenant, je suis convaincu. Nulle part plus qu'ici le coiffeur ne mérite davantage le titre d'artiste capillaire. Cependant il n'existe pas, en réalité, de perruquier spécialiste. A Kiem Kaga, comme ailleurs, est artiste qui veut : artiste lyrique, dramatique, pédicure : pas besoin de diplômes ; la simple suffisance personnelle tolère toutes les aptitudes.

Néanmoins, il y a un fossé profond entre l'amateur plus ou moins prétentieux et le professionnel, chez qui la pratique se joint à une vocation naturelle. C'est ici qu'elle est plus indispensable. Aussi, de tous les perruquiers, le noir est-il le plus digne d'admiration.

Chez nous, il faut des cuvettes, du savon, des ciseaux ; que sais-je encore ? des fauteuils de torture, des instruments terrifiants pour vous laver la tête, ou vous la brosser à trois cents tours à la minute : ici, rien de pareil. A défaut d'un tesson de bouteille, une mince lame de fer carrée, triangulaire ou parallélipipédoïdale ; un peu de salive, si le client a la tête trop propre ou insuffisamment graisseuse ; enfin un peu d'inspiration artistique chez l'opérateur, voilà tout.

Joignant les ongles du pouce et de l'index, le coiffeur passe et repasse le rasoir pour assurer le tranchant. Ceci fait, il s'assied à terre tout près du patient, lui saisit solidement la tête d'une main, tandis que de l'autre il promène son instrument tangentiellement à la surface du crâne ; il gratte, gratte, regratte, jusqu'à ce que les cheveux consentent à évacuer. De temps en temps, un rapide repassage ; quelques coups d'œil pour juger de l'effet, et la séance continue. Pas un mot : l'artiste absorbé n'ouvre la bouche que pour inviter le client à changer de position. Ah ! ce n'est pas un Kaba qui s'inquiétera de savoir s'il vous fait mal. Qu'importe que le sang coule, pourvu que l'art reste victorieux. Et puis vous êtes dispensés des petits soliloques : « Vous avez un épi... Est-ce que je fais mal à Monsieur ?... Les trouvez-vous assez courts comme cela ? » Lui, il n'a pas besoin de votre avis ; il s'inspire seulement des dessins qu'il a dans le cœur.

C'est ainsi qu'il rasera tout, sauf un petit pentagone irrégulier près de l'oreille ; ou dessinera un triangle équilatéral au niveau de la suture lambdoïde ; parfois un cercle solitaire orne le sinciput ; une couronne enserre la tête ; une touffe arborescente ombrage le vertex, ou des arabesques marient un peu partout leurs contours capricieux. Ça me rappelle le collège et le tableau noir où le « père Truffe » nous démontrait la solution de rébus géométriques.

Quel dommage que les gens dont les cheveux font le service en campagne ne songent pas à introduire cette mode en Europe ! Du coup, plus de calvitie disgracieuse ; on ne pourrait distinguer les chauves involontaires des chauves fashionables.

Quel dommage aussi que cet excellent Courtet, qui nous opère quelquefois, n'ait pas lui aussi la vocation artistique. Enfin je m'en console *in petto*, en espérant que les échelles qu'il me taille me permettront tôt ou tard d'atteindre les plus hauts grades.

A mes passages précédents, je n'avais pas bien remarqué le nombre considérable de fétiches protecteurs des cases. Il y a là une collection de choses les plus disparates : bottes de paille, queues d'aulacodes, rapaces dépouillés, fagots de bois, morceaux d'armes; mais principalement de petits piquets peints de bandes circulaires de couleurs alternées. Presque toujours, on trouve près de la porte un alignement de petits pieux rouges et de fourches rouges et noires; puis un petit échafaudage de baguettes en supportant d'autres horizontales, ou bien des bottillons de gousou (1) ou de mil. La couleur rouge est souvent obtenue, parait-il, avec du sang de poulet; mais on la rafraîchit de temps en temps avec une teinture faite d'une espèce d'ocre.

Les poulets ici foisonnent; pour les protéger contre la gent fouinarde, on leur fabrique de petits paniers pointus, où l'on ménage une porte et qu'on juche sur quatre hauts piquets.

J'ai pris de tout cela quelques croquis, ce qui m'a valu du succès. J'ai dû même exhiber tout mon album. Au milieu des exclamations et des éclats de rire, j'avais sur le dos cinquante curieux qui, pour mieux voir les dessins, m'ont imprimé dessus force empreintes digitales.

A la tombée du soleil, je suis reparti chercher de la viande pour payer mon écot et les porteurs. Cette générosité m'a valu le tam-tam traditionnel, ce qui ne m'a

(1) Grande herbe tranchante qui pousse dans la brousse.

pas empêché de me coucher. De mon lit j'assiste à la fête. Je vois même mes boys qui s'en mêlent. Tout cela va pour sûr se terminer dans les petits coins. Quant à moi, j'ai les yeux pleins de sable, au propre et au figuré...

Je ne sais plus à quelle heure je me suis endormi. Au petit jour, on plie bagage; mais, comme d'habitude, on perd une heure à courir après les trois porteurs dont j'ai besoin. Ces pauvres diables n'y mettent pas de mauvaise volonté; mais chacun cherche à esquiver la corvée : les hommes sont subitement devenus introuvables. A six heures, enfin, nous avons pu démarrer. Des bandes de pintades picorent dans les lougans. Puis les cultures s'éclaircissent, et nous prenons la brousse. Mais, de même qu'autour de tous les villages de la région, nous trouvons encore longtemps d'anciens défrichements; la végétation s'efforce de les cacher, comme des plaies honteuses qu'elle dissimule, sans pouvoir les faire disparaître. Nos gens nous disent que jadis Kiem Kaga s'élevait ici; mais les Boa le détruisirent, et les Kaba poussèrent vers l'ouest en chassant les Horo, qui étaient alors sur le Bâ-Karé, où j'ai retrouvé les traces de leurs villages.

Le long du sentier, nous venons même de dépasser un fétiche consacré à la mémoire d'un grand chef Kaba qui fut enterré dans le voisinage. Aujourd'hui les voyageurs y accrochent tout ce qui leur tombe sous la main, pour amadouer ses mânes.

Plus loin, nous entrons dans la vraie brousse, toujours la même; la brousse de Krébédjé, la brousse du Gribinghi, la brousse de Fort-Archambault. Pas de vie, sauf quelques oisillons et des rapaces; pas d'eau. Nous sommes au sommet d'un plateau; et, d'une clairière, nous apercevons un instant en face la ligne bleutée des collines de Mara, que nous ne tardons pas à voir disparaître, dès que nous commençons à redescendre.

Dans le bas, nous débouchons dans une grande plaine découverte, coupée par un rideau de brousse que nous traversons bientôt. Nous sommes dans le fond d'une dépression. La terre y est humide ; pendant les pluies, ce ne doit être qu'un immense marais où vient du poisson ; car nous trouvons à chaque pas des remblais de terre que les Noirs élèvent pour pêcher à la traine ou à la troublette.

Il n'existe pourtant aucun fleuve dans le voisinage, sauf un marigot sans issues, où se réfugie le poisson pendant la saison sèche. C'est d'ailleurs du poisson de vase, l'épidosirène, autant que je puis le deviner d'après la description qui m'en est faite. Aux eaux hautes, il s'aventure de flaque en flaque jusqu'ici.

Encore quelques taillis, et nous sommes à Marakoa ou Marakoéio. Le village est assez coquet. Les cases sont disséminées dans une immense clairière, tout en longueur, avec des arbres de belle venue. J'accepte l'hospitalité du chef, c'est-à-dire, comme d'habitude, une petite place à l'ombre en dehors de son logis.

Au pied de l'arbre qui m'abrite est un vieux mortier rempli de cailloux, d'osselets, d'épiphyses d'os de girafes, si vieux qu'on les dirait sub-fossiles, de mâchefer, et de grosses graines appelées kouma, soigneusement percées de deux trous. Le tout s'appelle oûri et sert à consulter le Destin, au moyen d'une longue baguette, par le canal du chef, seul dépositaire des arcanes secrets.

Ce ne sont d'ailleurs pas les seules choses mystérieuses. A côté s'élève une paillotte entourée d'un mauvais secco. En regardant par-dessus, j'aperçois six jeunes hommes couverts de colliers, de bijoux et de peinturlurages. Ils sont accroupis, le menton reposant sur l'extrémité d'un gros morceau de bois dont l'autre bout s'appuie sur le sol : ce pieu mobile porte tout en bas une petite branche divergente sur laquelle ces solitaires laissent poser paresseusement le genou. C'est un siège d'un modèle spécial et portatif : quand on se déplace, on se l'accroche sur le cou. Mais j'ai commis, je crois, une grosse indiscrétion, car le vieux chef accourt me dire que ces Kaba font iondo. C'est la cérémonie d'initiation indispensable pour que les jeunes garçons deviennent des hommes et puissent se marier. Ils doivent se mettre ainsi en communication avec les Esprits bienfaisants des ancêtres, faute de quoi les mauvais Esprits les mangeraient la nuit. Pendant les huit ou dix jours que dure l'épreuve, ils doivent rester seuls et silencieux. Personne ne doit leur causer ni les voir, surtout les femmes. Un griot leur apporte matin et soir à manger, et les conduit de temps en temps en groupe satisfaire aux besoins de nature. Quand les reclus passent, les hommes s'écartent et les femmes se cachent.

J'allais faire un beau coup. Le vieux chef n'est qu'à moitié content. Mais je rachèterai ma bévue avec quelques quartiers d'antilope : il y en a des bandes dans la plaine.

Pour l'instant, je continue ma promenade. J'effarouche un peu partout des groupes pittoresques : vieux loqueteux fumant leurs pipes; femmes en train de se raser mutuellement les cheveux. Quelques-unes, très jeunes, ne sont pas mal; mais elles portent, enfilée dans la lèvre supérieure, une tige de paille qui leur saille sous le nez, d'un très drôle d'effet. Le costume est toujours pareil; même pas un pain à cacheter.

Je me suis découvert un confrère : je l'ai surpris en train d'opérer. Par terre il avait dessiné une espèce de cadran en forme de jeu d'oie; de place en place, il y avait des raies; ailleurs de petits ronds. Il avait répandu suivant les tours de spire des kouma par deux ou trois, ou bien des cailloux polis. Lui-même est assis juste à la place de l'oie, trônant sur un morceau de natte, à côté d'un tas de kouma qu'il brouille comme des dominos. Il en pousse brusquement une poignée au hasard et compte. Suivant le nombre, il en place une ou deux dans des huit horizontaux. On garde les mêmes et on recommence.

Pendant ce temps, les clients très philosophes attendent que l'ange Gabriel veuille descendre. C'est le moment, car l'opérateur s'arme d'une longue baguette et commence à vaticiner. Comme je n'avais pas ri et que j'étais bien sage, mon confrère m'a fait cadeau d'une poule toute noire : je lui ai donné un couteau, et nous nous sommes quittés les meilleurs amis.

Dans la construction des cases, les Kaba d'ici mettent un peu de recherche. J'ai aperçu des seccos extérieurs grossièrement peints de bandes en croisillons noirs et rouges. Les portes extérieures ont une armature en bois. Quant aux portes des cases, elles sont assez joliment ornées d'un encadrement en paille bien tressée, qui dessine des chambranles et un fronton en arc de cercle.

Après un tour de chasse, repas, palabre, tam-tam, et on se couche.

Cette nuit, des chiens sont venus me voler les peaux d'antilopes préparées que j'avais mises à sécher sur des branches. Pour les attraper, ils ont du sauter verticalement à près de 2 mètres. Ça fait toujours plaisir.

En route pour Simmé. L'étape n'est pas agréable : par moments, je me croirais encore à Madagascar, en Androy. On enfonce jusqu'aux chevilles dans un sable impalpable ; on s'accroche partout ; on ne voit pas à deux pas devant soi. La nature a cependant son charme, malgré la végétation biscornue, monotone, misérable comme le haillon qui souligne une nudité. Au milieu de cette indigence, il vous vient en cette saison des parfums capiteux. Presque tous les arbres ont des senteurs aromatiques, et les odeurs les plus suaves s'échappent comme à dessein des fleurs les plus laides.

Nous avons traversé une grande clairière conquise sur la forêt, où les gens de Simmé viennent cultiver du mil. Ce n'est pas bon signe de rencontrer les cultures en plein bois ; il faut qu'ailleurs on n'ait guère de place.

Arrivés à l'ancien Simmé, nous retrouvons encore un blockhaus qu'occupèrent nos troupes. Aujourd'hui les herbes s'en sont emparé. Tout est désert : quelques chiens squelettiques et farouches rôdent autour des cases en ruines. Pas d'eau. On passe.

Quelque temps après, nous débouchons à l'improviste au milieu d'un groupe de cases que nous n'aurions jamais soupçonnées. Cependant, nous devons être signalés depuis longtemps, car nous arrivons juste pour voir s'enfuir les derniers hommes armés de pied en cap : grands boucliers, sagaies, couteaux et même des espèces de turbans faits de peaux de pythons entortillées.

Après quelques pourparlers à distance avec des gens que nous ne voyons pas, tout le monde se rassure, et on finit par nous donner de l'eau. C'est tout ce qu'il nous faut.

Au sortir de ce hameau, nous passons à côté d'un puits creusé à 10 mètres dans le sable sans coffrage.

L'orifice est barré avec trois poutres, où les cordes des calebasses ont tracé de profonds sillons.

Le restant de la route s'écoule péniblement, sans autre rencontre que celle d'un traquenard à fauves, où une écuelle pleine d'eau sert d'amorce. Ce détail peint le pays.

Après sept heures de marche, nous voici à Simmé, patrie de Nagé, chef des Kaba Simmé Kinda.

L'accueil est moins sympathique, plutôt frais. La chaleur de midi y est peut-être pour quelque chose, mais il me semble surtout que le naturel des gens a changé. Nous ne sommes plus en pays peu couvert, mais en plein bois. Tous ces hommes sont des chasseurs, des forestiers; ils ont l'habitude de la solitude, des horizons bornés et du silence ; ils ne sont pas expansifs; étant toujours sur le qui-vive, ils sont devenus défiants.

Même le profil des cases se tasse comme pour mieux se cacher. C'est cependant toujours le même modèle ; seulement la couverture en chaume s'imbrique en étages successifs au lieu d'être en chaume pendant.

Peu à peu, la place où je suis installé s'anime. Personne ne s'inquiète plus de moi. J'en suis d'ailleurs enchanté, car je puis à loisir examiner les gens qui se livrent à leurs occupations habituelles. Là-bas, un vieillard, vêtu des débris d'un boulou et coiffé d'un bonnet napolitain, ajuste la monture en bois d'un grand filet, qu'un autre vieillard répare adroitement sans outils, avec ses mains toutes déformées, sans doute depuis l'enfance. Plus loin, un bonhomme raccommode une calebasse. Pas de petite caisse suspendue à l'épaule ; pas de petits cornets comme nos raccommodeurs de faïence et de porcelaine. Comme eux cependant, il opère en plein air, à l'ombre d'un arbre. Un secco sert à la fois de natte et d'établi. Pour tout attirail, une ficelle en fibres d'hibiscus ou de haricots, un peu de cire et un poinçon en fer.

La fente de la calebasse est mastiquée extérieurement avec un peu de cire molle, pétrie dans les doigts. Puis l'ouvrier perce avec son poinçon, de chaque côté de la fêlure, de petits trous régulièrement espacés. Alors il roule avec la paume de la main, sur la cuisse, sa ficelle dont il effile le bout ; il la passe en surjet croisé d'un trou dans l'autre et tire. Reste à nouer un point de crochet, en soulevant le point précédent avec le poinçon. Mais, comme l'extrémité du fil est molle, ce n'est qu'après bien des tentatives qu'il réussit à la passer, sans desserrer la couture.

Tout cela ne s'effectue pas naturellement sans une grosse dépense de salive, pour mouiller le bout de la ficelle, et sans de nombreuses poses que justifie cette fatigante besogne.

Mais les ouvriers les plus affairés sont les tanneurs. Les Kaba de Simmé paraissent des mégissiers émérites. Je leur vois d'ailleurs entre les mains des peaux de toutes sortes, principalement de genettes, de civettes et de crossarcus, ce qui m'explique cette odeur particulière qu'on sent en approchant d'eux. Les uns font des reprises à des tabliers ; un autre épile une peau qu'il a mise à tremper ; un autre découpe au couteau, dans du cuir vert, des cordons très réguliers. Deux hommes âgés, assis face à face, assouplissent une peau fraîchement tannée : ils la tiennent chacun par un bout et la malaxent chacun leur tour avec une composition dont l'huile de karité forme la base fondamentale. De temps en temps, ils la battent à coups de poings, tout en surveillant d'autres peaux qu'ils ont mises à ramollir dans du sable humide.

Presque tous ces gens ont des maladies d'yeux récentes ou anciennes. Comme ceux de Mara et de Solo, ces Kaba ont les incisives inférieures arrachées, les supérieures façonnées en hache, et des lignes de mouchetures en V sur la face et sur le front. La taille est restée grande, mais le type s'est allégé ; il est devenu plus anguleux et plus dur. Les membres sont plus secs, plus noueux, moins gros. Ce sont des hommes sculptés dans le bois, et non plus dans la terre féconde.

Quant aux femmes, qui pilent du mil, elles sont toujours épaisses, ensellées, avec un postérieur des plus proéminents. D'ailleurs, toujours aussi laides, et les fétus de paille qu'elles s'introduisent dans les lèvres n'ajoutent rien à leurs charmes. Comme vêtements, elles ont des colliers, des bracelets, des pendants d'oreilles en perles, dont plusieurs ornent parfois les ourlets. Les marmots sont toujours les mêmes marmots, toujours drôles, souvent jolis; c'est dommage qu'ils enlaidissent si vite.

En flânant, j'ai aperçu, dans le feuillage d'un gros arbre, quelque chose qui ressemblait à une ruche; mais, renseignements pris, c'est un lit qu'un jeune homme du village destine à sa fiancée; comme il a dû s'absenter, il a accroché son ouvrage en lieu sûr. Dans le village même, j'ai remarqué des sépultures. Ce sont des tombes d'hommes, car celles des femmes ne sont pas marquées. Au nombre des pieux qui ornent ces tombeaux, on peut juger de la qualité du mort; un pieu au sommet arrondi, limité par un col, figure vaguement son effigie. Tout autour sont rangés d'autres pieux plus petits et des fourches qui symbolisent ses femmes, ses enfants, ses richesses.

La nuit qui tombe a amené un peu de fraîcheur. Les travailleurs ont lâché leurs besognes. Le vieux pêcheur napolitain a achevé de monter son filet, qui ressemble à une grande troublette sans manche.

Derrière moi, les jeunes garçons de ce quartier du village mangent tous ensemble, assis devant des marmites où ils puisent avec leurs doigts. A mesure que l'ombre s'épaissit, le nombre des curieux augmente, des femmes arrivent; le tam-tam commence. Comme orchestre, un grand tambour dont la peau est soigneusement enduite de cire, et une kondi; le vieux qui joue de ce balafon s'accompagne en chantant d'une voix chevrotante, mais juste et presque chaude. Les hommes s'abstiennent ; seules les femmes, les filles et les jeunes garçons prennent part à la danse. Au fond, c'est toujours pareil : « En avant. Pas de gymnastique. Marche ! — Changez de pied! Demi-tour à droite! Marquez le pas! Élévation des bras sans flexion !... Rentrez le derrière, n° 2!... Autant! — Halte! Repos! »

Il n'y a pas de lune. Un petit feu éclaire tout juste la surface du sol. Si bien qu'à sa lueur rampante je n'aperçois distinctement que les plantes grisâtres des pieds se levant en cadence et remuant la poussière par tombereaux.

Ce matin encore, pas de porteurs. C'est la rente. Nous partons tout de même pour Matangoadé, où nous verrons enfin, paraît-il, de vraies femmes Sara.

La brousse que nous traversons mériterait presque le nom de forêt, si les arbres avaient plus de taille. Heureusement pour nous, les peuplades d'ici ont un esprit pacifique, car nous aurions dû mal pour les réduire, dans un tel pays.

J'ai aperçu quelques affleurements de latérite rouge en gros blocs, et beaucoup de fosses à gros gibier. A mi-route, nous sommes passés sur les emplacements de villages détruits. On y retrouve des tombes et beaucoup de grosses jarres pointues en terre cuite, qui servaient à emmagasiner de l'eau et les grains. Ce sont encore les traces de l'invasion des Boa.

Jusqu'à Matangoadé, rien de bien remarquable, sauf des cultures opulentes dès qu'on entre dans la zone habitée.

Le village où nous arrivons n'a pas grosse importance, à en juger par les cases que nous apercevons. Mais, comme à Simmé, le pays trop couvert a obligé les gens à se serrer par petits groupes, eux-mêmes éparpillés dans la brousse.

Ici, il n'y a guère plus de quinze habitations, construites à l'ombre de gros arbres. L'architecture s'est modifiée. Les cases sont surbaissées, globuleuses, presque hémisphériques, avec un toit fait d'une longue bande de chaume enroulée en spirale. Les murailles sont plus hautes; la porte permet presque d'entrer sans se courber; un auvent circulaire la protège, et une porte en tabatière la ferme comme à Mara. L'usage du secco extérieur n'est pas général, car il y a peu de monde, et les gens ont de la place.

Nous sommes d'autant mieux accueillis que personne ici n'a jamais vu de Blanc. J'ai bientôt autour de moi tous les habitants du groupe, et même ceux des autres. On regarde, on touche du doigt; on tripote avec curiosité tous mes bibelots, éperons, sacoche, molletières, chaussures. Mais beaucoup plus que moi on admire mes fusils.

Il y a ici une grande variété de types : quelques hommes ont le nez presque droit, des lèvres minces, des profils rappelant davantage la physionomie européenne ; d'autres ont des facies d'anthropoïdes. Le plus grand nombre a bien un air de famille avec les gens de Simmé et de Mara, quoique le crâne paraisse plus allongé et moins large; les hommes de haute taille sont moins nombreux qu'à Kiem Kaga.

En questionnant mes boys, les gens ont appris que j'étais médecin et m'amènent aussitôt quatre blessés. Tout en les pansant, je m'informe. Ce sont des hommes de Sò, plus au nord, à l'ouest du lac Hiro. Ils ont été blessés en se défendant, il y a quelques jours à peine, contre les Bazingers de notre bon ami et fidèle allié Snousi, sultan de Dar Rouña et se sont réfugiés ici, après la ruine de leur village. D'ailleurs, me disent-ils, les pillards ne sont pas loin, et il ne sera pas surprenant que je les rencontre, si je remonte vers le Bâ-Di, comme j'en manifeste l'intention.

Pendant cette conversation, j'ai vu passer une de ces femmes dont on m'avait parlé, et qui se distendent les lèvres d'une manière invraisemblable.

A Matangoadé, habité par des Kaba, on n'en trouve que quelques-unes. Mais, à Koho, chez les Sara, c'est la grande mode.

J'ai demandé qu'on m'amène celles qui sont ici. C'est invraisemblable! Ces ornements s'appellent « soundou ». Pour s'en faire une idée, il faut se représenter une femme adulte portant, enchâssés dans la lèvre inférieure, un disque de bois large comme une assiette à dessert, et, dans la supérieure, un autre disque comme une soucoupe de tasse à café. Normalement, le poids entraîne ces appendices ; il les fait pendre sur le devant du menton et du cou. Aussi la femme penche-t-elle un peu la tête pour s'éviter des pressions douloureuses sur les mâchoires. Au repos, elle appuie ces ornements sur son genou fléchi. Je n'ai pas pu savoir d'une façon positive si ces malheureuses s'en débarrassent pour dormir. En tout cas, je les ai vues boire et manger sans les ôter. Pour s'introduire les aliments dans la bouche, elles sont obligées de soulever le soundou supérieur, et la mastication s'accompagne d'un bruit très drôle de castagnettes. Pour boire, c'est plus simple : la femme relève son soundou inférieur jusqu'à l'amener à une obliquité suffisante, puis verse dessus le liquide, qui coule jusque dans la cavité buccale. Ces dames ne dédaignent même pas de fumer la pipe, qu'elles s'introduisent sur le côté, à la place des commissures. Car celles-ci n'existent plus guère qu'à l'état de souvenirs. Le poids des disques, à force de tirailler les tissus, donne au bas de la face une forme pyramidale par suite de l'aplatissement des joues et des arcades mâchelières. Au-dessous des arcs zygomatiques, existe une dépression, surtout accusée chez les plus maigres. Le sillon naso-jugal est un fossé profond. La voix prend une résonance spéciale : on dirait une voix de ventriloque : plus de labiales, plus d'explosives ; la parole n'est plus qu'un gargouillement de voyelles pâteuses et nasillées. C'est la perfection dans le grotesque. Mais ça frise aussi le malpropre, à cause de l'écoulement constant de la salive, qui ne trouve plus d'obstacle et découle du soundou.

Si la femme enlève ses appendices, elle devient hideuse. A la place des lèvres, pendent deux longs anneaux de chairs violacées, bourrelets irréguliers dont la surface interne est épidermisée. La bouche n'est plus qu'un trou entre les maxillaires édentés par l'usure, aplatis par la pression, et n'offrant presque plus traces de gencives. Au fond, on aperçoit la langue pelotonnée et massive dans sa position naturelle de repos. La femme elle-même en a honte.

Cette mode aurait tendance à se perdre, et les jeunes femmes l'abandonneraient. Mais, dans le principe, me dit-on, un homme se respectant n'aurait pas mangé de cuisine préparée par une femme sans soundou. Impossible de savoir pourquoi.

A Mantagoadé, les Kaba me disent que les Rouña et les Arabes, lorsqu'ils viennent razzier périodiquement le pays, attachent par les lèvres les femmes qu'ils capturent pour les empêcher de se sauver. Puis, si elles sont jeunes, ils pratiquent un avivement des parties charnues, pour que la marchandise ne soit pas invendable. C'est possible, en somme, car cette grande plasticité des lèvres est probablement la cause de la déformation. Dès que la dilatation volontaire a atteint une certaine dimension, le poids des disques suffit pour élargir l'orifice, qui s'agrandit progressivement. La femme se trouve amenée de la sorte à porter des soundous de plus en plus grands, pour qu'ils puissent se maintenir en place. C'est un véritable cercle vicieux. De la pièce de cent sous, on passe à la soucoupe, puis à l'assiette, et les Dendjé en arriveraient certainement au plat, si la bonne nature ne mettait un jour ou l'autre un terme à de pareilles excentricités.

Avec des perles rouges, j'achète comme souvenirs quelques séries de disques dont ces dames ne se servent plus ; ils sont en bois de ficus, très légers. La vue des perles excite des convoitises, et, si j'en avais les moyens, je trouverais toutes sortes de choses à échanger.

Pour éviter qu'on me dévalise, je suis obligé de m'en aller promener, pendant que j'envoie un homme à Koho prévenir que j'arrive, sans quoi je risquerais de trouver le village vide.

En quittant Matangoadé, je m'apercois que mon escorte s'est augmentée d'un certain nombre de Kaba

Simmé, armés en guerre. Ils prétendent qu'ils vont à Koho et font route avec moi. Ce n'est pas clair.

Koho n'est pas loin. Au bout d'une demi-heure, nous commençons à circuler dans des broussailles assez claires, qui alternent avec des défrichements cultivés. Nous apercevons les premiers groupes de cases. Elles se distinguent nettement de celles de la région du Chari. Elles ont une forme hémisphérique et sont construites avec une armature en grands bambous, dont nous avons rencontré çà et là quelques touffes. Un petit bourrelet de terre protège l'intérieur. Sur la charpente, on applique des paillassons en herbes et, par-dessus, on roule, en commençant par le bas, une immense bande formée de bottillons de paille accolés, chaque tour de spire étant à demi recouvert par le tour suivant. Aux endroits où cette toiture n'est pas étanche, on ajoute des paillassons comme ceux que fabriquent chez nous les maraîchers.

De ce moment, c'est la saison sèche, et beaucoup de cases sont en réparation ; la toiture est roulée et mise à l'abri des termites sur de gros pieux fourchus.

Quelquefois un secco circulaire protège le bas de la case et simule une muraille. Les portes sont protégées par un auvent ; un secco, haut de 2 mètres, entoure une petite cour dont la case forme le fond. Dans cette cour, une plate-forme, — abri sous lequel on fait la cuisine.

Les cultures ont belle apparence ; sur des aires un peu partout, nous trouvons du mil à battre, et, dans les cours, j'ai pu voir de dessus mon cheval de grandes jarres pleines de grains.

Par contre, nous n'avons aperçu presque personne, sauf des hommes qui pilaient du mil. Ils étaient attifés comme des femmes, avec des bouquets de feuilles fraîches par devant et par derrière. C'était anormal de voir des hommes se livrer à cette occupation dans un tel costume. Mais on m'a expliqué que ce mil était destiné à la confection d'un pipi spécial. Les femmes ne peuvent participer à sa fabrication, car, en le pilant, elles s'introduiraient quelque part quelque chose qui les rendrait très malades??? C'est pour cela que les hommes les remplacent, en se vêtissant comme elles, de façon à tromper le mauvais œil: ce n'est pas flatteur pour lui.

Bientôt nous arrivons devant le groupe de cases qu'habite le chef de Koho. Djé, c'est son nom, me fait un accueil très correct, presque cérémonieux. Il a déjà vu les Blancs, me dit-il, et a même été voir le capitaine à Fort-Archambault. A peine descendu de cheval, on m'apporte de tous les côtés des marmites pleines de bouillie et de sauce verte. Djé me conduit pour sa part un cabri; mais, comme je n'en ai pas vu beaucoup dans son village, je le remercie et le lui rend, ce qui lui fait un sensible plaisir.

Il a bien l'air un peu étonné que je ne lui fasse pas de cadeau; mais j'ai pour cela deux motifs: le premier, c'est que je n'ai rien; le second, c'est que je trouve cette pratique détestable, puisque la coutume du pays veut qu'on honore son hôte en lui offrant à manger. Donner un cadeau en échange, c'est exposer à mourir de faim le camarade qui passera plus tard en service, sans pouvoir promener un bazar avec lui. Donc, pas de cadeau dans les endroits qu'on visite pour la première fois.

D'ailleurs, le chef en prend vite son parti.

Beaucoup d'hommes par ici portent sur les joues le tatouage distinctif des esclaves de Rabah, ou d'autres marques qui sont celles de Snoussi ou des Ouadaïens. Ce sont des esclaves fugitifs; mais cela prouve que le pays est un terrain fréquenté de chasse à l'homme.

Beaucoup de femmes ont les lèvres en cymbales. Elles ont des parures en cauris et s'en font même de petites calottes dans les cheveux. Un grand nombre d'entre elles portent aussi des bouquets de feuilles fraîches pour se vêtir, comme les Banda. Quant aux hommes, ils ont toujours le tablier de peau, mais ils le mettent par devant.

Ce soir, pas de tam-tam. Quelle chance ! On va pouvoir dormir.

Je reste à Koho ce matin ; il y a beaucoup à faire. La disposition intérieure des cases n'est plus la même. Un grand secco transversal coupe l'habitation en deux : dans la partie antérieure, rien que des jarres, des marmites et des bibelots ; dans le nombre, les calebasses à tirer l'eau sont intéressantes ; elles sont aplaties en forme de saucier, munies de quatre ficelles qui vont s'attacher aux branches d'un V en bois renversé ; son sommet est muni d'une longue corde, car les puits sont très profonds.

Dans la chambre postérieure, un grand cadre en bois court d'un bout à l'autre, à 30 centimètres du sol. Sur lui, sont posés deux lits, formés de plusieurs couches de bambous accolés. Les lits sont presque côte à côte, à 50 centimètres d'intervalle. Entre les deux, un foyer qu'aère un trou fait dans le secco. Le lit de la femme est complètement caché. Celui de l'homme est à moitié visible de la porte.

J'ai réussi à mensurer quelques individus. Ils sont en moyenne plus petits que les gens de Fort-Archambault et ont la tête beaucoup plus étroite. On retrouve ici beaucoup de types plus affinés, au milieu de la grande majorité qui sont encore très nettement prognathes. Djé me dit que cette tribu fait partie des Sara Dendjé. A l'entendre, eux seuls sont des Sara ; il n'en connaît pas d'autres que ceux de la région : Sara Dendjé, Sara Ngaké, Sara Ngoudjou, Sara Ngindja. Je lui parle de ceux du Logone et du Chari; mais c'est parfaitement inutile. Eux seuls sont des Sara; s'il y en a d'autres, ce sont des menteurs. Et il dit fort bien Sara, et non Zara, comme je les ai entendus désignés par quelques Européens que cette confusion déroute. Le fait est qu'on y perd son latin. Évidemment, les gens d'ici ne ressemblent en rien à ceux de Balimba, par exemple. L'identité du nom ne serait-elle qu'une simple coïncidence? Il y a trop peu de distance pour que cette hypothèse soit vraisemblable. Ce que je démêle de plus positif jusqu'ici, c'est que le dialecte Dendjé est presque identique à celui des Ndokoa du Bangoran et du Gribinghi, et les mensurations que je recueille me paraissent singulièrement fortifier cette analogie.

Mais, c'est égal, l'ethnographie de toutes ces peuplades est embrouillée comme un écheveau de fil. Je doute même qu'on arrive jamais à en connaître le dernier mot.

Faute de mieux, je veux essayer de voir le plus possible, pour multiplier les éléments d'appréciation. Je vais aller à Dendjéboa, qui n'est pas très loin.

La route est bonne, le pays moins couvert, mais il fait terriblement chaud. Les Kaba de Simmé me suivent toujours; j'ai fini par savoir que c'était dans l'espoir de me faire chasser pour avoir de la viande.

Nous atteignons bientôt un hameau de quelques cases : c'est Ouñabili, le premier groupe de Dendjéboa ; puis nous arrivons à l'Alimango, espèce de marigot à sec, sur les rives duquel s'élève le village. L'agglomération est plus forte qu'à Koho, mais j'aurai de la peine à apprendre qu[illegible]ue chose, car je ne sais pour quelle cause on a [illegible]ıp bu, le chef surtout, et les notables. De toutes pa[illegible] e suis assailli par des gens qui braillent à me cas[illegible] la tête ; la confusion est invraisemblable. Je donne des bourrades de tous les côtés pour pouvoir déguerpir, en laissant aux boys le soin d'expliquer que je reviendrai quand le brouhaha sera calmé. Je vais faire un tour.

Le village ne diffère guère de Koho ; cependant nous sommes retournés vers l'ouest. Il faut noter que l'on trouve ici beaucoup moins de femmes à soundou, tandis qu'elles ont au contraire les lèvres percées à la mode Kaba. Comme chez les Kaba aussi, les portes sont à tabatière.

Quelques hommes ont un grand tablier de peau jeté sur la cuisse gauche, et qui leur couvre insuffisamment le côté face et son envers. Mais tous ces gaillards sont dans un tel état d'ébriété que je me demande si ce n'est pas un accident de leur toilette. De place en place, j'ai remarqué sur le sol de petites aires circulaires, battues et nettoyées, autour desquelles s'élève un petit bourrelet de terre ; il y en a d'un mètre de diamètre, d'autres plus grandes : ce sont les cuvettes pour recueillir l'eau de pluie.

De retour près de mes gens, je réussis à comprendre que personne ne veut m'accompagner vers Sô directement, de crainte de rencontrer des bandes Snoussistes.

Me voici donc obligé de passer à l'ouest par Kinda. Je demande trois porteurs : c'est un « sauve qui peut » général. Nous finissons par attraper trois hommes, qui, loin de se fâcher, se tordent de rire, une fois pris. Au moment de partir, tous les fuyards sont revenus, et, au milieu de l'hilarité générale, blaguent les trois porteurs qui se sont laissé prendre. Ils ont vraiment un heureux caractère, et au fond ce sont de bons diables.

De Dendjéboa à Kinda, rien de remarquable, sauf un grand banc de roches ferrugineuses rougeâtres, de direction nord-sud, semblable à celui de la route de Simmé.

A Kinda, accueil plutôt très froid ; nous sommes revenus chez les Kaba forestiers. A peine descendu de cheval, je suis pris comme arbitre entre les deux chefs du village : l'un se prétend dépossédé par l'autre et réclame. Ces affaires-là ne me regardent pas, et je les renvoie, en leur disant d'aller porter le litige à Fort-Archambault. Voyant que leur petite histoire n'a pas produit l'effet qu'ils en attendaient, les deux loustics finissent par me confesser en souriant qu'ils s'entendent très bien ensemble, mais qu'ils espéraient de cette façon éviter de me fournir des vivres. Ce n'était déjà pas si bête. Bref les choses s'arrangent, et, comme la nuit est arrivée, je m'installe en prenant quelques précautions, par prudence. Je sens très bien que les gens restent défiants, malgré ce que leur disent les Kaba Simmé qui m'accompagnent.

Néanmoins, un tam-tam s'organise ; mais personne ne danse, sauf deux petits garçons, et un gaillard superbe qui vient faire un pas assez réussi. Il n'y a d'amusant qu'une vieille, à laquelle le tam-tam rappelle ses jeunes années. Je la vois se trémousser toute seule dans un coin, la pipe aux dents, agitant au-dessus de sa tête une calebasse comme un tambour de basque. Elle a l'air d'un squelette habillé de sa peau devenue trop large.

J'allais oublier de noter qu'ici presque tous les hommes sont vêtus, comme à Dendjéboa, d'un grand tablier en peau d'antilope, jeté sur la hanche, et qui les couvre insuffisamment des deux côtés. C'est bien une mode, et non pas un accident.

Le départ, par extraordinaire, s'est très bien opéré : le chef ici a de l'autorité, mais je suis persuadé qu'il n'a pas pour les Blancs une sympathie excessive.

Au bout de vingt minutes de route, nous débouchons dans une plaine immense, dont l'herbe est encore verte.

Je ne me serais jamais douté qu'on puisse trouver rassemblé autant de gros gibier dans un même endroit. A notre vue, toutes ces bêtes se sauvent au galop, et je reste planté là, sans tirer, aussi surpris qu'un jeune chasseur qui voit s'envoler sa première compagnie de perdreaux. De petits céphalophes s'enfuient par couples ; un gros rhinocéros disparaît dans les herbes ; deux troupes de buffles s'éloignent au galop ; des girafes décampent en tendant le cou ; des hardes de kobs, de damaliscus, et des bubales s'en vont au petit trot, pour s'arrêter quelques mètres plus loin. Je tire sur les bubales, qui ne sont pas à plus de 100 mètres ; coup sur coup, j'en abats cinq. Aux coups de fusil, tout Kinda est arrivé ; c'est une véritable boucherie. Mais, une fois mes hommes servis, nous repartons, car l'étape est longue et la route mauvaise. On a, en effet, de la peine à marcher, tellement la terre est criblée d'empreintes profondes que les éléphants et les gros animaux ont laissées à la saison des pluies. A l'hivernage, cette plaine ne doit être qu'un immense marais ; des flaques d'eau y subsistent encore. En son milieu, elle est coupée par un fossé d'écoulement représenté par le lit du Bâ-Di, où nous sommes arrivés. Les berges ont jusqu'à 2 et 3 mètres, ce qui n'empêche pas la rivière de déborder aux hautes eaux. La largeur n'excède pas 20 mètres. Sur le sable, dans le bas, coule un petit filet d'eau qui réunit les unes aux autres des flaques et des cuvettes plus ou moins profondes. L'eau coule vers l'ouest et s'en va au Chari; les gens du pays qui m'accompagnent sont tous d'accord. Son embouchure est portée sur certaines cartes avec le nom de Kô, ou rivière de Sô, car ce village s'élève sur ses rives.

Sur sa carte, Gentil l'a désigné sous le nom de Bahr Salamat; et il pourrait fort bien avoir raison. Les renseignements que j'obtiens sont en effet assez vagues. Des gens de Kinda prétendent que le Bâ-Di vient directement du lac Hiro; d'autres me disent, au contraire, que le Bahr Salamat continue le Bâ-di. Peut-être faut-il simplement se représenter alors le lac Hiro comme une vaste ampoule, servant de réservoir à un cours d'eau, dont nous trouvons ici le prolongement: aux hautes eaux, le Hiro s'emplit, et, à la saison sèche, son trop-plein retourne à la rivière (1).

En tout cas, rien, absolument rien, n'autorise ces hypothèses toutes gratuites, qui font communiquer le Bâ-Di avec le Bâ-Karé. Ce sont là des suppositions sans bases, dont on ne pourra tenir compte que le jour où les fleuves sauront gravir des pentes ou grimper à la corde lisse.

Le Bâ-Di passé, nous marchons encore quelque temps dans la plaine, qui se reboise petit à petit. C'est une succession de clairières plus ou moins vertes et de bouquets de brousse plus ou moins épais, dominés çà et là par quelques palmiers doum. De distance en distance, nous

(1) La reconnaissance complète du Bâ-Di a été opérée par notre camarade le lieutenant Gauckler, qui en a, le premier, suivi tout le cours en pirogue, et démontré la continuité du Bâ-Di et du Bahr Salamat jusqu'à la région de Djindi, où seul jusqu'ici il est allé.

apercevons des dépressions, où l'herbe verte atteste la présence encore récente de l'eau ; des bandes d'antilopes, à peine effarouchées, y paissent tranquillement. Comme toujours, nous passons au travers des cultures qui indiquent la proximité des lieux habités ; nous traversons enfin un marigot assez encaissé, le Miñatoutou, qui se jette au sud dans le Bâ-Di, et nous tombons au milieu des cases du chef de Balabidja.

Nous sommes arrivés. On accourt à notre rencontre, les mains pleines de poulets. Petit palabre traditionnel : « Merci, ça va bien ; dis-leur que je suis content d'être avec eux... Labia, labia, labia ! » C'est le terme employé partout ici pour se dire bonjour. Il provient de l'arabe « el afia » ; c'est devenu « lafia », puis « labia » pour les nègres. En disant « labia », on tend sa main droite ouverte à l'interlocuteur, qui la serre doucement entre ses deux mains ouvertes également.

Nous sommes encore chez des Kaba, les Kaba Bala. Les cases sont hémisphériques, mais un contrefort en terre battu, haut de 80 centimètres, forme une muraille en dedans de la charpente, qui reste visible à l'extérieur ; la porte est taillée dans toute sa hauteur et protégée par un auvent. Près de chaque case se dresse un mât où sont pendues des peaux qui sèchent. Elles témoignent de l'abondance du gibier.

Au milieu du type Kaba habituel, beaucoup de gens ont aussi le type affiné que nous avons déjà trouvé dans les villages voisins : lèvres minces, nez parfois un peu busqué vers la pointe, les yeux un peu bridés, les pommettes fortes et le visage ovale. Les hommes sont généralement maigres, et cette maigreur leur fait paraître les jambes très longues, quoique, en réalité, elles ne soient nullement disproportionnées avec le reste du corps. Comme costume, le tablier de peau sur le côté, comme à Kinda, ou bien antérieur, ou double, comme à Simmé.

Les femmes ont les oreilles percées, ornées de plusieurs pendeloques, et des fétus de paille dans les lèvres.

On a l'impression qu'on se rapproche du contact arabe : la politesse indigène revêt un certain cérémonial, et pas mal d'hommes parmi les notables sont vêtus du boubou ou du large pantalon flottant.

Les armes, le mobilier, les ustensiles n'ont rien de spécial.

Dans le village, et très éparpillés, sont réfugiés beaucoup d'habitants de Sô. Plusieurs sont blessés. J'obtiens par eux quelques renseignements sur les faits et gestes des bandes snoussistes.

C'est Hadem, le propre fils de Snoussi, qui dirige le mouvement avec l'assistance de vieux chefs expérimentés. Ces détails ne sont pas inutiles, car il faut remarquer que ce brave et bon Snoussi est notre allié, notre protégé, qu'il a auprès de lui un résident de France, et qu'il sait fort bien que nous ne voulons plus entendre parler d'esclaves, de traite, ni de razzia. Mais Snoussi se moque de nous : c'est de toute évidence. Bref, ses bandes sont venues à Sô, qu'elles ont brûlé, sans remporter toutefois un très gros butin humain ; car les hommes se sont défendus, et beaucoup de monde a pu prendre la fuite. Hadem aurait même perdu quelques hommes et des fusils.

Pendant que je palabre, j'entends dans une case voisine crier avec insistance : « Naçara ! » Naçara veut dire chrétien, et, comme je demande pourquoi quelqu'un crie de la sorte, le chef m'explique qu'il a baptisé son fils Naçara, parce qu'il est né lorsque Coumsère Thiandi (1)

(1) Commissaire Gentil.

est passé pour la première fois sur la grande rivière. Et, comme il attend bientôt un nouveau rejeton, il le baptisera Dokter, me dit-il, en souvenir de mon passage. Cette délicate attention mérite bien un caleçon, que je lui offre séance tenante. D'ailleurs, il est très gentil, le chef ; il s'appelle Méliboa : un joli nom pour un nègre.

La nuit tombe, il fait presque frais ; étendu sur mon lit, j'écoute le chant d'un hibou, en pensant à autre chose et en chassant les moustiques.

O Melibœe, Deus nobis hæc otia fecit !

Allons bon, qu'est-ce que c'est que cela ? Voilà Djé, le chef de Koho, qui arrive tout en nage. Il vient me chercher. Hadem approche de son village, que tout le monde a dû quitter. Les Snoussistes ont une fois de plus employé la même tactique qui réussit toujours : ils arrivent : tout le monde se sauve ; ils font alors semblant de s'en retourner : tout le monde revient ; brusquement ils font demi-tour et tombent sur ces pauvres bougres, qui les croyaient déjà partis.

Du coup Méliboa ne veut plus que je m'en aille. D'un autre côté, je n'ai ni des instructions, ni des moyens qui me permettent d'aller à la rencontre d'Hadem. Je n'ai pas le choix des solutions. Un courrier file pour rendre compte à Fort-Archambault.

Djé va repartir et tâchera, cette nuit, de savoir où sont les bazinguers. Il va prévenir les gens des environs, et, au petit jour, j'irai à Koho afin d'essayer de pincer un ou deux Snoussistes pour faire dire à Hadem qu'il ait à décamper au plus vite.

Quelle malchance ! Il est écrit que je n'irai pas à Sô, dont je ne suis plus qu'à deux pas.

Méliboa m'a prévenu qu'ici il y a beaucoup de panthères, et qu'une vient rôder autour de ses cases toutes les nuits; je fais doubler les entraves du cheval et donne l'ordre d'entretenir les feux.

Pendant que je fais ce petit tour, les hommes me signalent une grande lueur à l'horizon; ce n'est pas loin ; mais est-ce la brousse qui flambe, ou un village qui brûle?

Au réveil, ce matin, des Sara de Borobé, envoyés par Djé, viennent nous prévenir que l'incendie d'hier soir avait été allumé par les Snoussistes, et que les gens de Borobé ont évacué leur village, en prévision d'une attaque ; des hommes seuls y sont restés.

Nous partons, et retrouvons dans la plaine le Bâ-Di, que nous ne tardons pas à traverser. Bientôt, nous apercevons de longues files de femmes qui s'éloignent vers l'ouest, chargées de tout ce quelles ont pu emporter et traînant les enfants à leur suite. C'est l'exode des Sara.

Aux abords de Borobé, nous sommes signalés par des hommes cachés dans la brousse, et que nous voyons se dresser sur les flancs de la colonne, à mesure que nous avançons.

A Borobé, plus personne qu'une centaine d'hommes armés. Le chef n'est pas là. Djé a mal compris et a cru que je retournerais à Koho par la route suivie hier. Lui et le chef d'ici m'attendent à Dendjéboa; je les envoie prévenir.

Pendant ce temps, nous repartons dans la direction des villages qui ont flambé.

Les gens sont persuadés que je marche à la rencontre d'Hadem pour lui donner la chasse. A ces noirs pusillanimes, il suffit de la présence d'un Européen et de quelques hommes armés de fusils quelconques pour donner confiance. Tous veulent me suivre; j'en ai deux cents derrière moi. J'ai toutes les peines du monde à les faire arrêter et suis même obligé de menacer de m'en retourner. Leur voisinage est toujours dangereux; car, faute de Snoussistes à combattre, tous ces pillards n'hésiteraient pas à saccager partout ce que les Bazinguers ont peut-être épargné.

Nous passons à Kimâna, qui est intact. Je n'y vois qu'une très vieille femme munie d'un énorme soundou complètement évidé en anneau.

Plus loin, nous arrivons à Boû, qui a été brûlé il y a quelques jours. Le village était construit sur les deux revers d'un ravin, entre des plis de terrain qui font partie du seuil limitant nettement la vallée du Bâ-Di.

Nous ne trouvons que des ruines. Personne... Au moment où nous partons, nous sommes accostés par un individu qui se dit le fils du chef; son père a été tué. Lui et quelques hommes ont pu se sauver dans la brousse; tout le reste a été capturé. Il nous conduit à Mandjoua, qui a été brûlé hier soir.

Des Sara errent parmi les ruines; le chef est avec eux. La veille, il était venu à Koho pour me voir, en emmenant comme d'habitude pas mal d'hommes en armes. C'est ce qui a sauvé ses gens. Il est reparti le lendemain, c'est-à-dire hier; et, comme il allait arriver à Mandjoua, il est tombé sur les Snoussistes, qui s'en approchaient. On fut aussi surpris des deux côtés. Il s'en est suivi une échaufourée confuse, qui me parait plutôt avoir été une débandade complète, malgré les vantardises du vieux chef. Toujours est-il que les coups de fusils des Bazinguers donnèrent l'alarme au village, qui prit la fuite.

Les gens de Snoussi se contentèrent alors de piller et de brûler tout. Il ne reste rien; même les jarres sont cassées en miettes.

Au sortir de là, nous passons à côté d'un grand

puits creusé en plein sable, à plus de 30 mètres. Mais les pillards l'ont mis hors d'usage en jetant au fond du sable et les madriers de l'orifice.

Ah! les gens de Snoussi savent travailler! Tout cela est de la besogne proprement faite.

Vers le crépuscule, nous sommes arrivés à Hindia, qui a échappé au pillage; mais le village est abandonné. Aussi, pour ce soir, on se serre la ceinture.

Djé est arrivé au milieu de la nuit. Les Snoussistes ont dû apprendre qu'un Blanc était dans le voisinage; ils ont déménagé leurs campements et s'en vont vers le nord. Ce n'est plus la peine que je reste. J'essaie de persuader à Djé que ces histoires n'arriveraient plus si, au lieu de rester ignorés dans leur brousse, les Dendjé venaient demander la protection du capitaine à Fort-Archambault. « C'est si loin! répond-il », et il a peut-être raison. Au fond, je crois que ce qui serait le plus sûr serait de donner à Snoussi un dernier avertissement. Et, si ce traitant éhonté veut, malgré tout, continuer la traite, il n'y a qu'à le supprimer.

Chevalier est peut-être arrivé maintenant; il est temps que je rentre. Nous filons directement sur Simmé.

Au hameau de Tohé, nous quittons les territoires Sara. Toujours des cultures.

Gourdidi : une seule case habitée par un misanthrope qui n'a plus qu'une jambe, un œil, et pas de femme. Baha, c'est son nom, chasse, cultive et vit tout seul. On l'appelle; Baha n'est pas là, et je ne veux point l'attendre. Plus loin, nous traversons Kingar, sans nous arrêter.

A Dendjéboa, nous changeons de porteurs, non sans difficultés, pour ne pas perdre les bonnes habitudes.

D'ailleurs il fait très chaud, et les hommes peinent beaucoup.

Arrivés à un trou d'eau sale, ils se battent pour boire ; il faut que j'intervienne pour remettre un peu d'ordre et faire faire la distribution ; sans cela les plus forts boiraient tout et ne laisseraient que la bourbe. Pendant qu'ils boivent, je remarque à côté du trou un petit arbre qui porte dans ses branches une plate-forme : c'est pour attendre à l'affût les bêtes qui viennent boire la nuit.

Une fois rafraîchis, les hommes marchent bon pas, et nous arrivons à Tarkaba, où nous faisons une courte halte.

Il y a là tout un atelier de fabricant de pipes. Sur la foi du qualificatif qui me fut souvent attribué au régiment, j'avais toujours cru qu'il fallait un moule pour faire une pipe.

J'ai dû venir jusqu'ici pour me convaincre du contraire.

Quoique le métier m'ait paru demander une certaine adresse, il ne nécessite pas l'emploi d'outils très perfectionnés. Chacun pourrait s'en procurer à sa guise pour son usage personnel.

Pour faire une pipe, il suffit, en effet, d'un mandrin qu'on cueille au premier arbre venu. Quelques longs éclats de roseaux tiennent lieu d'ébauchoirs, après qu'on a pris la précaution d'en tailler et d'en polir l'extrémité en amande.

J'allais oublier la matière première : c'est de la terre que nous appellerons terre de pipe, si vous le voulez bien. C'est une glaise gris sombre quand elle est sèche. Mouillée d'huile, elle devient noire et garde cette teinte après la cuisson.

On en pétrit une boule. Quand elle a la consistance

voulue, on en coiffe le mandrin, sur lequel on la moule à l'aide du pouce, pour former le fourneau. Le surplus sert à modeler le tuyau, qui est alors figuré par un cylindre plein, presque aussi gros que le fourneau lui-même.

Ceci fait, l'ouvrier dégage son mandrin et travaille à l'ébauchoir.

Pour éviter que la terre ne colle et que l'ouvrage ne soit constamment à refaire, il trempe ses outils et ses doigts dans une valve d'unio, pleine d'huile de karité, légèrement teintée avec de l'ocre rouge. A petits coups, il polit alors le fourneau, l'enjolive, égalise sa gueule et donne l'angle voulu au tuyau. Évider ce dernier est la besogne délicate ; mais, avec un ébauchoir plus fin, le trou se creuse tout de même, d'autant plus facilement que la cavité doit être de taille à recevoir un petit mirliton.

Après le dernier coup de pouce, la pipe va sécher doucement à l'ombre sous des feuilles vertes, où elle attend la cuisson avec ses compagnes.

Les formes ne sont pas très variées et se ramènent à deux modèles : la « goudo mani » à fourneau arrondi, pansu, mastoc ; et la « goudo sili », mince, anguleuse, élancée, tellement haute qu'on craint toujours que le fumeur ne se brûle l'œil ou s'enflamme la chevelure, s'il n'avait pas pris soin de la raser.

Dans ce pays-ci, l'étiquette est assez tolérante et l'usage de la pipe des plus répandus. Sauf la chique, on ne connaît d'ailleurs pas encore d'autre moyen d'utiliser le tabac. Aussi, hommes et femmes ne se font-ils pas faute d'en user sans vergogne, ce qui ajoute à leur élégance naturelle. L'automédon classique et sa pipe traditionnelle ne sont rien à côté des pauvres vieilles d'ici, lorsque, vêtues d'un pain à cacheter et coiffées d'une calebasse, elles lézardent à l'ombre, la pipe aux gencives, et suivent d'un œil atone la fumée qui fait des ronds.

Nous sommes arrivés le soir à Simmé, qui m'a paru d'un séjour bien plus agréable qu'à mon premier passage. La nuit, la pluie nous a quelque peu dérangés; c'est assez rare au mois d'avril.

De Simmé à Mara, la route m'a semblé bien plus longue, et je n'aurais rien à noter si ces maudits Kaba ne m'avaient pas encore gâché deux superbes dépouilles toutes tannées de damaliscus; ils n'ont rien trouvé de mieux que de se les partager, se figurant sans doute que je n'y attachais aucun prix, puisque je leur en avais déjà donné de pareilles.

Le lendemain, vers midi, nous avons touché Kiem Kaga ; mais nous avons continué pour arriver à Fort-Archambault le soir même. Chevalier et Courtet ne sont pas encore arrivés : il était bien inutile de me presser.

Au retour, j'ai constaté des vides dans ma petite ménagerie. Mes dernières antilopes sont mortes. « Rasoir » s'est sauvée. Je n'ai plus que mon chat, ma genette, ce brave « La Ferme » et l'inimitable « La Jambe », qui m'ont accueilli avec des démonstrations d'amitié. Je leur ai donné du miel, dont ils m'ont copieusement repassé une part sur mes habits et mes papiers.

Ce n'est vraiment pas la peine qu'on se donne tant de mal pour élever des animaux, lorsqu'il faut s'absenter. Les boys n'y font pas attention et ne les soignent plus guère lorsqu'on n'est plus là pour les surveiller.

Après tout, c'était peut-être la meilleure solution,

car je n'aurais certainement pas pu emmener tout mon petit monde en France, et peut-être en aurais-je eu plus de regrets.

Fort-Archambault.

J'ai cru que j'avais une hallucination, ou qu'un rêve m'avait transporté d'un coup d'aile jusqu'en mon ancien logis d'étudiant. Il me semblait encore entendre les bruits de la rue, dont chacun m'était devenu familier : c'est la pompe qui déboule en hurlant « au feu »... Le chèvrier basque qui passe en roulant ses trilles... Ça, c'est la corne du tramway à vapeur s'essoufflant à gravir la rue... Ah! voilà le marchand de robinets!... Mais non, ce sont tout bonnement les Tounia de Borondo qui viennent nous régaler d'une aubade extraordinaire.

Ils ont sorti tout ce que le village possède de cornes, de trompes et de sifflets. Et ils soufflent! s'ils n'étaient si noirs, on les verrait rougir.

Il est trois heures ; le soleil ruisselle; le moment est bien choisi. Ils se sont rassemblés à l'ombre éparpillée d'un petit arbre dont chaque feuille fait bande à part. Les instruments à vent entourent la batterie, composée de trois marmites en terre, rondes, pansues, avec une peau tendue sur leur large ouverture. Le tambour du milieu est le soliste. Il exécute sa partie avec art et y met même du sentiment : à chaque mesure, il appuie son coude gauche sur le bord du tambour et laisse tomber l'avant-bras sur la peau qui résonne deux fois sourdement. Il se balance avec grâce et se penche *amoroso*.

Il faut croire que l'influence de la musique sur la croissance des cheveux est universelle, car il a deux petites nattes de 3 à 4 centimètres, soigneusement graissées, sur le sommet de l'occiput ; et, dans ce pays, ça se remarque.

Après quelques accords, on a pris le ton. Beaucoup de danseurs se sont enroulé autour du front une large bande d'étoffe qui leur fait un gibus sans bords ni plafond. Ils se sont alignés dos à dos sur un double rang qui partage le cercle. Deux danseurs évoluent de chaque côté, faisant voltiger par-dessus les têtes un émouchoir en crins de cheval, qu'ils rattrapent tour à tour.

En fait de danse, c'est toujours de la danse de Saint-Guy.

Le piétinement général soulève une telle poussière que la place n'est pas tenable.

Quelques femmes enhardies se sont jointes aux danseurs ; elles se sont alignées face aux hommes, qui leur ont fait front. Les deux groupes esquissent l'invariable avant-deux suggestif. Cette figure s'exécute avec des mouvements des hanches et du bassin ; et chaque vis-à-vis se jette tour à tour l'émouchoir (sans calembour). Tout le monde chante à tue-tête. Quand on faiblit, un virtuose s'avance et ranime le zèle des choristes en lançant un nouveau refrain. Un de ces premiers sujets a un répertoire très riche ou une verve féconde : c'est presque toujours lui qui fait les frais des variations. Je le reconnais à son air convaincu et à son geste toujours le même : comme le marchand de quatre-saisons qui crie, chez nous, la salade nouvelle, il penche la tête, s'appuie la main sur la joue, se comprime la tempe et se bouche l'oreille, sans doute pour ne pas s'entendre : « Pois verts au boisseau ! Pois verts ! »

Décidément, on remue trop de poussière et de souvenirs. Je rentre. Il fait trop chaud, et c'est trop toujours la même chose.

Il vient de se passer dans la région un petit fait qui n'est rien en lui-même, mais qui est très significatif. Des gens de Merkia et de Kandégué viennent de demander au capitaine l'autorisation de s'établir sous la protection du poste. Les Niellim leur offrent l'hospitalité, car ce sont leurs parents : ce sont en effet des Boa Hialda et des Boa Mana. Ils déclarent ne plus pouvoir vivre dans leur pays ; ils y sont réduits à une famine perpétuelle, par suite des razzias qu'opèrent journellement chez eux les Arabes du Ouadaï, et leur propre sultan, Korbol, qui doit maintenant nous payer l'impôt, mais ne veut rien perdre. Aussi se refait-il chez ses voisins, qui préfèrent de beaucoup nos façons de faire aux siennes.

Faire du filet est un de ces passe-temps innocents qui ne fatiguent pas les méninges. Le noir, du moins, doit en juger ainsi.

A cette époque de l'année, les eaux sont basses, les journées chaudes ; la pêche est tellement abondante qu'il est inutile d'y aller tous les jours. Aussi les Horos, grands pêcheurs devant l'Éternel, en profitent-ils pour préparer leurs filets.

Les bancs immenses que le fleuve a découverts leur font de superbes ateliers ; des abris improvisés remplacent l'ombre absente, et un courant d'air entretient une suffisante fraicheur.

La besogne se fait en commun. D'un côté, quelques hommes décortiquent, en les brisant, de longues baguettes de Lé, espèce de jute, dont l'épiderme une fois roui se détache tout d'une pièce. L'écorce est rassemblée en gros écheveaux dont d'autres travailleurs s'emparent. Ils les mettent à tremper dans une marmite pleine d'eau. Au bout de peu de temps, les fibres humides sont devenues souples et résistantes ; elles sont à point pour faire la corde.

Pas besoin de rouet. Un brin est vivement roulé sur la cuisse avec le plat de la main ; un autre, puis d'autres encore, subissent le même sort. Tous sont à mesure retordus les uns sur les autres et serrés simplement au pouce. Le nombre des torons importe peu : le tout est de tordre une corde grosse comme le petit doigt, et peut-être n'arriverait-on pas à meilleur résultat avec des outils plus perfectionnés.

Les cordes achevées sont mises à sécher, en attendant que leur tour arrive d'aller faire des mailles réglementaires. Il n'est garde-pèche si farouche sur la consigne qui ne désarmerait en voyant le gabarit d'un tramail du pays. Quinze ou vingt centimètres carrés doivent approcher de la moyenne, ce qui renseigne suffisamment sur la taille des plus petites captures.

Dans de telles conditions, inutile, bien entendu, de mandrin et de navette. Le mandrin, c'est les quatre doigts et le pouce ; la navette, c'est le paquet de corde tout entier. Cependant l'ouvrier l'agence d'une manière *ad hoc*. Il a lové la corde en trois ou quatre lais d'un mètre de long, dont il a fortement empilé un des bouts, pour le rendre rigide et s'en servir comme d'un passe-lacet. Le reste pend en longs tours et forme un gros écheveau flottant.

Un solide piquet, enfoncé dans le sable, tient la maille initiale. L'homme s'assied en face, jambes allongées. De la main gauche, il apprête la maille à l'écart de ses doigts. De la main droite, il lance en avant, d'un grand geste, sa navette tout entière, puis en reprend le bout aminci et le tire à lui, en l'enfilant dans la dernière maille achevée. Pour serrer le nœud sans fatigue, il laisse aller le buste en arrière et tire de tout son poids à petits coups.

Maille à maille, ça finit par faire une bande large

d'un mètre, longue de cinquante. A mesure que le filet s'allonge, l'homme appelle un garçonnet, qui arrache le piquet et le replante plus loin. Si bien qu'un jour durant un Horo peut rester assis par terre, en occupant ses doigts, sans penser à rien : un rêve. C'est presque l'idéal pour un nègre, mais il vaudrait encore mieux ne rien faire du tout.

Malheureusement il faut vivre, et, comme pêcher se fait en commun, chacun doit prendre une part de la peine.

Pour compléter mes notions sur les Kaba, je suis retourné visiter Kodebiri. Voisins immédiats des Sara à l'ouest, ces Kaba ont l'air d'être encore de sang moins pur que leurs parents orientaux. On trouve en effet chez eux beaucoup plus de gens à la tête très large. Pour le reste, rien ne les distingue d'une façon spéciale.

Ils se connaissent sous le nom de Kaba Banda Djoko. Ce détail mérite qu'on s'y arrête. Ils ont en effet pris ce nom le jour où ils se sont établis sur leur territoire actuel, dont ils ont expulsé des Banda Djoko qui l'occupaient précédemment.

Or ces Banda étaient des Ngaos. Il est assez curieux de retrouver ici, sous sa forme primitive, cette désignation de Banda Djoko que le cheikh Mohamed el Tounsi attribuait aux peuplades limitrophes du Ouadaï au sud.

Ces Kaba Banda Djoko font partie d'un groupe qui comprend les villages assis en face sur la rive droite. Ce groupe tout entier s'appelle Kaba Biri.

Or Nachtigall signale des Biri-Biri parmi les populations fétichistes, limitrophes du Ouadaï dans le sud-ouest. Ce sont des points à retenir.

Comme à Kodebiri on me signalait la venue des éléphants à l'abreuvoir, je suis encore une fois parti à leur recherche. De quatre heures du matin à onze heures, sans arrêt, j'ai couru sur leurs traces, les entendant parfois barir juste devant nous, sans pouvoir les atteindre. Par contre, nous avons trouvé des traces fraîches de buffles et de girafes, fait lever une bande d'au moins cent jeunes marabouts, et, pour la première fois, aperçu ces cynhyènes que je n'ai pu tirer. Au dire des indigènes, ils rôdent par bandes dans la région, mais suivent le gibier qu'ils chassent en troupes, sans jamais se cantonner quelque part. Nous les avons levés au gîte; ils étaient couchés en rond comme des chiens, côte à côte, dans une espèce de cuvette qu'ils avaient creusée sous l'abri d'un arbre presque déraciné, très penché sur le sol. En se sauvant, ils aboyaient, mais nous n'avons pas tardé à perdre leurs traces.

Pour nous reposer, nous sommes revenus chez les Kaba de M'bambar et, comme j'avais tué pour eux et mes traqueurs quelques antilopes, il y a eu le tam-tam traditionnel en plein midi. Rien de bien intéressant.

J'en ai profité pour m'occuper des instruments de musique.

La koundi, espèce de balafon qui est partout en usage, a généralement onze ou treize lamelles. La sixième note en partant de gauche s'appelle « delé » et est marquée d'une grosse encoche. Elle donne la note la plus élevée. A droite et à gauche, les touches s'échelonnent en donnant des tons de plus en plus graves et tous différents, quoique souvent l'écart ne dépasse pas un demi-ton. Ces touches sont fixées sur la monture de l'instrument, mais restent mobiles sur leurs coussinets, de façon à vibrer librement. Sous le clavier pend une série de calebasses en forme de concombres, de dimensions variables suivant la note. L'ouverture de ces calebasses est garnie de cire; quelques-unes portent, en outre, une ouverture accessoire sur laquelle est tendue une toile d'araignée comme la membrane d'un mirliton.

Quant au grand tambour, haut de 1 mètre et plus, qu'on appelle kodjo, il est fait d'un tronc d'arbre creusé d'un bout à l'autre. Ses deux ouvertures sont fermées par une peau tendue au moyen de lanières qui se fixent sur des chevilles rayonnantes. Ces lanières vont en dernier lieu s'attacher à une poignée ménagée dans le bois, un peu au-dessous de la face supérieure. Une autre poignée analogue se trouve presque en bas du tambour ; une longue courroie de cuir va de l'une à l'autre. Le joueur de kodjo, fléchissant un peu les jambes, se fait passer cette bandoulière sur la hanche gauche, puis en diagonale sur les fesses, puis sur la cuisse droite. Il se redresse alors, et le tambour, légèrement soulevé, a tendance à basculer en avant ; mais il est retenu par sa petite base, qui butte contre les jambes de l'instrumentiste. Ce dispositif a l'avantage de permettre une plus grande sonorité. Après avoir soigneusement enduit la peau de cire pétrie, légèrement chauffée, l'artiste, qui a ses deux mains libres, frappe alternativement le centre ou la périphérie de la peau, suivant le son qu'il veut obtenir. Vraiment, on est surpris d'entendre la variété de tons qu'il arrive à faire rendre à cet instrument primitif et peu harmonieux.

En rentrant, j'ai trouvé des girafes à trois quarts d'heure du poste, mais il était trop tard pour les suivre.

Horo et Tounia donnent cet après-midi un grand coup de filet. Pour la circonstance, ils ont barré complètement le Chari, au gué, en aval du four à briques. Puis les hommes ont mis à l'eau, en face du village de Gaoura, un immense tramail, long de 300 mètres et large de 2. De gros paquets de « doû » servent de flotteurs. Le bas du filet n'est pas lesté, car il ne doit pas toucher le fond, sur lequel il s'accrocherait. Pour empêcher que la traction ne fasse trop s'enfoncer le filet au milieu, on l'a accroché de place en place au bordage de pirogues qui restent en travers du courant. Des hommes s'attellent aux extrémités du filet, qui arrive presque sur les berges, et le halage commence au milieu d'un concert de vociférations.

Dans chaque pirogue qui fait flotteur, cinq ou six Tounia debout battent l'eau pour effrayer le poisson qui serait tenté de passer sous le filet.

Malgré que celui-ci ne soit pas lesté, il s'accroche fréquemment à des branches qui encombrent la rivière; à chaque instant, on voit plonger des hommes qui le dégagent et reparaissent avec des brassées de bois mort. Derrière le filet s'échelonnent sur toute la ligne des gens armés de grandes épuisettes sans manches, dans lesquelles ils s'efforcent de cueillir au vol les poissons, qui d'un bond sautent par-dessus le filet.

Les femmes, les enfants, portant toutes sortes d'engins accessoires, suivent sur la rive les péripéties de la pêche en attendant le moment d'y prendre part. On n'avance que très lentement. La réussite de l'opération semble, il est vrai, dépendre du calme et de la régularité avec lesquels elle est conduite. Au moindre à-coup, des poissons énormes en profitent pour franchir le filet d'un bond prodigieux. Les spectateurs accueillent ces évasions par des bordées de hurlements et de reproches à l'adresse des pêcheurs.

Les poissons, refoulés lentement, descendent vers le barrage. Arrivés là, ils se précipitent contre les claies et finissent par entrer dans les logettes du tégahoum. Leurs sauts désordonnés signalent leur présence. Mais des guetteurs veillent. Vivement l'un d'eux se précipite, entre dans le casier dont il ferme la porte et capture l'animal au moyen d'un troubleau. Si le poisson, d'un bond vigoureux, réussit à franchir la barrière, il se heurte encore à toute une rangée de pêcheurs aux aguets qui le reçoivent dans de grands filets rectangulaires tendus par plusieurs hommes; on l'assomme à coup de bâtons.

Maintenant, le tramail est arrivé à 150 mètres à peine du barrage. Aussitôt, toute la cohue de spectateurs, qui attendaient le moment sur les berges, se précipitent à l'eau. C'est formidable : tout ce monde crie, hurle, s'agite; les uns harponnent les poissons à coups de sagaies, les autres les pourchassent à coups de troumbaches ou de matraques; des gens agitent leurs paniers coniques; des couples manient des filets; des femmes, très affairées, courent d'un groupe à l'autre, portant à la ceinture des chapelets de poissons. Pour chaque prise, c'est une bataille en règle.

Pour terminer, on a rabattu les deux bouts du tramail, qui maintenant circonscrit un enclos; avec les derniers poissons survivants, s'y sont enfermés deux ou trois cents énergumènes. Le spectacle est indescriptible : c'est une mêlée générale qui dure une dizaine de minutes.

Puis c'est fini; on se sépare en faisant place nette. Horo et Tounia s'éloignent en longues files, chacun de leur côté.

La nuit est venue très vite ce soir ; un orage monte ; tout se calme, et bientôt on ne se douterait plus de rien, si l'eau ne conservait une teinte boueuse et s'il ne flottait en l'air une odeur pénétrante de poisson.

A l'heure de la grosse chaleur, les deux gués situés de

chaque côté du poste présentent un coup d'œil original. C'est l'heure du bain. Tout le monde se jette à l'eau. Des femmes et des enfants jouent, folâtrent et se poursuivent en s'éclaboussant, au milieu des rires qui accompagnent les chutes. Les hommes se lavent gravement en faisant la causette ; tandis que, sur les bancs de sable immergés, des groupes très mêlés se sont formés, assis dans l'eau jusqu'au col, et devisent gaîment en narguant le soleil qui leur rôtit la face.

Jusqu'aux chiens qui imitent leurs maîtres et vont se coucher le ventre dans l'eau.

Je cherche en vain à me faire une idée précise de ce que sont les peuplades de l'est du Chari. Maintenant que je les ai visitées presque toutes, je reste à peu de chose près aussi perplexe que si je ne les avais jamais vues.

Je n'en suis d'ailleurs qu'à moitié surpris ; car, si l'on fouillait l'ethnographie de la France, sur laquelle on a des documents, on y trouverait encore bien des obscurités. A plus forte raison ne peut-on guère espérer débrouiller du premier coup l'ethnographie africaine. On a déjà dit tellement de sottises à son sujet que je ne me sens pas le courage d'en ajouter quelques-unes.

C'est pourquoi je me borne à résumer les quelques notions, peut-être parfaitement inexactes, que je crois utile de signaler. Chacun pourra les assaisonner à sa guise.

En premier lieu, l'appellation de Kaba peut prêter à confusions. Dans l'espèce de Sabir, qui s'est créé comme cela arrive toujours lorsque des éléments divers sont en contact, on trouve le terme Kaba, qui veut dire camarade. Ce mot est constamment employé, même par les indigènes entre eux, dans une acceptation analogue à celle de : « Eh l'ami ! eh l'homme ! »

Parmi leurs voisins, les Tounia les connaissent sous le nom bizarre de Lôrem ou Lôroum, par lequel on désigne également certaine tribu nilotique, qui, chose curieuse, a dans son dialecte des mots identiques à des mots Kaba de même signification (*Voir* Barth).

Quoi qu'il en soit, outre l'analogie possible avec les Biri de Nachtigall, les seuls renseignements d'histoire conservés par les traditions nous montrent les Kaba légèrement poussés vers l'ouest il y a peu de temps ; ils bousculent, d'une part, les Horos établis sur le Bâ-Karé, d'autre part les Banda Djoko établis sur le Chari, au confluent de Lirina-Vassako. Il est facile de retrouver dans la brousse les traces anciennes de villages depuis le Bâ-Karé jusqu'au-dessus de Mara.

Actuellement, ils sont établis sur les deux rives du haut Chari. Ils occupent à l'ouest du fleuve la région de Bongo et de Kodbiri, depuis Lirina jusqu'aux territoires Tounia de Fort-Archambault, ayant pour voisins dans l'intérieur les gens dits Sara, du Bahr el-Azreg (1).

Sur la rive droite du Chari, dont les séparent les Horo, ils occupent toute la région comprise approximativement entre le Bâ-Di au nord, le Bangoran au sud, et les tribus Sara Dendjé à l'est.

Ces Kaba se subdivisent en plusieurs groupes : les Mara, les Simmé, les Añé, les Bala et les Bidanga, dont voici les familles principales :

Marabé ; Marakoua ; Marabatakoa ; Marabiri ; Marabongo ;

Simmékinda ; Simmétaba ; Simmengandja ; Simmékolo ;

(1) Ces groupes Kaba se composent des Banda Djoko, des Télé, des Valé et des Kilé, dont je ne garantis pas l'existence.

Añémandakongo ; Añétarangara ;

Balabidja ; Balatagoas ; Balakonio ;

En dernier lieu, les Kaba Bidanga et le groupe mal défini des Kaba Bôa.

De tous ces groupes, certains accusent eux-mêmes leur parenté avec d'autres peuplades voisines : les gens de Kiem Kaga se disent parents des Sara du Bahr el Azreg ; tandis qu'ils ont eu au contraire des démêlés avec les Kaba de Simmé ; les gens de Balabidja s'allient fréquemment aux indigènes de Sô. Les Kaba de Simmé prennent femmes chez les Dendjé, et nous connaissons le village Kaba de Dendjeboa.

Les nombreuses mensurations que nous avons faites sont malheureusement entachées d'un soupçon d'erreur possible : aussi ne voulons-nous pas nous en servir. Cependant cette erreur constante n'empêche pas la comparaison des résultats entre eux. Sans vouloir en tirer aucun argument, nous nous bornons à déclarer que nous n'avons pas trouvé de grandes différences entre les proportions principales d'une tête de Kaba Banda Djoko et d'une tête de Sara ; mais, à mesure qu'on opère chez des groupes plus éloignés du Chari, on constate une diminution très accusée de la largeur du crâne, jusqu'à ce qu'on arrive chez les Kaba Dendjéboa, qui ont la tête presque aussi étroite que les Dendjé eux-mêmes.

Parmi les caractères extérieurs que nous pouvons signaler, il faut noter l'arrachage systématique des quatre incisives inférieures, la taille en hache ou en pointe des supérieures ; les séries de mouchetures en V qui ornent la face et le front.

Si on veut préciser les traits de leur physionomie, on peut se les représenter commes des noirs assez foncés de peau, à traits anguleux, à pommettes assez grosses avec des lèvres lippues sans exagération, un prognathisme peu accentué, des dents écartées, un nez légèrement concave à narines encore un peu ouvertes au vent.

La taille reste dans la moyenne, et, quoique solidement musclés, les hommes n'ont pas l'apparence étoffée des noirs de la rive gauche.

Rien dans leurs armes, leurs ustensiles, leurs bijoux, leurs vêtements, ou leurs objets mobiliers ne leur paraît spécial, sauf le siège portatif en crosse et une queue de calebasse, appelée « hâla », que les hommes s'attachent au milieu du front pour se parer.

Leurs cases sont cependant un peu particulières, moins par suite de leur mode de construction que par leur aspect et leur disposition intérieure.

Quant à leur idiome, il se rapproche, à quelques différences de prononciation près, du Ndokoa et du Barma, dialectes qui ont, à en croire Barth, de grandes analogies avec le Dôr du Nil.

Delafosse nous en a donné un vocabulaire presque acceptable, sous le nom de « Grammaire de la langue Sara ». Ne connaissant pas les gens, et renseigné par le seul Ali, qu'avait ramené Dybowski, il a été induit en erreur par une équivoque ; il a fait du petit boy Ali un Sara de l'ouest, tandis qu'en réalité il devait être Sara des frontières du Dar Rouña, ce qui est beaucoup plus vraisemblable, si l'on s'en rapporte aux circonstances.

Bref, nous ne sommes pas tenté d'identifier les Sara Kaba aux Sara orientaux, malgré la communauté du nom patronymique qu'ils portent.

Quant aux Sara des frontières du Dar Rouña, le rapprochement avec leurs homonymes nous paraît encore moins justifiable.

Ils sont répartis en quatre grands groupes : le plus

au nord, près du Hiro, est celui des Sara Ngaké. Au contact avec les Kaba, sont les Sara Dendjé, séparés du Dar Rouña par les Sara Ngoudji. Au sud, les Sara Ngindja. Ces Sara parlent un idiome presque identique au Kaba, au Ndokoa et au Barma.

Ils ont de très grandes ressemblances avec les Dissa que signalait déjà El Tounsi, au sud du lac Hiro. Ces Dissa comprennent les Koulfé, qu'on appelle je ne sais pourquoi Kaba Sô ; les Moufa, les Malé, les Mila, les Gourousa et les Koudjo. Ils ont un air de famille avec les Sara Dendjé et les Simmé Kinda, et n'ont absolument rien qui en fasse des gens remarquables. Ils parlent un dialecte analogue à celui des Kaba.

A côté de ces peuplades existe un noyau de gens que j'ignore, qu'on appelle des Goula, et qui sont parents des Karé, jusqu'au voisinage desquels ils s'étendent. Sur les vieilles cartes, on en trouve de signalés jusqu'au nord du Dar Banda.

Dans la région accidentée, à l'ouest du lac Hiro, on rencontre des gens qu'on désigne parfois sous le nom de Nouba, qui est une appellation inexacte, signifiant simplement montagnards ou païens. Ces Nouba sont des Mâna qui me paraissent devoir être rattachés à la même souche que les Boa, dont ils parlent la langue, totalement différente, d'ailleurs, du Kaba et du Dendjé.

Ces Boa sont établis sur la rive droite du Chari, au sud du Baghirmi, au nord des Kaba, sur le dixième parallèle. Ils forment un groupe ethnique bien distinct. Ils comprennent, outre les Boa proprement dits, et les Boa Mana, les Boa Hialda, les Boa Lodom, appelés encore Ouagay Koron, et le groupe aberrant des Niellim. Les traditions les représentent comme ayant fait, eux aussi, un mouvement vers l'ouest. Le rameau Niellim, à la suite de dissensions intestines, quitta même la région de Péra, où il était installé, pour venir au Chari. Il passa sur la rive gauche et chassa de la région rocailleuse, qu'il occupe actuellement, les premiers possesseurs appelés Sara Kobo et les Sara Loulou.

Les Tounia eux-mêmes furent obligés de remonter jusqu'au Bahr Sara.

Ces Tounia sont des gens bien embarrassants. Tout porte à croire qu'ils sont très voisins des Niellim et des Boa : l'extérieur, les caractères physiques et la langue.

Pour les Horo, je donne ma langue au chat : ils parlent Kaba et font bande à part avec les Tounia, auxquels ils ressemblent.

On ne conserve guère que la ressource d'en faire des autochtones, ce qui ne compliquerait pas beaucoup plus le problème.

Je crois même qu'on pourra longtemps encore attendre sa solution, pour peu qu'on fabrique quelques races nouvelles, et que celles qui existent continuent à expédier un peu dans toutes les directions leurs morceaux qui se désagrègent.

Nous-mêmes y contribuons dans la mesure de nos moyens, puisque, partout où nous en envoyons, les Rabistes font souche ; et, si jamais quelqu'un arrive à démêler quelque chose de précis dans cette tourbe qu'on appelle Banda par habitude, il faudra qu'il y mette beaucoup de bonne volonté ou d'imagination.

Chez les Sara de l'Ouest.

Cette fois-ci, je pars avec Chevalier, pour aller visiter la région des Niellim, Goundi, retour par Daï et les pays Sara.

C'est par les Niellim qu'on commence. Nous suivons

le Chari sur sa rive droite, après l'avoir traversé en aval du poste, au gué de la route du Dja. Non loin de là, nous avons traversé presque à pied sec une petite dérivation du Bâ-Karé, au bord de laquelle des Kaba font du sel avec les cendres de plantes marécageuses qui poussent ici en abondance.

La grande branche du Bâ-Karé coupe notre route un peu plus en aval. Ici la rivière a bien 300 mètres de large. Son autre branche intermittente, le Dja, où je suis allé chasser l'hippopotame, se jette dans le Chari, un peu plus en aval encore. En somme, le delta du Bâ-Karé se compose en tout et pour tout de deux branches, ce qui est peu, mais assez.

Au Dja, nous nous arrêtons pour déjeuner. Cette route sur les bancs de sable, à travers les roseaux brûlés, est pénible, surtout avec le soleil qui nous rôtit tout vifs : les porteurs sont fatigués; pendant qu'ils se reposent, j'ai la chance de leur rapporter une grosse femelle de bubale, dont le petit, quoique blessé, a réussi à se cacher dans la brousse. Cette bête a des larves d'hippobosques plein les sinus frontaux, et jusque dans la cavité des cornes. En la poursuivant, j'ai traversé le rideau de brousse assez épais qui couvre le revers de l'escarpement au pied duquel coule le Dja. Derrière, c'est une vaste plaine, semée de bosquets broussailleux et très marécageux, où des buffles ont leurs quartiers.

Après le déjeuner, nous nous remettons en route, pour pousser un peu plus loin. C'est toujours la même chose : du sable, des roseaux, des taches d'herbe verte où paissent des bandes d'antilopes, des marécages desséchés, labourés par les gros pachydermes à la saison des crues.

Toute cette région a été habitée jadis par les Horo,

et nous retrouvons des vestiges nombreux de leurs villages.

Le soir, nous nous sommes arrêtés sur les bords du Chari, en haut d'une berge à pic. De là, on découvre l'autre rive. C'est un marais à sec, plaine immense, à peu de chose près totalement nue. Très loin, une ligne de verdure marque le cours du Bahr el-Azreg; plus loin encore, une seconde ligne décèle le Bahr Sara ; au dernier plan, une longue vague, régulière, teintée de couleurs poudreuses, profile sur un ciel de couchant sa silhouette indécise : ce sont les hauteurs du Moudji.

Avec Chevalier, nous avons bavardé très tard; il ventait frais, et le farniente semblait délicieux après cette journée torride. Un bruit étrange et persistant a pendant longtemps intrigué mon oreille ; on aurait dit l'écho d'une discussion lointaine; c'était le chœur des grenouilles qui discutaient avec animation dans les roseaux de l'autre berge.

Au milieu de la nuit, le vent nous a amené la tornade. Il a fallu en hâte protéger les bagages les plus susceptibles. Les porteurs, stoïques sous ce déluge, se peletonnaient, accroupis, en serrant les épaules. Mais ce matin, il n'y paraît plus.

Au départ, nous marchons pendant quelque temps en terrain couvert ; nous avons pu néanmoins apercevoir les confluents du Bahr el-Azreg et du Bahr Sara avec le Chari. Ils se confondent en quelque sorte, tellement est basse et plate la langue de terre qui les sépare. L'apport de ces deux tributaires a presque doublé le volume du fleuve, à en juger par la largeur de son cours.

En aval, pour éviter les détours de la berge ferme, nous avons recommencé à couper en ligne droite, de banc de sable en banc de sable, sous un soleil implacable.

Nous nous sommes arrêtés sur un petit îlot, découpé dans l'embouchure d'une dérivation du Bà-Di, presque complètement obstruée par un banc d'herbes.

Dans l'intérieur du pays, une colonne de fumée s'élève, indiquant, aux dires des indigènes, la région des villages Kaba-Bôa.

Dans l'ilôt, le pied des broussailles est encroûté des carcasses siliceuses de spongiaires analogues à ceux qu'on trouve à Fort-Archambault.

J'ai pêché avec des épingles ; ça mord.

Quelque temps après le départ, nous avons fait un crochet pour aller voir un Kaga rocheux qui s'élevait à droite de notre route. Il fait partie du système qui s'étend jusqu'aux Niellim. Ce sont des gros blocs anguleux de grès à gros éléments, avec des strates horizontales de cailloux roulés. Par endroits, la roche est comme injectée de filons ferrugineux ; avec eux, les crevasses régulières produites par la chaleur et les actions physiques concourent à stimuler des stratifications redressées jusqu'à la verticale.

Dans des trous, je relève des fumées fraîches de damans et de cynocéphales. Au sommet, plusieurs pierres portent des traces d'usure : au temps peu éloigné où cette contrée était habitée, les gens venaient ici repasser leurs couteaux et leurs armes.

En regagnant notre route, j'ai remarqué des empreintes très nombreuses de panthères et de rhinocéros.

Cette grosse bête a des habitudes curieuses : elle aime à venir cacher ses excréments sous de petites broussailles, qu'elle fréquente de façon régulière, à en juger par les amas qu'on y trouve. Mais, par un de ces illogismes si fréquents chez l'animal, pour mieux cacher ses fumées, elle laboure la place à grands coups de corne; elle ne réussit qu'à les étaler tout autour, sur plusieurs mètres carrés. Si vous ajoutez que ses fientes ont une odeur poivrée très pénétrante, vous comprendrez qu'il soit difficile de passer à côté sans les voir.

Le soir, nous sommes arrivés à un marigot que nos porteurs appellent Kério; à les croire, c'est l'embouchure principale du Bâ-Di aux hautes eaux. Elle a bien 150 mètres de large. Une berge très escarpée borde sa rive droite; de gros arbres dominent quelques bouquets épars de broussailles en parc. Le sol est tout tapissé d'herbe fine. En arrivant, les porteurs attrapent un petit hérisson à ventre blanc, pareil à celui qu'on trouve à Fort-Archambault et même en Algérie.

De la butte où nous campons, nous commençons à apercevoir les hauteurs des Niellim.

En partant ce matin, nous traversons assez difficilement le Chari pour cheminer sur l'autre berge. Cela ne change d'ailleurs rien à la monotonie de la route; nous faisons fuir des bandes de kobs et un troupeau de buffles; je ne l'avais pas vu en train de pâturer derrière une dune, lorsque j'ai tiré les antilopes.

A partir de cet endroit, pendant 3 ou 4 kilomètres, le Chari s'encombre d'une multitude de gros rochers, qui semblent un trait d'union entre les kagas des deux rives. Ce sont des blocs énormes, arrondis par les eaux; leurs amas irréguliers forment des barres parallèles qui coupent obliquement le cours de la rivière.

Après plusieurs heures de marche, nous finissons par trouver un arbre qui nous donne une illusion d'ombrage. On s'y arrête, et même on s'y attarde. Car, malgré que les Niellim soient complètement en vue, avec cette atmosphère claire et vibrante, je crois que la distance est plus grande qu'elle n'en a l'air.

Et, de fait, nous avons beau marcher, les collines paraissent nous fuir.

La brousse maintenant alterne avec le marais. Dans un fond, je réussis à jeter par terre une antilope au septième coup de fusil. J'en ai honte; mais on ne saurait croire combien il est difficile de placer une balle dans de hautes herbes; on ne voit que la tête de l'animal; encore faut-il ajouter qu'ainsi les antilopes sont le plus difficiles à atteindre; elles ont, en effet, l'habitude de toujours regarder du côté d'où vient le bruit; si bien qu'en les visant à l'aisselle, au juger, on n'est jamais sûr de tirer du côté où se trouve le corps, tant elles ont de souplesse pour tourner l'encolure.

Comme je notais les tourbillons, les taches et les larmiers de ma bête, une vieille femelle de phacochère me déboule dans le dos et me charge grand train, flanquée d'un gros marcassin. Je n'ai que le temps de me remettre sur pieds et de sauter sur ma carabine. Une balle traverse l'intruse de bout en bout, pendant que son petit s'échappe par une volte savante. En revenant au sentier avec nos proies, nous trouvons tout le convoi agité par la présence d'un pauvre petit serpent, un *Causus*, qui, plus effrayé que les hommes, s'est blotti dans une touffe d'herbe : un coup de bâton et tout est fini; c'était beaucoup de bruit pour pas grand'chose.

Pendant ce temps, la nuit tombe vite, et la marche devient extrêmement pénible; dans ces marais, chaque touffe d'herbe fait une grosse bosse, et le sol est tout semé de terriers.

Il fait nuit noire; nous n'avançons qu'avec peine. Les hommes nous disent bien que nous sommes tout près;

mais, dix minutes après, ils déclarent que c'est encore « loin un peu ». Il n'y a qu'à marcher sans en savoir davantage.

Nous arrivons à des cases ; mais ce n'est pas encore là. Cristi de cristi ! Voici maintenant des cailloux. On butte, on trébuche à chaque pas. Nous grimpons un petit col entre deux amas de roches, puis, à l'orée, nous apercevons enfin les feux du village derrière lequel nous débouchons. Nous avons marché au moins douze heures sur quinze.

Ce matin, nous sommes fatigués, mais ce n'est pas le moment de se reposer : il y a de l'ouvrage. Après les présentations et un court palabre avec Ouedou, frère de Gaye et chef de cette région, j'ascensionne dans les kagas, pendant que de son côté Chevalier herborise.

On nous a signalé des grottes où les indigènes se seraient de tout temps réfugiés en cas d'attaque. Mais, en réalité, ce sont des cavités accidentelles produites par des entassements de rochers éboulés. Il y en a des multitudes, toutes exiguës et peu intéressantes. Dehors, rien de plus. Tout est sec, et, sous les cailloux, on ne trouve que quelques pauvres bêtes très communes. En revanche, il y a des quantités d'hyrax.

Mais le coup d'œil est excessivement pittoresque. Je crois être à Fontainebleau, dans les gorges de Franchard ou d'Apremont ; moins les beaux arbres, c'est tout aussi chaotique et d'une beauté plus sauvage encore.

Il y a trois lignes parallèles de kagas, qui forcent le fleuve à faire un coude : celle où je suis, une autre en face et, par derrière, les hauteurs de Togbao, où se fit massacrer Bretonnet. Des broussailles clairsemées s'agripent dans toutes les fentes, cherchant à pousser partout où la pluie a rassemblé quelques poignées de sable. Par place, sur des entassements naturels de blocs en colonnes, sont perchés de gros paniers pleins de grains, que les indigènes sont venus mettre en sécurité.

A grand'peine, j'escalade un piton qui me paraît dominer les autres. De là, le coup d'œil est superbe. J'aperçois à mes pieds le village qui s'éveille : les cases pareilles à des ruches; les gens qui s'agitent, les femmes qui pilent le mil, d'autres qui vont à l'eau; des enfants qui jouent dans le sable. Sur la gauche, dans l'ouest, les entassements de blocs dégringolants, pareils aux ruines d'édifices titanesques. Devant moi le fleuve miroite sur des bancs de sable immenses, avec un nombre infini de diverticules, de bras, de marigots qui lui donnent l'aspect d'un ruban effrangé : il décrit deux coudes en S avant de se perdre vers le nord, dans l'immensité plate du tapis poudreux étalé jusqu'à l'horizon. Partout autour, le bled, le sale bled, la brousse infâme.

Dans le lointain se dressent les têtes pelées des hauteurs de Korbol, puis celles des pays Mana, et là-bas, tout là-bas, le Dekhakiré. Sauvage grandeur, laideur d'un charme étrange, dignes d'être admirées comme on admire la neige éternelle, le désert, ou l'immensité stérile du ciel.

Mais, dans le fond de son cœur, on songe avec tristesse que cette terre est une terre française, pour laquelle le budget s'endette et de pauvres gars se font crever la peau.

Et je redescends parmi les roches qui roulent, parmi ces éboulis fantastiques sur lesquels des lichens en plaques multicolores sont comme des coups de pinceaux d'un peintre en goguette. Dans tout cela, le soleil découpe à l'emporte-pièce des taches anguleuses de lumière crue et d'ombre, variant à chaque instant, au caprice d'un nuage, comme les images inattendues d'un kaleidoscope merveilleux.

Après déjeuner, je suis allé causer avec Ouedou. J'ai trouvé le chef en train de manger à l'abri d'une grande plate-forme, garantie contre le soleil par des seccos qui font stores. Ouedou est assis sur une natte, en tailleur, les genoux appuyés sur deux coussins de cuir. Son jeune frère est à côté, et, en face de lui, une vieille connaissance de Fort-Archambault, dont je ne me rappelle plus le nom. Tous trois mangent au même plat, sans façon, trempant à tour de rôle les doigts dans la sauce et se les léchant avec satisfaction. Deux petits captifs se relaient pour éventer le chef avec des éventails en plumes de grues.

Par petits groupes, les suivants, les hommes d'armes mangent un peu plus loin, en causant à voix discrète.

Dans un coin, les familiers de basse condition attendent que le chef ait fini pour se partager ses restes.

Après le repas, chacun se lave les mains; puis, la conversation terminée, Ouedou m'accompagne à cheval à la chasse.

Faute d'hippopotames, je lui ai tué quelques antilopes. En chassant, j'ai relevé des empreintes très nombreuses de lions : il y avait entre autres celles de toute une famille : le père, la mère et quatre lionceaux. Ouedou m'a dit qu'ici les accidents n'étaient pas rares : une femme a été enlevée il y a quelques jours à peine. Rentré tard.

Aujourd'hui, j'ai continué la visite des kagas. L'un d'eux est bizarre : il est couvert de débris de roches cassées de main d'homme : les indigènes m'ont dit que c'était là qu'on venait faire « iondo »; mais c'est tout ce que j'ai pu savoir. J'avoue ne pas saisir la corrélation entre cette cérémonie et le cassage de cailloux.

De là, j'ai escaladé les kagas de Bretonnet. Une croix marque le lieu du combat, sur lequel on retrouve encore des débris de squelettes blanchis par le soleil. Babekir, qui m'accompagne, me retrace les phases du combat, en témoin oculaire. Nous sommes à la place qu'occupait Bretonnet. En avant de nous, sur l'autre colline, dont un petit col nous sépare, étaient les hommes de Durand-Autier. Derrière, au pied du grand kaga qui nous domine, s'élevait le camp des Barma, sous les ordres de leur sultan Gaourang. En bas, à la lisière des taillis, ces restes de tranchées marquent la place où les Rabistes s'étaient tapis avant de donner l'assaut. Une journée durant, ils tentèrent sans relâche l'escalade des collines d'où nos Sénégalais les fusillaient. Raba était fou de rage. Mais, vers le soir, les Barma, pris de panique, lâchèrent pied; les Rabistes purent alors escalader le grand kaga, d'où ils fusillèrent sans péril Bretonnet, Durant-Autier, Braun, Rocher et ce qui restait de nos quarante troupiers.

Quand tous furent couchés, morts, les Rabistes n'osaient encore gravir la colline, que leurs cadavres semblaient garder.

Aujourd'hui, le temps a balayé toutes les traces d'un coup d'aile. Il ne reste que des tombes éparses et un souvenir glorieux. Les Arabes sont enterrés avec soin, et leurs tombeaux sont nombreux ; ceux des Kerdys le sont plus encore.

En rentrant, j'ai eu la mauvaise surprise de trouver mon cheval blessé au garrot. La perspective de faire à pied le restant des étapes n'a rien qui m'enchante.

De Niellim à Kuom, peu de chose à signaler. Au sortir de la région rocailleuse, nous voyons des traces anciennes de villages; les peuplades qui les habitaient traitaient le fer, à en juger par les scories accumulées partout. C'étaient vraisemblablement des Sara Kobo, qu'expulsèrent par la force les Niellim.

A Kuom, nous sommes chez les Ndam. Naturellement, les gens se défendent énergiquement d'être Sara, quoi qu'en disent leurs voisins. Ils ont comme parents les gens de Goundi, et leur grand chef est à M'pfong ; les autres groupes sont ceux de Miltou, Ououlgou, Kouno, Ourh, Digi, Moul et Potom.

Tout en causant, le chef m'explique qu'ils étaient autrefois bien plus nombreux. Mais les Niellim leur ont fait une guerre très rude, dont ils se ressentent encore aujourd'hui. En fait, ils ont l'air très placides, et c'est vraisemblablement pourquoi ils passent alternativement de la coupe des Niellim sous la coupe des Korbol et *vice versâ*.

A l'encontre des gens qu'on rencontre d'habitude, ils connaissent très bien leurs voisins, sans doute parce qu'ils sont de gros métallurgistes de la région, chez lesquels tout le monde s'approvisionne.

Kuom est, en effet, construit sur des tas de mâchefer énormes; le village en est tout entouré, et ces amas témoignent d'une industrie prospère, depuis un siècle peut-être.

A part cela, rien de spécial ; les cases, pareilles aux cases Tounia, n'ont de particulier qu'un secco en paravent autour du lit. Les hommes sont moins grands que les Niellim ; ils s'arrachent seulement les deux incisives de la mâchoire inférieure. Ils se font trois longs traits sur les pommettes, trois cicatrices parallèles en V sur le front, dont l'angle répond à la racine du nez, et cinq grosses sur les joues.

Le costume est toujours le même. Les femmes sont toujours laides, avec leur tête rase et deux petits morceaux de bois dans les lèvres. Comme vêtement, elles ont devant et derrière deux appendices de 15 centimètres de long sur 5 de large, en étoffe noire, garnis en bas d'une bordure de perles rouges, et qui les vêtissent surtout moralement.

Dans le village même, il y a un haut fourneau en exploitation. C'est une paillotte construite sur un monticule de terre, dans lequel est évidée une cavité qui sert à la fois de four et de foyer. Ce trou est surmonté d'une large et courte cheminée conique en argile ; à son sommet, s'adapte une marmite mobile en terre, dont le fond est percé; on la cimente avec de la glaise. Sur le terre-plein, est un volumineux soufflet à deux tubulures, tout en argile. Les deux tuyaux aboutissent à une tuyère commune qui débouche au-dessus du foyer. Une branche passée en travers sur deux fourches sert de siège pour le souffleur.

Le minerai concassé est mis dans la marmite avec du charbon de bois. En chauffant très fort, le minerai se réduit et tombe dans le foyer, à mesure qu'on en introduit d'autre dans la marmite. Après cette opération, lorsque le feu est éteint, on retire le métal qui a découlé le long des parois du four; on en met les fragments dans de petites coupelles très minces, en argile assez pure, dont on mastique complètement l'orifice. Ces petits creusets ainsi garnis sont remis à même le foyer, où on les chauffe pour faire fondre le métal en grossiers lingots.

C'est le procédé le plus primitif, et les déchets sont considérables.

Cette fonderie a fait éclore toute une série d'industries accessoires : on fait des marmites, des petits creusets, qui sont modelés au pouce et du charbon de bois. Cette dernière matière se fabrique dans une petite cuvette, profonde de 20 centimètres, creusée à même le sol ; on y entasse des morceaux de bois dur, soigneusement choisis ; puis on les recouvre de terre très fine, après les avoir bien allumés.

La localité est bonne pour les recherches.

Il y a de la tsé-tsé en masse. Dans les promenades faites aux environs, j'ai trouvé deux espèces de céphalophes au gîte. Ils couchent de préférence sur de petites éminences, des grosses termitières en particulier ; ils se ménagent une place parmi les brindilles, et de leur observatoire ils peuvent commodément avoir l'œil partout.

En rentrant au village, assez tard, nous avons levé une harde de *damaliscus*, qui faisaient grand bruit en se sauvant au travers des bambous dont la brousse est pleine. Mais, une fois le soleil couché, on n'a plus guère de chances d'approcher les antilopes, surtout quand les fauves abondent comme ici.

Dans une clairière, j'ai remarqué aussi quelques puits comblés : ce sont d'anciennes mines abandonnées. Les Ndam m'ont déclaré qu'ils en obstruaient l'orifice pour que l'excavation reste en bon état ; car, en cas d'alerte, ils s'y cachent.

En somme, nous avons passé à Kuom deux journées fructueuses ; Chevalier surtout jubile, car il a trouvé la graine du bambou africain.

Sur la route d'Ououlgou, rien ne vient rompre la monotonie de l'étape : brousse absurde ; pas de gibier ; quelques mares d'eau sale. Avant d'arriver, nous sommes passés à côté d'une mine en exploitation. Des amas de déblais en marquent les approches; l'orifice circulaire, en puits irrégulier et tortueux, est bouché avec des branches qu'il nous faut dégager. Je me laisse glisser dans le trou : après 4 mètres environ de descente, on se trouve dans une espèce de chambre voûtée, où l'on ne peut se tenir debout ; le sol s'incline en pente douce pour former un terre-plein central, dont la périphérie tombe presque à pic à plus de 2 mètres ; c'est de la latérite claire à gros grains, toute bosselée, sur laquelle on trébuche. De haut en bas, la tranche se compose d'une couche épaisse de 4 mètres environ de sable plus ou moins végétal. Au-dessous, une strate horizontale de 1 mètre d'épaisseur d'une argile très sablonneuse et grisâtre. C'est au-dessous d'elle que s'étale la couche de fer oolithique exploitable, très noir et très pur; elle est horizontale, épaisse de 40 centimètres en moyenne, limitée par deux bandes étroites d'argile grise, pleine de soufflures et de petits cailloux roulés. La dernière couche, visible sur près de 2 mètres d'épaisseur, est constituée entièrement d'une glaise grasse et jaune, mêlée de fer en abondance : c'est cette terre que nous avions vue à Kuom.

A côté de la mine, un puits profond d'une douzaine de mètres. Tout autour, des vieux paniers qui ont servi à remonter le minerai.

Un dernier coup de collier nous amène à Ououlgou, petit village de Ndam enfoui dans la brousse et très disséminé. Il a l'air plutôt pauvre, malgré ses trois fonderies en activité. L'accueil qu'on nous fait est lui-même glacial. Les habitants sont renfermés et défiants, comme des gens qui ont l'habitude d'être grugés par tout le monde. Bref, leur mauvaise volonté est telle que je suis obligé d'aller les relancer à nuit close, pour les prier impérativement de nous fournir des vivres pour nos hommes. Nous les payons d'ailleurs largement, ce qui les étonne.

Contre toute attente, les porteurs ce matin sont arrivés à l'heure, ce qui tend à prouver que les habitants ont hâte de nous voir partir. Au moment de se mettre en route, tornade formidable. La grêle s'en mêle ; des grêlons gros comme des noisettes nous cinglent à toute volée; les porteurs, tous nus, en souffrent plus encore que moi. Mais, une demi-heure après, le soleil nous faisait risette.

Nous avons traversé une grande plaine appelée Laña, couverte d'une végétation presque marécageuse. Un jour ou l'autre, on en fera le lit asséché de quelque cours d'eau bizarre, unissant l'Atlantique au Tchad.

En attendant, je n'y ai vu que des flaques à sec, sans la moindre profondeur ; elles n'ont même aucune limite précise, en dehors des ceintures très épaisses de broussailles, identiques à toutes les broussailles de ces régions-ci, où elles ne m'ont pas paru faire partie des plantes aquatiques.

En traversant cette plaine, nous avons fait lever très loin une troupe de quinze à vingt jeunes bubales, guidées par une vieille femelle.

Pour déjeuner, on s'arrête à Morom, où Chevalier nous rejoint. C'est un fort beau village de Ndam cultivateurs. Les cases, construites avec beaucoup de soins, sont plus hautes et plus spacieuses : elles sont groupées par deux ou trois dans une zériba de grands pieux serrés, doublée intérieurement d'un haut secco. Une même zériba enclôt parfois plusieurs groupes de cases.

Dans la brousse, j'ai vu deux petits ânes qui ont été amenés là par des Barma. Pas de chevaux.

Peu de temps après nous être remis en route, nous pénétrons sur le territoire de Goundi. Mais Goundi est interminable : nous passons de temps en temps devant des espèces de hameaux qui portent tous un nom d'homme, principal propriétaire, ou chef du groupe. Les uns n'ont que cinq ou six cases ; les autres en ont jusqu'à trente ou cinquante : c'est partout le même aspect qu'à Morom, la même architecture, la même apparence de propreté, de bien-être et d'ordre.

Tous comptes faits, la population doit être assez dense ; car, en comprenant les captifs, une famille se compose, en moyenne, de six personnes. Si on admet cette évaluation, entre Morom et le centre de Goundi, il doit y avoir plus d'un millier d'âmes.

En route, j'ai compté vingt-six chevaux entravés au piquet, au voisinage des cases. C'est la première fois que j'en vois autant à la fois.

Nous nous sommes arrêtés le soir sur la grande place au fond de laquelle se dresse la zériba de l'alifa Gomboko. Il est venu nous présenter ses hommages, avec une bonne grâce parfaite, empreinte même de dignité. Sur son invitation pressante, nous décidons de passer ici la journée de demain.

Ce matin, Chevalier pousse jusqu'à Palem pour relier l'itinéraire à ceux de Maistre et de Nachtigall. Je l'ai accompagné jusqu'au fameux Bâ-Ili, dont les géographes font une anastomose entre le Bahr Sara et le Logone. Je n'y vois pas personnellement beaucoup d'inconvénients ; cela ne révolutionnera pas le globe. Mais, néanmoins, cette hypothèse me paraît d'une digestion difficile.

Contentons-nous de noter les points indiscutables.

Ce Bâ-Ili sépare Palem de Goundi : les gens sont

unanimes à l'appeler Palem ou Bâ-Léla : le Bâ-Ili leur est inconnu. C'est une plaine étroite, longue et vague comme toutes celles du même genre que j'ai vues jusqu'ici ; le peu de profondeur de la nappe souterraine permet à une végétation herbacée plus abondante de subsister, mêlée de roseaux en touffes et de quelques plantes aimant l'humidité. De-ci, de-là, des cuvettes à peine marquées, dont le fond est couvert de débris végétaux mélangés d'argile grasse.

Quand de fortes pluies tombent pendant longtemps, cette dépression s'emplit et coupe la route. Mais, depuis deux ans, les noirs n'y ont pas vu la moindre goutte d'eau. Aussi, les termitières y abondent.

Pour en avoir le cœur net, je l'ai suivie juste en son milieu. Au bout d'une heure de marche vers le sud, j'ai retrouvé les lisières de broussailles qui l'enserrent ; elles se rejoignent par des séries de bosquets épars, entre lesquels on retrouve cependant de nombreuses fondrières.

Les indigènes déclarent que le chapelet de mares commence à Moul et s'arrête près de Gangara. Je crois qu'une partie des erreurs proviennent de la façon d'interroger les noirs. Incapables de fixer leur attention plus de dix minutes consécutives, ne comprenant pas l'intérêt des questions qu'on leur pose, ils restent toujours dans le vague et ne précisent jamais. Avec un peu d'imagination, on fait le reste.

Une fois fixé, je suis retourné visiter Goundi, qui en vaut la peine. Les cases sont fort belles ; elles ont euviron 4 mètres de haut et 5 de diamètre. Ces dimensions donnent au toit une coupe moins ogivale. Sa charpente est en grosse paille tressée, avec une clé de voûte en croix de Malte, fixée à l'intérieur. Par-dessus est jeté le chaume, natté très serré seulement dans la moitié supérieure, tandis que le reste pend tout à l'entour. Le mur en secco a plus de $1^{m},50$.

Comme à Morom, les cases clôturées sont symétriquement groupées par deux ou trois dans une enceinte carrée plus vaste, limitant une cour intérieure; on y trouve une case pour la cuisine et une plate-forme-abri.

Dans les habitations, un lit élevé, avec un paravent ; à côté de la couche, un foyer; un peu partout et sans ordre, le mobilier habituel.

Près du Bâ-Léla, s'élève un petit village séparé, habité par des Barma. Nous sommes en effet sur les terres soumises à Gaourang, sultan du Bagirmi.

Goundi, centre très populeux, est assez respecté. Les habitants sont encore des Ndam, à qui le nom de Toumak, et non Toummok, a été donné par les Barma. Ils sont vigoureux, bien découplés, mais n'ont déjà plus l'aspect imposant des Boa et des Niellim.

Gomboko, leur alifa, m'a paru le plus bel homme du village, malgré son air sensuel et paterne. Il passe ses journées sur l'esplanade, devant sa zériba. De la place où je déjeune à l'ombre, je l'aperçois vautré sur un lit de repos garni d'une couverture allemande, représentant une horrible panthère. Autour de lui, ses familiers sont assis par terre, ou étalés à plat dans des poses nonchalantes. Derrière Gomboko, de jeunes captifs l'éventent. Une marmite pleine d'eau tiède circule de bouche en bouche : chacun se gargarise et se retourne pour lancer par-dessus son épaule un petit jet d'eau.

Quand l'alifa daigne cracher par terre, ce qui lui arrive fréquemment, un des courtisans s'empresse de recouvrir cela d'un peu de sable qu'il amasse avec les doigts. Toute la journée, on palabre sans rien faire.

De temps en temps, un vieux pitre se met à braire, d'une voix nasillarde et enrouée, les louanges du puissant Gomboko : il entrecoupe sa harangue improvisée de « brr! brrrrrr! » remplaçant avantageusement les « heû » de nos orateurs qui n'ont pas la parole facile.

Parfois, il lance une chansonnette. Tout le monde parle, parle, parle, et Gomboko crache toujours.

Grâce à ce brave homme et aux deux contrôleurs que Gaourang entretient à ses côtés, j'ai pu mensurer quelques hommes.

Comme ceux de Kuom, ils ont la tête plus étroite que les Sara de Fort-Archambault et ne s'enlèvent que deux incisives ; mêmes tatouages.

En somme, l'impression qu'on ressent à Goundi est plutôt excellente. Nous sommes dans une région déjà organisée; et, quoique l'influence du Baghirmi ne soit pas en tous points digne d'éloge, elle a donné de bons résultats dans les territoires où Gaourang ne chasse pas l'homme. Nous sommes cependant encore très loin de la prospérité fantastique qu'on attribue très gratuitement à ces contrées. Il y a du mil, beaucoup de mil, mais c'est tout.

Grâce aux Barma, quelques transactions s'opèrent à distance. Ils importent un peu de gabak, cotonnade grossière fabriquée au Baghirmi en plus grande quantité qu'ici. On trouve même quelques étoffes d'importation anglaise ou allemande. Avec le sel et quelques perles, elles sont les marchandises de choix. Mais les articles d'exportation sont extrêmement limités. L'ivoire, en effet, appartient au Sultan, qui le vole et ne le paye jamais ; d'ailleurs, il y en a peu. Restent les esclaves et les chevaux. Pour donner une idée du prix relatif des premiers, j'ai noté qu'on avait une jeune et jolie captive, en âge d'être mariée, sans tare ni défaut, pour une charge de sel, c'est-à-dire pour 25 kilos.

Une captive de cet acabit vaut deux captifs mâles dans l'adolescence, plus six cabris et huit moutons; les vieux esclaves ne sont bons à rien; les adultes sont peu prisés, car ils se sauvent. Un jeune captif s'échange pour cent « menedjaï », ou petites troumbaches en fer grossièrement façonnées.

Quant aux chevaux, ils se payent très cher. Un cheval très ordinaire vaut deux captifs : il faut en donner cinq pour une belle bête.

Et, de fait, quoi qu'on en dise, ils sont rares, même à Goundi, qui passe pour un gros centre d'élevage. Pour juger de leur nombre, j'ai compté ceux qu'on menait boire aux puits. En nous en tenant à une estimation des plus larges, il n'y en a guère plus de deux cent cinquante, et encore ils ne valent rien. D'ailleurs, pendant plusieurs mois de l'année, il y a de la tsé-tsé; on l'appelle mououé. A cette époque, les pertes sont terribles. Quant au bétail, en dehors des cabris, je n'ai trouvé dans tout le village que six ânes, deux bœufs et une quinzaine de moutons rouña.

Chevalier est rentré tard de Palem, où il a été fort bien reçu.

Cette nuit, tornade et tout le tremblement.

Hier, j'ai oublié de noter que, parmi tous les chevaux que j'ai vus, fort peu portaient sur le dos la blessure traditionnelle. Voici donc encore une légende qui disparaît : la légende de la plaie entretenue par les indigènes pour que leur tablier de peau colle dessus quand ils montent. Ce qui me paraît certain, c'est qu'ils sont très marris des blessures de leurs montures et font leur possible pour les guérir au plus vite. Ils emploient même des emplâtres occlusifs à base d'argile et de charbon pilé, qui sont assez rationnels.

De Goundi à Gangara, nous n'avons presque pas quitté les cultures. Un peu avant d'arriver, nous avons recoupé le fameux Bâ-Léla ; il a moins encore les aspects d'une rivière, avec ses fonds de cuvette et ses bosquets de broussailles qui jalonnent son cours.

A Gangara, nous trouvons un chef qui est, en moins bien, le portrait de Gomboko : comme lui, il est flanqué de deux acolytes Barma ; comme lui, il porte le long boubou bleu de gabak ; il a comme lui des façons dignes et majestueuses, mais il a l'air plus sot.

Il s'est plaint à nous de l'hostilité de ses voisins, les Boungoul, qui, prétend-il, veulent l'assaillir. Il nous demande même de nous joindre à lui pour leur donner une leçon. Si j'en crois mes souvenirs, ce doit être encore le mouton qui a tort, car j'ai toujours entendu dire que Boungoul était un centre fertile en bois d'ébène.

Les gens se défendent d'être Sara ; *ne varietur*. Ils sont Gouleï. Cela m'est égal. Mais, si je démêle quelque chose dans ce rébus, je pose ma candidature à l'Institut.

De Gangara à Nâr, rien, absolument rien qui vaille une goutte d'encre, sauf la traversée du village de Boudourou.

A Nâr, nous sommes chez les Bouna, que leurs voisins appellent des Sara Nâr. Ils sont parents des Boungoul.

Il est cinq heures lorsque nous débouchons sur la place, au milieu du peuple assemblé. D'abord, je suppose que le chef attendait notre arrivée pour nous souhaiter la bienvenue. Dame! on peut se tromper!

Mais ce n'est pas du tout pour cela, car personne n'a l'air de nous avoir aperçus.

Je m'installe donc en silence, attendant patiemment les événements.

Sur l'esplanade, une centaine d'hommes sont éparpillés par petits groupes. Devant sa case, le Padia (1) est assis sur une natte! Autour de lui, sont alignées une trentaine de marmites et de calebasses, où tremblotent des pains de mil encore fumants et où miroite le brouet verdâtre, gélatineux et colloïde.

Le Padia est grave et recueilli. Après longue réflexion, il désigne du doigt deux marmites à un vieillard qui se tient debout à ses côtés. Ce dernier les prend, suit de l'œil le geste large et majestueux du Padia et les porte avec pompe à l'un des groupes qui attend la fin de cette méditation.

Au reçu des marmites, les hommes font cercle, s'assoient à terre, reniflent, toussent, se mouchent, regardent le plat, puis le Padia, avec l'air de gens qui s'impatientent. Le silence est complet. Lentement, sagement, la distribution s'achève; les récipients s'en vont par couples.

A la fin, le Padia se tourne vers moi et m'attribue deux plats, d'un air majestueux. Je l'imite de mon mieux et désigne à mes gens leur part du festin.

C'est fini; le Padia se lève, et c'est maintenant que le festin commence.

Sans dire mot, tous piquent aux plats. En un clin d'œil, le temps de dire ouf, et les marmites sont vides. Un peu de brouhaha; chacun se lève, empoigne entre les jambes son tablier de peau, fait deux ou trois

(1) Remplaçant et factotum du chef. En raison de l'arrachement de leurs incisives inférieures, les Kirdys prononcent ainsi le mot baguirmien Fatcha, qui signifie ministre.

mouvements des cuisses pour remettre ses petites affaires en place et s'en va calme et digne, en laissant s'envoler quelques légères vapeurs, signes irrécusables de son intime satisfaction.

Renseignements pris, ce n'est point un festin de funérailles, comme je l'avais pensé d'abord, tellement la scène avait l'air sévère. C'est la fin des semailles : le chef offre simplement un banquet aux hommes qui ont travaillé dans ses lougans. Le Padia en a la présidence.

Entre temps, Chevalier est arrivé. Comme le repas finissait, nous voyons passer dans un coin de la place un pauvre petit être misérable, squelettique, qui se traîne péniblement : il trébuche et tombe. Trouvant à terre quelques bribes de mil, il les avale gloutonnement et cherche s'il n'en aperçoit pas d'autres. Avec effort, il se relève, fait quelques pas, oscille et tombe encore. Il a cinq ou six ans tout au plus ; il a déjà l'air d'un vieux. Son corps n'est qu'un vaste ulcère. De chute en chute, il va s'affaler près d'un gros panier à mil et pleure.

Tous les Noirs qui sont là pouffent de rire. Nous lui portons un peu de nourriture, qu'il dévore avidement. Un homme, que nous interrogeons, nous dit que les parents l'ont abandonné, parce qu'il est trop malade et que personne ne veut s'en charger.

Depuis les petits faméliques de l'Oubanghi, je n'ai encore rien vu d'aussi ignoble, ni d'aussi honteusement bestial. Comme nous avons fait des reproches au chef, bientôt on vient chercher la pauvre créature, et on l'emmène assez loin, sans doute pour que nous ne l'entendions plus pleurer.

En partant de Goundi, Gomboko nous a confié deux Barma pour nous faciliter la route ; mais je crois bien que leur présence parmi nous n'est pas faite pour nous concilier les gens. Quelques porteurs que j'interroge me déclarent, en effet, qu'il y a peu de temps les Barma sont venus en troupe pour percevoir l'impôt : ils ont tout emporté. Faute d'être sûrement payés par Gaourang l'intègre, ses séides prennent des arrhes : il faut bien que tout le monde vive.

Bref, nos relations avec les indigènes tournent à l'aigre. De village en village, nous changeons de porteurs, et l'opération devient chaque fois plus difficile. Le pays est toujours très peuplé : nous passons des hameaux, Koalé, Taotori, avant d'arriver au village de Ngablo.

Là, nous rentrons visiblement chez les peuplades Sara, telles que je les ai vues. Nous retrouvons les villages en longueur, avec les habitations éparpillées dans les champs de mil, sans clôtures, sans zéribas. Leurs dimensions, qui se réduisaient depuis Nâr, sont revenues à la normale ; les toitures ont repris leurs airs ébouriffés, et l'aspect général y perd.

Nous sommes entrés sur le territoire des Sara Koumbra : l'accueil qu'ils nous font n'a rien de très agréable. On nous injurie au passage, et les porteurs ne se gênent pas pour en rire.

A Béghé, nouveau palabre pour nous faire conduire jusqu'à Koumbra, que nous trouvons à peu près vide. Comme nos porteurs sont repartis à peine arrivés, nous n'avons rien eu à demander ; la soirée s'est passée très calme.

Ce matin, pas moyen de partir : il n'y a plus personne ; tout le monde s'est esquivé. Nous sommes en panne avec nos bagages. On attend, on cherche à palabrer ; rien à faire. Il faut agir. Malgré que Chevalier ne partage pas complètement mon opinion à ce sujet, je file avec les Barma et les boys faire une battue dans la brousse. Faute d'hommes, nous trouverons des femmes; et, quand nous les tiendrons, les hommes viendront bien les chercher.

L'opération, simple et fructueuse, s'accomplit d'ailleurs sans accident; le plus difficile est d'empêcher mes hommes de rendre les horions dont on nous gratifie. Pour mon compte, j'en suis pour une bourrade, une culbute et un coup de bâton.

Comme je l'avais prévu, les hommes sont venus un à un s'échanger contre nos prises et, à dix heures, nous pouvions démarrer.

Nous ne passons à Saada qu'assez tard, mais, de crainte de nouveaux incidents, nous gardons nos porteurs jusqu'à Daï, où nous entrons à la tombée de la nuit.

J'ai laissé Chevalier derrière. A peine arrêté, j'envoie mon petit boy à la case du chef, prévenir de notre venue.

La zériba de M'Bang-Daï est flanquée, devant la porte, d'un porche, où se tiennent des Sara armés.

Mon pauvre Kounome revient plus mort que vif, tout malmené par ces gens, qui l'ont menacé de le tuer s'il avançait. Je saute sur ma carabine pour aller voir ce qui se passe, et j'arrive juste à temps pour apercevoir le M'Bang-Daï s'échapper à cheval avec un autre cavalier. J'avoue que j'ai eu la tentation de tirer, car voilà trop longtemps que ce chef se met constamment en travers de notre route. Malgré la bienveillance et la patience excessives que l'autorité lui a toujours témoignées, il n'a jamais cessé d'exciter les gens à nous fuir. Il nous fait sentir le poids de sa mauvaise volonté jusqu'à Balimba, à une heure de Fort-Archambault.

Mais tout cela se réglera, j'espère, un jour où l'autre, et je crois qu'il vaut mieux ne pas s'en mêler.

Pendant ce temps, Chevalier arrive; on s'installe comme on peut, et, puisque personne n'est là pour nous donner le nécessaire, les hommes se servent, sous notre contrôle. Il y a de quoi faire : les paniers regorgent de mil et de pois chiches; on ne prend cependant que juste l'indispensable, afin que les gens n'aient pas le moindre grief à formuler.

Cet état d'hostilité latente nous oblige à quelques mesures de prudence; mais la nuit se passe sans le moindre accroc.

Le matin, un homme est venu, se disant le frère du chef. En réalité, il n'est rien du tout et vient uniquement espionner. On cause, on lui explique l'affaire: nous ne demandons qu'à nous en aller. De son côté, il nous assure de ses bonnes dispositions; il nous croit sincères, mais les gens ont tellement peur qu'on les pille ou les emmène qu'il sera difficile d'en trouver. Bref, il va voir.

Et la journée se passe en palabres avec ce bonhomme qui fait la navette entre nous et des gens qui ne sont certainement pas loin. Il amène tantôt un compagnon, tantôt un autre; vers le soir enfin, il nous promet des hommes pour le lendemain matin.

Notre parlementaire a tenu parole. Ce matin, on nous expédie et on nous emmène à grand train; nous passons Ngandjou. A Béko, nous changeons d'hommes. De là, nous courons sur Balmané, qui nous semble à peu près totalement évacué ; enfin nous arrivons sur les bords du Bahr Sara, au village de Gadia, où des Horo et quelques Tounia nous font le meilleur accueil. Ici, nous sommes chez nous et, pour mon compte, je ne m'en sens pas d'aise. On finirait par s'énerver avec ces gens qui ne savent pas ce qu'ils veulent. Mais, puisque tout s'est bien passé, il vaut mieux rire de l'alerte.

A partir du Bahr Sara, ce n'est plus qu'une promenade. Nous nous sommes arrêtés à Manda, qui se relève à peine de ses ruines, depuis l'époque où les Niellim sont venus razzier. Les Noirs d'ici ont pu se rendre compte de ce que valait notre amitié, et, pour quelques années au moins, ils nous en garderont un peu de reconnaissance.

Bemouli, Balimba, le Bahr el-Azreg, défilent, et nous sommes à Fort-Archambault. Voici les cases, l'esplanade, le petit canon de campagne, et, tout à côté, la table en bois, très prosaïque, qui nous réunit chaque soir autour de la soupière. Ce n'est pas sans doute le confortable idéal, mais ce « chez soi » en vaut un autre.

Fort-Archambault.

Les bambins d'ici, comme les nôtres, s'ingénient à prendre les moineaux. Ils juxtaposent dans le sable des brins de grosse brousse, en les entre-croisant au sommet, de façon à construire une petite cage en forme de carène renversée. Ils ménagent en dedans deux compartiments dont l'étroite ouverture, placée à l'opposé de la porte, est garnie de petits prolongements intérieurs. Un couloir sépare les deux cloisons et conduit à la grand'-porte, que précède une haie évasée en entonnoir. On sème du grain jusque dans la cage, où les mange-mil pénètrent presque s'en douter. Une fois entrés, ils ne savent plus retrouver les issues, et les enfants accourus s'en emparent.

Avant de quitter Fort-Archambault, il me faut essayer de débrouiller un peu cette question des Sara ; la tâche n'est pas facile.

Depuis l'époque où Maistre signalait pour la première fois cette race dans le bassin du Chari, tout ce qu'on a écrit à son sujet a plutôt embrouillé le problème.

Ce terme de Sara me semble très suspect ; il ne peut désigner une nation qui, en réalité, n'existe pas. Il englobe des gens qui n'ont entre eux aucune ressemblance physique, comme les Dendjé et les Koumbra, par exemple ; d'ailleurs, il ne s'emploie jamais seul.

Les tribus paraissent enfin, à quelques exceptions près, fort peu flattées d'être appelées Sara : toutes se renvoient la désignation à la balle.

Si on recherche la signification que ce terme peut avoir, on est bien obligé de conclure à la fragilité des suppositions qui lui assignent une éthymologie arabe. Les Mulsulmans, en effet, connaissent les Sara sous des noms spéciaux.

Ils appelaient du nom général de Démi tous les Sara de la rive droite ; parmi ceux-ci, certains avaient encore des désignations plus spéciales : les Balabidja s'appelaient Tchinga; les Simmé, Rediña.

Un fait, à mon avis plus digne d'attirer l'attention, est l'uniformité de la langue parlée par les différents groupes ; or, dans cet idiome, on trouve le mot « Sara » pour désigner l'enceinte qui entoure les cases.

Dès qu'on quitte les pays Sara, les clôtures en paille ou en bois disparaissent. Faut-il voir là une simple coïncidence ? C'est possible ; mais la remarque méritait d'être faite ; d'autant plus qu'on peut établir un rapprochement identique à Ngara chez les Léto : Ngara, qui dénomme une région, désigne aussi dans la langue du pays l'enceinte dont on entoure les cases.

Les Sara de la rive droite appellent leurs homonymes de la rive gauche Sara Madjingaï, ce qui paraît signifier « sara bonnes têtes » ; par opposition à eux-mêmes, qui résistèrent toujours.

Les Niellim appellent leurs voisins les Teheng.

Quel est le terme exact? J'avoue que je n'en sais rien.

Reste la détermination d'un type dit Sara, ne s'appliquant qu'aux tribus de la rive gauche.

On peut les dépeindre sous les traits de noirs à peau plutôt claire, d'une taille approximative de un mètre soixante-quinze environ, ce qui les place au-dessus de la moyenne. Ils sont en général musclés, même épais, malgré que, dans la jeunesse, certains paraissent avoir un buste court et des jambes très longues, surtout à cause de leurs formes graciles.

Ils ont les reins cambrés et une tendance marquée aux grosses fesses, les femmes principalement.

Leurs traits sont souvent assez réguliers, parfois même agréables. Cependant, le nez reste gros, large, à base horizontale, quelquefois à peine épaté et mince. Les yeux sont bien fendus ; la bouche est grande, les lèvres fortes, le prognathisme peu accentué, le système pileux rare, et les cheveux crépus quand ils les conservent.

Mais ce qui caractérise les Sara entre tous, c'est la largeur de la tête ; quelques-uns sont même hyperbrachycéphales. Aujourd'hui qu'on connaît un peu mieux l'Afrique, on est moins surpris de trouver des nègres qui n'aient pas la tête étroite ; mais, chez les Sara, ce caractère est constant. Il s'exagère même tellement que nous nous sommes parfois demandé si la déformation ne serait pas le résultat d'un façonnement spécial du crâne du nouveau-né.

Même encore conservons-nous un doute. Nous avons

vu en effet, dans un village, un jeune captif Sara, à la mamelle. L'enfant portait sur le front un éclat de calebasse appuyé par sa convexité et maintenu par une bande serrée faisant plusieurs tours. Cet appareil ne pouvait avoir comme conséquence que de diminuer le diamètre antéro-postérieur, en donnant au vertex l'apparence piriforme, si fréquente chez les adultes.

Il est impossible cependant de se baser sur une seule observation ; aussi n'en tirerons-nous même pas matière à hypothèse.

Quant à la question de la taille, elle me paraît résolue. Jamais je n'ai vu chez les Sara, autrement qu'à l'état d'exceptions peu fréquentes, quelqu'un de ces géants dont nous a parlé Maistre.

Je crois sincèrement qu'il s'est illusionné. Venant des pays Banda, où la race est plutôt petite, il s'est laissé influencer par le contraste.

Reste la question de la localisation des groupes. Elle a évidemment peu d'importance si on accepte la désignation générale de Sara. Mais ce système me paraît condamnable, car on trouve dans l'ensemble de nombreux points qui différencient certaines fractions.

Je ne sais rien des Kobo et des Loulou.

Les Ndam ne font qu'un avec les Toumak.

Les Gouleï, qui n'ont rien de commun avec les Goula de l'Est, paraissent représenter un autre noyau étendu jusque chez Ngamisi.

Les Boungoul, les Nâr et les Bouna sont tout à fait à part ; la forme de leur tête est encore plus suspecte, et leur langage est bien particulier. Peut-être sont-ils les derniers survivants les plus purs d'un noyau ethnique primitif.

Les Ngama, à mon avis, ne peuvent être rangés parmi les Sara, à moins qu'on ne les envisage comme les représentants d'un peuple envahisseur ayant tout submergé, ce qui me paraît peu probable.

Ils ont comme voisins une tribu appelée Dagba, qu'on range aussi parmi les Sara. Je crois la chose contestable. Il y a, en effet, à leur sujet des confusions évidentes. On écrit leur nom Lagba, Lakpa, Dagba, Dakpa ou Dagoua : autant de façons que d'oreilles. Les Banda nous les avaient signalés sous le nom de Lagba, comme des voisins établis dans le nord.

Ils se trouvent sur la même latitude que les Ngama et les Léto ; peut-être serait-il plus juste de voir dans Dagba ou Dagoua une corruption de Ndokoa, nom d'un peuple ayant des affinités sérieuses avec les riverains du bas Gribingi.

En effet, les syllabes goua ou koa ne sont que la figuration défectueuse dans notre langue d'une diphtongue usitée dans les langues de là-bas, et dont le son pourrait tout aussi bien s'orthographier gbwa. Ce qui expliquerait facilement la déformation, car le changement de *l* en *d* et de *o* en *a* ou *vice versâ* est une chose banale.

Au nord de ces Dagba, sont les M'baï, qui sont voisins d'une tribu appelée par nous Baya.

Quant aux Sara de Fort-Archambault, leur cas est un peu plus clair. Ceux de Balimba s'appellent les Sara Djanaga. Mais ils sont des émigrés, provenant de la région de Daï, d'où ils furent chassés par les exactions du Baghirmi. La désignation du groupe qui les renferme tous est Sara Lak, ou Sara Lakà. Or, ils ont précisément pour voisine immédiate une puissante agglomération qu'on s'accorde à dénommer Laka : c'est un fait digne de retenir l'attention.

De tous ces rapprochements très superficiels, nous croirions imprudent de vouloir tirer une conclusion.

Mais il nous semble tout au moins étrange de rencontrer parmi les Sara autant de groupes dont les désignations patronymiques se rapprochent à un tel point de celles de leurs voisins.

Aussi ne serions-nous pas surpris qu'un jour ou l'autre on trouve des preuves irréfutables pour replacer tous ces Sara dans leurs peuplades originelles : les Dagba avec les Ndokoa; les Lak avec les Laka, les M'baï avec les Baya. Quant aux autres, ils ne m'empêcheront pas de dormir; je continuerai à croire que, parmi les Kaba, certains peuvent leur être très proches, d'autres absolument distincts.

Et, pour tranquilliser complètement ma conscience, je me persuaderai que je ne suis pas le seul à n'y voir que du bleu, ou du noir, si vous l'aimez mieux. Avant de pouvoir faire autre chose, les ethnologues ont encore le temps d'exercer leur plume et leur verve.

Mais c'est à l'ouest qu'il faut chercher.

Depuis hier, je travaille à calfater deux pirogues pour pouvoir descendre rapidement le Chari. J'ai eu beau dévaliser le magasin et réquisitionner les vieilles caisses à farine, je n'arrive pas à boucher tous les trous des écumoires, qui vont me servir d'embarcations.

Si mauvaises qu'elles soient, il faut cependant s'en contenter, car on n'en trouverait pas d'autres. Les indigènes en fabriquent fort peu, faute de beaux bois. Aussi celles qu'ils construisent sont-elles souvent des assemblages de planches mal cousues, entre lesquelles l'eau passe.

Les deux miennes sont pourries, et les clous que j'y enfonce y font autant de petits pertuis. J'en suis quitte pour installer mes bagages sur des échafaudages de bûches ; quant à moi, je me perche sur un tabouret, les pieds dans l'eau, mais le reste au sec.

A peine parti, ma pirogue embarque tellement qu'un boy et moi sommes obligés de nous relayer à l'écope ; la nuit arrive sans même que je m'en sois aperçu, tant nous sommes absorbés par notre intéressante besogne.

Ce matin, je m'en vais à pied par la rive gauche, en laissant filer la pirogue, qui n'ira pas plus vite que moi. Il y a beaucoup de gibier au pâturage, le long de petits marigots parallèles au fleuve dont ils dépendent. Par endroits, on trouve des quantités surprenantes de crottins de rhinocéros, sur lesquels je remarque d'innombrables tsé-tsés. Je n'ai pu me rendre compte de ce qu'elles viennent y faire. Mais c'est en contradiction avec les assertions de Foa prétendant qu'elles s'éloignent à l'odeur des excréments.

Nous avons fait fuir des gens, en train de préparer des lougans dans des friches.

Retourné aux pirogues lorsque la chaleur est devenue trop forte, je prends place à nouveau dans mon bain de pied flottant. Mais la situation est devenue grave : nous sommes menacés de couler bas. Il faut s'arrêter et chercher de l'argile pour mastiquer intérieurement les fentes.

Cet expédient nous procure un peu de répit, dont mes passagers profitent pour me faire mille misères. J'ai, en effet, embarqué avec moi « La Ferme », « La Jambe », ma genette et mon chat. Mes deux golos martyrisent les poules enfermées dans un couffin et taquinent « Poison », le chat, attaché à une ficelle en raison de son caractère maussade. Pendant que « La Ferme » me vole ma pipe, « La Jambe », ne se sentant plus de joie, m'arrose la tête. Mais ils sont tous les deux si drôles que je n'ai pas le courage de gronder.

Nous nous sommes arrêtés aux premiers bancs de cailloux, vers six heures, pour pouvoir nous mettre un peu au sec avant de nous coucher.

Après avoir navigué parmi les roches, jusqu'à l'endroit où le Chari redevient libre, je me suis fait débarquer pour faire un tour sur la rive droite. La berge est couverte d'une brousse d'acacias et de faux jujubiers, au travers de laquelle on circule sans trop de peine. Le sol est tapissé d'herbe verte; la rosée, qui la couvre de gouttelettes ténues, lui donne un aspect tomenteux, reluisant comme du velours d'argent: les passées fraîches d'animaux s'y détachent en sombre et sont belles à voir. Dans le nombre, je choisis des pistes de buffles. En les suivant, nous trouvons le cadavre d'un jeune faon, mort hier au plus tard des suites de ses blessures : un fauve l'a manqué, lui enlevant seulement une fesse; la bête est venue jusqu'ici mourir, épuisée par l'hémorragie.

Pendant que nous l'examinons, deux phacochères déboulent à la charge ; j'en tire un ; il roule, mais repart. Nous le suivons au sang. Génaga, qui marche devant moi, à une trentaine de mètres, se replie tout à coup, gris de frayeur. Il m'indique du doigt une masse sombre et me dit à mi-voix : « Ne tire pas, docteur, f..... le camp. » C'est un rhinocéros, et un beau. Nous sommes à contre-vent : je m'avance à quatre pattes jusqu'à une quinzaine de pas pour être sûr de mon coup. Autour de moi, pas d'abri : pas d'arbre, sauf des broussailles épineuses; pas même une termitière pour me dissimuler. Trois feuilles d'un petit palmier me cachent tant bien que mal. Je tire... et la bête tombe en faisant un grand bruit.

Alors seulement je comprends pourquoi Génaga ne voulait pas que j'y aille. J'ai mis par terre la femelle, mais le mâle est là. Je ne l'avais pas vu. Et le voilà furieux, qui tourne en faisant voler les touffes d'herbe autour de sa femelle râlant. Malheur! la voici qui se relève. Je les vois tous les deux face à moi : ils labourent le sol à coups de pattes et de cornes, dressent leur nez en l'air, cet horrible nez qui s'agite ; ils reniflent, ronflent, soufflent : la femelle envoie des jets de sang, dont des gouttelettes m'éclaboussent. Je pourrais bien tirer ; mais je n'ai pas eu le temps de refermer ma carabine, et maintenant j'ai peur. J'ai peur que le bruit ne leur indique ma place. Je suis à contre-vent, ils ne me sentent pas bien, et j'ai l'immobilité du marbre. Combien ce cauchemar a-t-il duré, je l'ignore ; toujours est-il que les deux monstres, brusquement lancés au triple galop, sont passés à moins d'un mètre de moi, filant en droite ligne, comme des boulets, sans souci des obstacles. J'ai senti le vent de leur course...

La femelle n'a pas été loin ; elle s'est abattue morte à deux cents mètres de là. Le mâle a continué, et je n'ai pas eu l'envie de le poursuivre.

Pour retrouver mes boys, autre histoire. J'ai beau appeler, personne ne vient. J'ai fini par les découvrir, aplatis tous les deux dans le fond d'une rigole. Ils avaient eu encore plus d'émotion que moi. Mais je serai désormais plus sage : car c'est, au fond, bien ridicule de risquer sa peau à la légère, sur une cartouche qui peut manquer son but. Une autre fois, j'écouterai davantage l'expérience des nègres, et, pour attaquer le rhinocéros, je me préoccuperai d'abord de m'assurer un abri.

Ceux qui n'ont jamais eu de ces émotions-là ont de

la marge pour faire la critique; mais ils ne connaissent pas le prix de la prudence justifiée.

Nous avons naturellement perdu beaucoup de temps; nous aurons du mal à rattraper les pirogues. Il est onze heures; le soleil nous rôtit tout vifs. La marche est pénible, et je n'avance guère vite. Vers deux heures, nous avons heureusement aperçu des piroguiers qui remontaient le Chari. Sur la promesse de quelques perles, ils ont consenti à me redescendre jusqu'à mon convoi, où nous n'arrivons qu'à quatre heures. « La Ferme » et « La Jambe » m'ont témoigné leur joie par une avalanche de cabrioles, qui se sont terminées juste dans l'omelette dont j'allais me régaler. Nous l'avons partagée en frères.

Nous avons croisé le convoi de Dujour, qui remonte prendre le commandement à Fort-Archambault.

Arrivés aux Niellim très tard.

Des lions ont rôdé cette nuit autour du bivouac.

J'ai profité de mon passage pour aller chercher des crânes de Banda sur le lieu du combat. Le Niellim qui m'accompagne voudrait absolument me conduire voir la croix, qui, pour lui, est la chose curieuse.

Buisson creux; j'ai trouvé seulement six crânes de Barma ou d'Arabes. C'est peu; c'est tout ce qui reste. Les longaus ont repris la terre : leurs sillons l'écorchent. L'herbe verdit, les fleurs poussent : c'est le printemps ici.

Derrière un palmier nain, grimace encore un vieux squelette : à notre approche, un lézard vert se faufile dans le trou du crâne, dont il a fait son logis.

Sur une grosse roche râpeuse, une vieille femme, nonchalamment assise, fume sa pipe et, brandissant une feuille sèche de doum, fait du bruit pour chasser les tourterelles peintes qui viennent picorer les semis.

Au campement, il fait une chaleur terrible sur le sable qui scintille et rougeoie comme du fer à la forge. L'air surchauffé monte en tourbillons tremblants et brouille tous les contours. Tout vibre. Les rochers des Niellim semblent se perdre au loin. Le paysage a vraiment un grand air : aux flancs de ces arêtes chaotiques de rocs éboulés s'accrochent des arbres rabougris, escaladant les cimes. De grands trous noirs marquent les cavernes dont nous n'apercevons que les gueules. On dirait qu'une montagne énorme s'est effondrée d'un seul coup, sous l'effort d'un déluge ; le cataclysme a balayé toutes les roches légères, ne laissant en place que l'ossature du mont.

Pendant que j'écris, « La Ferme » et « La Jambe », assis sur ma table, mettent en ordre mes papiers. Ils y ajoutent même quelque chose. Je veux me fâcher, mais « La Ferme » me fait « Ahh! Ahh! » en remuant les oreilles, en écarquillant ses yeux jaunes et en me montrant les dents : je n'ai qu'à me bien tenir.

Quelle nuit ! Bon Dieu ! Cieux étoilés comme l'étendard de l'oncle Sam ! Ah ! quelle averse !

Je ne sais au juste à quelle heure elle a commencé : entre dix heures et minuit. Je me suis levé ; j'ai vérifié mes piquets de tente, les amarres des pirogues, la bâche des bagages, et me suis recouché.

Patatras ! Pif ! Paf ! Boum ! Plan ! Flac ! ! ! C'est la tornade ; me voici enlevé, retourné, roulé, trimbalé avec tente, moustiquaire, fusils, malles, pliant, etc., etc. Bref, je me retrouve presque nu, enfoui sous un monceau de toutes sortes de choses, au milieu d'une flaque d'eau. Je hurle, j'appelle. A travers le fracas du tonnerre, j'entends enfin un faible : « Voilà moi », et me sens tiré par une jambe de dessous mes ruines. « Docteur, pirogues y en a fini couler! » — Ah! ça y est, c'est la guigne!

Et nous voici tous à l'eau pendant que la pluie nous aveugle, en train de repêcher à tâtons le plus que nous pouvons : heureusement, les pirogues ont coulé bas, sans chavirer, par petit fond.

Pas la peine d'essayer de les renflouer maintenant; la pluie les emplit à mesure qu'on les vide. Grelottant sous l'averse et transis, nous n'avons que la ressource de rester assis dans l'eau jusqu'au cou, avec une calebasse sur la tête. Ce n'est pas l'idéal; mais, au moins, nous ne sentons pas le vent et nous avons moins froid.

L'aube m'a surpris en train de rêvasser à une couche bien chaude, à des draps qui sentent l'iris et la verveine.

La pluie tombe fine et régulière; temps gris, ciel morose : on aurait volontiers le spleen si on en avait le temps.

Et nous reprenons le sauvetage des barques, pendant que « La Ferme », « La Jambe » et « Poison », unis par le malheur, au sein des tristes nuits, contemplent d'un air misérable nos efforts, que le succès couronne. Seule, ma petite genette s'est noyée.

Par ce temps-ci, je n'ai pas l'espoir de faire sécher les bagages, et nous nous remettons en route.

Pas gaie, la navigation. Il vente grand frais et le fleuve clapote d'une façon inquiétante; les pirogues s'emplissent; nous ne lâchons plus les écopes. Et nous louvoyons d'un bord à l'autre, ballottés, balancés, cherchant l'abri des berges.

Mes bêtes ont pris possession de mon pliant, où toutes trois, pelotonnées, se réchauffent, taciturnes.

En passant devant Niou, le vent reprend de plus belle ; nous filons vers la rive à grands coups de pagaie : c'est trop tard. Nous voilà encore une fois à fond ; mais nous sommes auprès de la berge, et. puisque tout est déjà mouillé, il vaut mieux encore que l'accident nous arrive aujourd'hui que plus tard.

Cette fois-ci, nous n'allons pas plus loin ; on installe les bagages sur la terre ferme, en attendant que le soleil se montre. Il n'est venu qu'après-midi, pour nous aider au séchage. J'ai boucanné tout ce que j'ai pu et étendu le reste.

Génaga inspecte avec une attention, peut-être excessive, les débris de ma pacotille : quelques couteaux, un petit sac de perles, deux ou trois glaces et de menus bibelots. Cet inventaire l'intéresse.

Les dégâts sont irrémédiables : tout ce que j'avais de vivres est perdu : pâtes, vermicelle, thé, farine, allumettes. C'est un nouveau désastre. J'ai heureusement laissé à Fort-Archambault mes collections. Tous, exténués de fatigue, nous cherchons le repos dans le sommeil.

Au réveil, j'ai eu une surprise désagréable : Génaga est parti, emmenant une pirogue, un fusil et tous les bibelots d'échange qu'il a pu ramasser. Il a même débauché Yabanga, sans doute pour lui servir de boy en route.

C'est bien fait pour moi. Cela m'apprendra à m'intéresser à des gens qui n'en valent pas la peine. Quand j'ai pris Génaga, il sortait de prison pour vol. Il avait été élevé à la Mission catholique, et, comme il manifestait du repentir et témoignait de ses bonnes résolutions, j'avais cru pouvoir le remettre dans le droit chemin. Je paie cher ma naïveté, mais, cette fois, je serai sans pitié.

Après une heure de recherches, nous retrouvons sur l'autre berge la pirogue que les fuyards ont abandonnée. Ils se dirigent sur les Niellim : c'est bon. Je donne au chef de Niou un papier qui arrivera à Fort-Archambault avant mes voleurs, et en route.

Mais nous n'avançons pas vite, car il faut changer de pagayeurs à chaque village.

Nous laissons à droite Koalem, puis Palemé, habités par des Niellim. et à gauche Kouno, où j'ai le temps d'aller jeter un coup d'œil sur le champ de bataille. Il y a encore de nombreux ossements dans la brousse pour témoigner de l'acharnement du combat.

Vers le soir, nous avons croisé deux baleinières vides qui remontaient. L'occasion est trop belle ; j'en arrète une pour m'y installer avec mes charges. Je serai sûr au moins de ne plus chavirer.

Quelque temps après, nous abordons à Gôry, où se trouve par hasard le sergent Lefebvre, venu pour inspecter le troupeau de bœufs que l'autorité a confié aux Indigènes.

Grâce à ce brave camarade, la soirée se passe plus gaîment que la précédente.

Ce matin, Lefebvre repart avec moi pour Damraou, son poste, qui est à quelques heures de pirogue en aval. En route, nous avons laissé Damter sur la rive gauche. C'est un point important, car il est réclamé par nous et les Allemands, à qui nous l'avons laissé par politesse.

A Damter, en effet, le dixième parallèle coupe le

Chari ; c'est la limite entre les territoires français et le Bornou allemand. Comme on n'a pas relevé le point géographique, nous avons peut-être eu tort de céder ; mais l'affaire n'avait pas beaucoup d'importance, car la plupart des gens de Damter nous ont suivi de l'autre côté.

A Damraou, nous sommes chez une peuplade nouvelle, les Sarroua, qu'on aurait peine à distinguer des Ndam, leurs voisins, s'ils ne parlaient une langue différente.

Ces gens ont une histoire assez confuse. Ils font partie du grand groupe des Somré. Quelques voyageurs écrivent Sonraï, et, se basant sur l'analogie des noms, prétendent qu'ils peuvent descendre des Songhaï du Niger. Quoique surprenant, le fait est possible, si l'on songe qu'au temps de sa splendeur l'empire Songhaï s'étendit jusqu'au Tchad.

Pour ma part, je m'en tiens au terme de Somré. Ces gens habitaient jadis les deux rives du Chari. Lorsque les Boulala fondèrent le Baghirmi, ils entrèrent en lutte avec les peuplades riveraines.

Battus après une guerre très rude, les Somré se divisèrent en deux groupes : la fraction des Sarroua qui accepta la domination Barma resta sur ses terres. Les autres, répondant au nom de Somré, se répandirent sur la rive gauche jusqu'au Logone. Actuellement, ces deux groupes occupent les régions de Mannara, où réside leur chef national, Bellaï, Djimir, Mbarangna, Mongalo, Nigi, Moutou, Kériboé, Mâdjim, Habanga, Goura, Boubour, Tabé, Koadmé, Moutoumigi, Balé, Taoraga, Siémaga, Moukoumo, Gama, Lodjor, Gôry, Masigna, Ouadaê, Ngoudougou, Koabélag, Maébou, Tiatiérag, Thiokto, Dorséa et Koanghé. Cette dernière localité a fait créer à Nachtigall une tribu spéciale qu'il a baptisée du nom de Koang. Il faudrait enfin rattacher aux Somré un petit groupe très vague, celui des Déri, autour de Damter, presque complètement détruit par Raba. Les gens de Damraou, et même de Gôry, en faisaient vraisemblablement partie.

Le seul détail qui les singularise est un artifice de toilette. Ils portent toujours le tablier de peau postérieur, mais ils le font repasser par devant et l'attachent à la ceinture au niveau du nombril, si bien qu'ils semblent avoir un caleçon.

Pour me reposer, je suis resté à Damraou un jour de plus. J'y ai été rejoint par M. Grech, l'officier interprète, qui descend à Fort-Lamy. Mais il ne fait que passer et me laisse en partant de quoi réparer la perte de mes vivres.

Grâce à Lefebvre, j'ai pu prendre quelques mensurations et recueillir le vocabulaire. Puis on a refait les malles et rechargé la baleinière pour repartir le lendemain.

Maintenant, nous naviguons à merveille. La baleinière s'échoue bien de temps en temps, mais c'est sans importance.

J'ai donné « La Jambe » au sergent ; mon pauvre « La Ferme » en est tout triste, « Poison » aussi, mais cela ne lui coupe pas l'appétit. Ce chat est décidément plein de mansuétude, excepté quand il mange : il m'a déchiré une markoub (1) d'un coup de dents ; et je n'en ai plus d'autres.

Nous venons de traverser un banc de poissons en révolution ; c'est le moment du frai ; à l'embouchure

(1) Chaussure arabe en filali.

des marigots, leurs troupes sont en nombre invraisemblable. Les crocodiles, très nombreux aussi, leur font une chasse acharnée. Les hippopotames abondent également dans ces parages.

Nous avons dépassé sur la droite la naissance d'un bras intermittent du Chari, le Bâ-Ergig ou Bata Lahiri, qui va à Tjekna et rejoint le fleuve en aval de Mandjafa.

Cette nuit, la tornade nous a épargnés, mais les éclairs n'ont pas fait de trêve ; ces lueurs aveuglantes qui jaillissent de tous les coins du ciel ont une beauté féerique : la grandeur imposante du spectacle vous étreint et vous écrase.

Les grenouilles ont mené sans répit un tintamare épouvantable ; on se serait cru à la fête de Neuilly, pendant que trombones, basses et ophicléides annoncent les parades.

Pour me dérouiller les jambes, je suis la baleinière sur la berge. Mais c'est toujours pareil. Mes hommes, à bord, ont de la viande qui empeste ; pour la leur faire jeter, j'ai tué une antilope. Maintenant que j'ai l'expérience, je n'en rate plus très souvent : il suffit d'un peu de patience. Les premiers temps, on court, et bien des fois on n'a pas la pièce. Si on manque son coup, le meilleur est de ne pas bouger. La bête s'échappe, fait 100 mètres et s'arrête pour regarder d'où est venue la détonation. Il ne faut pas broncher ; l'animal rassuré se remet au pas et s'en va d'une allure tranquille. On le suit à quatre pattes, et on l'abat cent pas plus loin.

Revenus à bord, nous sommes passés vers trois heures, devant Maadjito, le premier village Barma que nous ayons rencontré jusqu'ici.

Stoppé à la brune. A peine débarqués, des hippopotames sont venus secouer la baleinière qui les gênait pour aller à terre pâturer. J'ai dû en blesser un sérieusement, car ils ne sont pas revenus.

La nuit a encore été écourtée par une tornade. Tant que la lune n'aura pas changé, cela sera notre rente ; heureusement, le quartier décroît, et chaque nuit la tornade retarde ; nous finirons bien par l'avoir dans la journée.

Parti par la rive gauche avec la fraîcheur. La brousse est très épaisse, mais la végétation change ; les grands palmiers sont plus nombreux. Les fourrés sont tellement touffus que je n'ai pas vu grand'chose ; en revanche, j'ai trouvé des empreintes de félins larges comme des assiettes.

Nous avons traversé les ruines d'un gros village, ruines assez anciennes, dont il ne subsiste que des fragments de murailles circulaires en terre battue. Un tapis d'herbe épaisse, émaillé de fleurettes, les dissimule et les noie dans un lavis des verts les plus tendres. C'est un des vestiges des passages successifs du conquérant Raba.

J'ai dû courir pour rejoindre la baleinière, que les pagayeurs Yacoma poussaient à fond de train, dan l'espoir de rejoindre l'hippopotame d'hier soir ; le courant l'a sans doute drossé dans quelque coin. Ils ne mourront cependant pas de faim. J'ai beau leur tuer chaque jour de la viande fraîche, ils lui préfèrent celle que des vers habitent.

Beau temps, mais vent debout. Pas mal d'échouages. Sur les rives, des oies, des canards, des cigognes, des hérons, des marabouts en files indiennes, quelques aigrettes. Le lit du fleuve est très encombré d'arbres fichés dans des bancs de sable qu'on devinerait à peine.

Arrêté à sept heures, le vent fraîchit : nous aurons encore la tornade.

Elle n'est venue qu'à trois heures. Réveil en campagne ; ma tente s'est envolée, mais j'ai pu en sortir à temps.

Nous nous sommes réfugiés sous la bâche qui couvre les bagages dans la baleinière, et nous avons passé là le reste de la nuit. Aussi les hommes sont-ils incapables de bouger ce matin. Ils font peine à voir ; c'est moi qui suis obligé de leur allumer du feu pour qu'ils se réchauffent avant de partir.

A dix heures, nous nous sommes arrêtés pour vider l'eau de la baleinière, que la pluie de cette nuit a remplie.

Comme le fleuve fait de grands coudes, j'ai coupé au travers de la brousse et failli me faire éventrer par un vieux kob que j'avais abattu. Je le croyais mort, il s'est relevé quand j'arrivais à lui et s'est jeté sur moi, tête basse. Je n'ai eu que le temps de lui empoigner les cornes pendant que je hélais un Yacoma resté en arrière. Quand le nègre est arrivé, j'étais à bout de force ; mais un coup de coutelas bien appliqué m'a tiré d'affaire.

La viande embarquée, j'ai repris ma place à bord, et vers quatre heures nous atteignions Bousso.

Ce n'est pas très joli, Bousso ; mais j'y fais séjour, car j'ai besoin de sécher mes bagages. A vrai dire, mon inventaire est vivement fait. Ces catastrophes successives m'ont singulièrement allégé. A présent, je ne sais plus comment faire pour emplir mes malles. Raison de plus pour ménager mon reste.

Une découverte que j'ai faite récemment m'a un peu

contrarié. Ma ménagerie s'est augmentée à mon insu d'un nombre infini de petites bêtes qui ont élu domicile dans mes vêtements. J'ai dû faire ces recrues en mensurant les indigènes. Ce sont les petits bénéfices du métier. Je les confie sans regret à une lessive au formol. L'effet est merveilleux. En rentrant, je prendrai un brevet.

Pour passer le temps, j'ai d'ailleurs continué à mensurer les gens. La race est nettement différente; elle est moins belle que celle des Niellim, mais elle est plus affinée. La physionomie est plus intelligente, plus sympathique. La tête est étroite, le visage plus ovale, les yeux parfois un peu bridés dans les coins ; les pommettes sont encore un peu fortes. Il y a aussi pas mal d'individus avec des nez droits et fins et des lèvres plus minces.

La stature surtout s'est allégée. Mais on a néanmoins l'impression d'un mélange très intime de plusieurs types, ce qui n'est pas surprenant.

Les femmes, principalement, ont un aspect qui déroute. Elles me semblent presque toutes jolies, tant elles sont différentes des Sara ou des Niellim. Elles ont surtout des yeux d'un velouté délicieux : c'est l'œil de biche.

Bien drapées dans une pièce d'étoffe qui les enroule, elles ont une allure plus souple, plus ondulante, un peu plus de ce que nous apprécions de la grâce féminine. Quelques-unes ont des pantalons.

Les hommes aussi sont vêtus : ils ont un pantalon qu'ils appellent *serroal*, preque le nom arabe, et un boubou à manche, appelé *tobé*. Ils se balafrent la figure de longues cicatrices multiples, très peu marquées, tenant les tempes et les joues ; elles se rapprochent du tatouage des Niellim et rappellent un peu celui des peuplades nilotiques. Ils y ajoutent trois scarifications sur chaque pommette, trois à la racine du nez, trois autres au-dessus de chaque œil ; ils ne s'abîment plus la bouche.

Le village, lui aussi, n'a plus le même aspect. Nous sommes entrés dans les pays secs : la terre prend une place dominante dans l'architecture.

Mais je n'ai pas eu le temps de tout inspecter : ma revue de bagages était trop absorbante.

Un peu reposés, nous reprenons la descente. J'emmène avec moi un sergent européen souffrant, qui s'en va à Fort-Lamy. Avec un compagnon, la route semblera moins longue, d'autant plus qu'à une ou deux exceptions près ces braves garçons font tous honneur à l'arme.

Les rives du Chari sont plus peuplées à partir de Bousso. C'est maintenant une grande rivière, malgré ses eaux peu profondes. Où les berges sont basses, le fleuve a parfois près d'un kilomètre de large, mais partout ailleurs, guère plus de 500 mètres. C'est bien le fleuve soudanais dans toute sa splendeur, paresseux et lent. Il se vautre sur la vase, s'endort sur des bancs de sable, ou vagabonde sur ses berges. Il n'a pas l'air pressé d'arriver à son but.

Ce n'est pas comme nous. Mais les échouages nous ralentissent.

Vers midi, nous avons abordé au village de Lafana, où j'ai trouvé tous les pagayeurs Yacoma d'une baleinière en maraude : à Fort-Archambault, on doit les attendre avec impatience pour renvoyer du ravitaillement. Cela leur est bien égal. Mais, comme les gens se sont plaint, j'ai dû faire restituer tout le produit des vols. Ce mot est peut-être inexact. Ils ne prennent pas ; ils se font donner de force. Pour eux, la différence est grande : mais je n'ai pas le temps de leur démontrer leur erreur ; ils ne la comprendraient d'ailleurs pas.

A Lafana, c'est une femme qui commande. Le cas n'est, paraît-il, pas isolé. Généralement, c'est un privilège dû à la naissance ou à une alliance avec un personnage important : sa veuve lui succède après investiture officielle du sultan. La sultane d'ici fut mariée à un frère de Gaourang : à sa mort, elle a conservé le commandement honoraire, car elle est assistée d'un subrécargue directement nommé par le sultan.

La population de Lafana a fait naître une erreur ethnographique assez curieuse. On appelle les gens des M'bio : et d'aucuns en ont fait une race spéciale. Or, ce sont simplement des Kanouri du Bornou, émigrés en colonies, comme on en retrouve dans d'autres régions du Baghirmi, surtout du côté de Tchèkna, la capitale. Le nom de M'bio leur a été donné par les Barma.

Repartis par une chaleur terrible, nous filons bon train pour arriver à Mafaling avant la nuit.

Rien à signaler, car on ne voit rien, sauf les berges qui sont taillées à pic et hautes de 6 à 8 mètres.

Arrivés très tard.

Le chef de Mafaling nous a fait un accueil très cordial et donné l'hospitalité dans une case confortable, que des indigènes ont évacuée sans aucune mauvaise grâce. J'avoue que la perspective de coucher au sec me remplit d'autant plus d'aise qu'il éclaire sans répit et que la tornade s'annonce avec certitude.

En l'attendant, je me dirige vers un coin où l'on doit danser, car de ma case j'entends le tam-tam. Les éclairs font les frais d'un éclairage presque ininterrompu. On se croirait dans un salon, tellement tout le monde est correct.

Au milieu du cercle des spectateurs battant des mains, deux couples se font vis-à-vis. L'un reste immobile ; l'autre, placé à quelque distance en face, exécute la figure. L'homme, la main haute, conduit sa cavalière du bout des doigts. Elle, tenant dans chaque main les extrémités d'une pièce d'étoffe qui lui fait comme un grand châle, s'avance en minaudant avec un maintien plein de grâce, de décence et de retenue. Tous deux progressent à tout petits pas sautillants, rythmés par la batterie des tam-tam. A mesure que le couple s'avance, la femme, comme vaincue par un charme attirant, mime discrètement l'expression d'une ardeur langoureuse : elle s'abandonne, ouvre les bras pour l'étreinte. Mais, lorsqu'elle arrive presque au contact du mâle qui, immobile, attend, elle referme brusquement les bras, croisant son châle sur la poitrine, et recule tête basse précipitamment, comme si un dernier remords lui faisait redouter l'avant-dernier outrage.

C'est sobre et de bon goût, pas choquant, très discret, presque chaste.

Mais la tornade, qui éclate brusquement, disperse l'assistance. C'est une fuite éperdue et bruyante, sous les grosses gouttes de pluie qui battent la terre et les seccos. Avant de retrouver ma case, j'étais déjà trempé.

La pluie n'a pas cessé ; l'entendre tomber pendant que j'étais au sec m'a fait passer une nuit délicieuse, malgré une petite gouttière qui me ruisselait par moment sur le nez : j'en ai été quitte pour m'enfouir la tête sous la couverture.

Au départ, ce matin, j'ai pris le chemin de berge, afin de traverser le village, où beaucoup de choses sont nouvelles pour moi.

Il fait à peine jour, mais tout le monde est déjà debout. A côté des cases, sur de petites aires battues et sablées, des hommes, très graves, font leur Salam, la face tournée vers La Mecque. Une voix qui sort de je ne sais où, gutturale et perçante à la fois, lance vers le ciel des : « Allah ! Akbar ! » répétés. Quelques femmes font, elles aussi, la prière. Mais le plus grand nombre descendent en longues files vers la rivière y puiser de l'eau ; des bambins tout nus et des fillettes les accompagnent, chacun portant jarres et calebasses, avec des gestes arrondis à tenter un sculpteur. Le beau sexe est vraiment mieux ; ma première impression était la bonne. J'en ai la preuve en regardant les aïeules ; certaines ont encore des restes convenables ; c'est un contraste violent avec les pauvres vieilles horreurs des pays fétichistes.

La coiffure des femmes n'est cependant pas jolie : on dirait qu'elles ont sur la tête la moitié d'un cantaloup. Les cheveux, soigneusement graissés et cirés, sont réunis en six ou sept grosses nattes très serrées, allant, comme des méridiens, du front jusqu'à la nuque ; les deux nattes périphériques passent au-dessus des oreilles et se joignent chacune à une natte médiane. Sur le front, elles s'avancent en visière. D'autres préfèrent des nattes toutes petites, mais leurs dispositions restent les mêmes. A vrai dire, ce n'est pas absolument laid ; cette coiffure même s'harmonise bien avec certaines faces un peu larges.

Mon passage effarouche toutes ces dames, qui pressent le pas en rajustant la fente de leur ferdah. Mais, comme les ruelles sont tortueuses, elles me voient trop tard pour prendre un biais.

Le village est découpé en damier. De vastes enceintes en seccos limitent des quartiers assez inégaux, comprenant en moyenne vingt à trente habitations particulières; les unes sont isolées, d'autres accouplées et ceintes d'un secco spécial.

Entre les clôtures de quartiers serpentent des chemins étroits, jonchés de paille semée par la tornade. Les cases sont assez différentes : quelques-unes ont des murailles en terre; les autres, les plus nombreuses, sont en paille. Les moins soignées rappellent, en plus grand, l'architecture Dendjé. La carcasse est faite de longues branches fichées solidement en terre, puis légèrement courbées et réunies toutes ensemble au sommet. Un secco circulaire entoure la base, en ménageant une porte; la toiture est en chaume. On les appelle « boàli ». Ce sont les cases de captifs ou des gens de peu; elles sont globuleuses, boiteuses et n'ont pas belle apparence.

Les autres, au contraire, rappellent extérieurement plutôt celles des Niellim ou des Toumak. Elles ont un grand mât central terminé par une fourche. Sur cette fourche s'appuie une ferme unique, formée de deux grosses branches. La base du toit est circonscrite par un gros rouleau d'herbe. De cette base jusqu'à la ferme centrale courent des chevrons solides, très régulièrement disposés. Par-dessus, on tresse une première couverture en paille, recouverte elle-même par un chaume en échelons. La forme du toit est conique.

La porte tient toute la hauteur de la muraille en secco; un homme de taille moyenne y passe facilement en courbant la tête. On la ferme à l'intérieur par un grand secco mobile.

Ce sont, en somme, des constructions assez propres, confortables et spacieuses, car elles ont environ 3 à 4 mètres de diamètre.

J'ai fait à pied toute la route jusqu'au village de

Kiao ; elle n'est pas désagréable : des cultures, des clairières, des bandes boisées, des échappées sur la rivière varient le paysage. Mais très peu de gibier le long de cette piste assez fréquentée.

J'ai seulement aperçu quelques kobs avant d'arriver à Kiao, dans une région un peu marécageuse, auprès du village, vers onze heures.

J'ai traversé Kiao sans m'attarder, car la chaleur m'a fait mal. J'ai rejoint la baleinière, arrivée à peine une demi-heure avant moi. « La Ferme » et « Poison » faisaient leur partie journalière, sans avoir l'air de trouver le temps long.

A sept heures, nous avons abordé au pied d'un petit village appelé Goda ou Kola.

Ce matin, je me ressens encore de la journée d'hier. Tué une aigrette bien en plumes et un marabout qui me fait regretter ma cartouche.

Vilain temps, gris, triste, lourd et pesant ; il fait très humide ; on est tout visqueux et gluant. Mon camarade, le sergent, en est aussi tout mal à son aise. Pas le courage de travailler.

Vers midi, nous dépassons Baïngana, qui semble considérable : il y a deux agglomérations à peu de distance. La chaleur devient étouffante. Poison en a des convulsions, dont je le tire à grand'peine. Je crois que c'est de la constipation, le veinard ! Si seulement je pouvais en avoir autant ! Bref, il reste dans un état d'abrutissement dont « La Ferme » lui-même ne réussit pas à le tirer. Aussi, de guerre lasse, va-t-il s'asseoir dans ma caisse à papiers, que, par mégarde, j'ai laissée ouverte : il s'y soulage copieusement, regarde avec intérêt les méandres des rigoles et les lèche en faisant des petits dessins. Ce n'est certes pas la soif qui le pousse : il y a quinze jours que nous sommes dans l'eau. Satisfait, il va s'asseoir sur le chimbek, et nous signale du même coup toute une bande de ses congénères, à qui il envoie le bonjour en harmonieuses roulades : les rustres se sauvent et ne répondent même pas.

Vers cinq heures, je suis descendu sur la berge pour chasser des insectes au fauchoir ; trouvé quelques petites choses. A sept heures, le temps menace ; on s'arrête.

La matinée s'est passée sans incidents. Le fleuve a maintenant près d'un kilomètre de large. A partir de midi, les villages se succèdent à de courts intervalles.

La rive française est la plus peuplée. Nous passons les groupes de Mondo, de Banglama, puis de Balendjéré.

A cinq heures, nous abordons à Tidengé, sous la menace d'une tornade. Elle éclate, mais nous sommes à l'abri. Ces cases du Baghirmi sont vraiment excellentes. Celle que j'occupe aujourd'hui a des murailles en terre. C'est un troisième type, bien mieux construit que les précédents.

On circonscrit une circonférence de 4 mètres de diamètre. Ceci fait, on pétrit de l'argile, qui ne manque pas au Baghirmi. On en fait de grosses pelottes qu'on maçonne sur 20 centimètres d'épaisseur. On ménage une porte rectangulaire un peu étroite, dont la partie inférieure ne touche pas le sol. Les murs sont toujours légèrement inclinés en dedans, moins peut-être par maladresse que pour mieux supporter le toit. Le pied du mur est renforcé en bas intérieurement d'un stilobate de 25 centimètres de haut sur deux d'épaisseur ; la crête est garnie d'un gros cylindre en paille. On construit le toit sans l'appuyer sur un mât. Faute de bois assez fort, on réunit des baguettes flexibles en deux solides faisceaux, qu'on courbe en arcs de cercle. On les pose comme des fermes sur la crête du mur, suivant les diamètres perpendiculaires.

Sur ce ceintre, on installe d'autres chevrons plus légers, courbés en arceaux concentriques, dont les sommets répondent aux quatre rayons constitués par la charpente principale.

Cette membrure, construite avec soin et symétrie, est assez harmonieuse. On la consolide parfois par quelques traverses placées les unes au-dessus des autres, suivant des cercles de plus en plus petits.

Par-dessus, on tresse le toit en secco, recouvert lui-même par du chaume en échelons. Pour rendre ce dernier plus imperméable, on soulève parfois deux échelons ou trois en mettant au-dessous des rouleaux de paille. Le toit a l'air alors d'un jupon à volants. La forme générale en est presque hémisphérique, avec un léger aplatissement au pignon.

L'aire de la case est en contre-bas d'environ 30 centimètres. Pour entrer, on descend donc une marche. L'intérieur est séparé en deux parties presque égales par le « ngòpa », haut et long secco qui rejoint le mûr du côté de la porte, mais laisse un passage à l'autre extrémité. Le compartiment comprenant la porte sert de cuisine, de salon, de hangar et de poulailler. L'autre chambre, très obscure, sert de grenier, de chambre à coucher et d'étable : les cabris sont attachés sous le lit.

L'obscurité m'empèche de continuer les inventaires. Mais il y a encore beaucoup de choses à noter.

Le sergent me dit qu'aujourd'hui c'est dimanche : je ne m'en serais jamais douté. On en profitera pour faire la toilette des fusils pendant la route.

Pas mal d'échouages. Quelques hippopotames, dela tsé-tsé, du gibier d'eau. Toujours très peu de monde sur la rive allemande.

Depuis plusieurs jours, nous rencontrons assez souvent des gens qui déménagent : ils ont posé, sans le démonter, le toit de leur case sur une pirogue ; les seccos sont en gros rouleaux ; le mobilier en vrac avec toute la famille. Ces déménagements sont bien fréquents. Mais, en rapprochant ces faits de certains indices très nets, recueillis dans les localités où l'on passe, on arrive à soupçonner un malaise général de toutes ces populations. A plusieurs reprises, en effet, des gens sont venus me porter leurs doléances. De la rive allemande, beaucoup sont passés chez nous.

D'autre part, les ruines innombrables qui parsèment les berges prouvent qu'auparavant tous les villages étaient construits en terre. Aujourd'hui, au contraire, les cases en terre sont rares ; celles en paille dominent. Et ce sont des cases démontables qu'on transporte à son gré n'importe où, comme nous le voyons faire chaque jour.

On a l'intuition que toute la population n'est pas encore fixée ; elle flotte. Elle flotte entre deux administrations, entre deux impôts. Quand ils paraissent trop durs d'un côté, on passe sur l'autre berge. Il semble que les gens ne sont pas absolument sûrs que nous maintiendrons notre occupation. Ils doutent. Plusieurs fois déjà, d'aucuns m'ont demandé si nous resterions ici ; d'autres s'enquièrent des motifs qui nous ont fait abandonner Damter, Kousri, tout le Bornou. Ils ne comprennent pas : ils doutent. Ils craignent que leur trop grande soumission envers nous leur attire des représailles après notre départ, non pas de la part des Allemands, qu'ils ignorent presque tous, mais de la part du conquérant noir qui nous succédera.

Vers sept heures, nous passons devant Hanko. L'après-midi, les pagayeurs nous signalent le débarcadère de Molla. Puis, vers six heures du soir, les prodromes de la tornade quotidienne nous surprennent au passage d'Andjia. Tout le monde débarque. Bon accueil.

Devant la case où l'on m'installe, se dresse un gros ficus. Ses branches sont chargées de nids de hérons, tous revenus au gîte. Le chef me les montre en insinuant qu'ils sont excellents.

En quelques cartouches, je lui en procure une dizaine, et me voici du coup tout à fait apprécié.

Je profite de ces bonnes dispositions pour m'introduire dans quelques intérieurs. Les familles sont très nombreuses. En général, les cases ne sentent pas bon. On y renifle une odeur de cuisine très pénétrante, mêlée au parfum du poisson sec et à des senteurs d'écurie. Malgré l'encombrement, il y règne un ordre relatif.

Ce qui frappe dès l'abord, c'est l'utilisation de la terre dans la confection du mobilier. Une masse d'argile rectangulaire, collée contre le mur, haute d'un mètre, longue d'autant et large de 80 centimètres, fait saillie dans la chambre d'entrée. Elle sert de console; mais, à l'heure de la sieste, elle fait un lit très frais; elle ressemble, en somme, aux divans en maçonnerie des villages arabes.

A côté, et toujours en argile, est collée contre le pied du mur une logette rectangulaire, basse et étroite, où sont rangés les ustensiles. On l'appelle « got kaké kolé », ou place aux marmites.

En continuant, on trouve le fourneau, également en terre glaise; les formes en sont très variées, mais se ramènent à deux : le pied du mûr est garni d'une plaque protectrice, épaisse de 10 centimètres, haute de 20, rectiligne, de longueur variable; ou bien cette plaque isolatrice est en accent circonflexe, dont le sommet touche le mûr. En avant, à 10 centimètres d'écart, se dressent de petits piliers en argile de même hauteur que le bord supérieur de la plaque ; suivant la longueur de celle-ci. il y a quatre ou cinq petites colonnes, rarement plus. Les marmites sont posées sur le sommet de deux piliers et sur le bord de la plaque ; le bois se met en dessous.

Le deuxième dispositif, plus compliqué, a vaguement la forme d'un trou de serrure : c'est un cylindre creux en argile, toujours collé contre la muraille. A sa partie antérieure. le cylindre n'est pas fermé ; il est prolongé par deux bourrelets assez longs, laissant entre eux un couloir large de 15 centimètres. Pour rétrécir cet espace, les faces des bourrelets présentent à l'intérieur des renflements qui se font face ; la marmite est posée dessus, le bois est mis dans le couloir ; la partie creuse du cylindre sert de cheminée d'appel.

Pour mettre le mil en réserve, les Barma emploient des jarres en terre sèche de deux formes. Les unes ressemblent à de longues amphores sans anses, hautes de 2 mètres, et percées près de la base d'un trou fermé par une bonde, pour pouvoir retirer le grain. Les autres sont ovoïdes et pansues, moins hautes, mais plus larges ; les couvercles sont eux aussi en terre.

Quant au lit, appelé Dôsé, il est caché derrière le Ngôpa. Il consiste en une vaste plate-forme en rondins, tenant toute la pièce. Ce lit est élevé sur des pieux à plus d'un mètre du sol. Les bêtes couchent dessous, la famille dessus.

Pour compléter le mobilier, on trouve presque toujours un pieu fourchu, où pend du poisson sec : c'est le garde-manger. Il y a l'assortiment habituel de poteries et de calebasses. Puis, tous les bibelots qu'on trouve chez tous les noirs. Ils n'ont rien de spécial et ressemblent à ceux rencontrés partout jusqu'ici : sagaies, filets, paniers, pilons, mortiers, plats, etc., etc... Cependant la fabrication des nattes n'est plus pareille. On se sert de lanières découpées dans des feuilles de palmier ; les nattes sont faites de bandes longues et étroites accollées entre elles. Il y a davantage aussi de fuseaux garnis de coton, quoiqu'il ne faille pas croire qu'on en trouverait des balles. Enfin les harpons à poissons ont la forme d'une fourche à deux branches.

En voici assez pour ce soir. Allons essayer de dormir pendant qu'il pleut, pour changer.

A quatre heures du matin, j'ai trouvé le chef à ma porte. Il venait me demander de lui tuer un marabout pour se faire un éventail avec les palettes. Rien de plus facile, il y en avait au moins cinquante sur le sable, à la lisière de l'eau.

On file. Les échouages se succèdent.

Vers neuf heures, chasse mouvementée : nous apercevons à gauche, sur des bancs de sable, des chiens poursuivant une femelle de kobus. Elle vient sur nous ; je me fais descendre et lui traverse d'une balle l'arrière-train. La bête se jette à l'eau et se couche. Le Yacoma qui est avec moi se précipite en même temps que les chiens, m'empêchant de doubler. Éperdue, l'antilope gagne l'eau profonde et résolument tente de traverser. Au galop, je regagne la baleinière pour la suivre, mais elle a beaucoup d'avance. Arrivé sur l'autre rive, l'animal ne peut se mettre complètement sur pieds, et nous l'avons sans peine. Pendant tout ce temps, les indigènes, qui suivaient leurs chiens, apparaissent et la trouvent mauvaise. Je leur fais crier de s'approcher pour qu'on partage. Mais, — est-ce crainte ou dépit ? — ces sauvages s'en vont sans rien vouloir entendre. Les Yacomas jubilent.

Le marmiton, tout entier à ce spectacle imprévu, a laissé brûler la cuisine. « Poison », effaré par les coups de fusil, s'est enfoui sous les bagages, et « La Ferme », profitant de l'inattention générale, a été tremper ses mains dans tous les pots : il est sur le chimbek entrain de se lécher les doigts, tout en suçant le rôti.

A midi, nous sommes arrivés à Mandjafa, où je trouve mon camarade Denuel très fatigué et malade. Cette circonstance nous permettra de nous arrêter pour nous reposer, nous aussi, et cela ne sera pas du luxe.

Mandjafa est encore un gros centre, malgré les ravages de Raba. Il subsiste des vestiges imposants d'une sorte de camp retranché. On retrouve l'enceinte, qui, sur trois faces, unissait les unes aux autres des habitations en pisé, solides. Elles sont construites en blocs de terre empilés, mêlés de fragments de poteries ; quelques-unes portent des traces de crépissage. La quatrième face du camp est formée par la rivière, coulant à 6 mètres, au pied d'une berge à pic.

Dans le camp, on constate que beaucoup de cases étaient de forme cubique, à la mode arabe ; les Barma les appellent kaôza.

Aujourd'hui, Mandjafa s'est reconstruit à côté. C'est un joli village dont l'aspect n'a rien de saillant. Un chef y commande, placé là par Gaourang : il porte le titre de kasselmâ.

Le fonctionnaire actuel a une histoire sur laquelle je ne suis pas tout à fait renseigné : il fut au service de Gaourang, ou bien de Raba ; mais l'un ou l'autre lui a fait couper le nez et les oreilles : à ce sujet, le doute est impossible. C'est d'ailleurs un très bel homme, très digne, quoique un peu sale, très riche, très affable et très obligeant. Il m'a fait conduire autant d'hommes que j'ai voulu pour en prendre les mensurations anthropométriques.

Je suis allé chez lui le remercier, et j'ai été très bien reçu. Il m'a même présenté ses femmes, dont une seule, de dix-huit ans, est assez jolie.

Quand je fus le trouver, il était assis par terre sur une couverture, entouré de six familiers, dont un faisait la lecture dans un koran relié en toile rouge, imprimé en Égypte.

En retournant au poste, je suis passé au travers des lougans, pour faire ma récolte journalière d'insectes. Il y a pas mal de coton. Des gens travaillaient aux cultures, agenouillés ou accroupis. Sur le Chari, tous les indigènes travaillent de la même façon. On aurait tort de croire que c'est par paresse. Ces gens ont, au contraire, absolument raison. Leur procédé est le fruit d'une longue expérience. Ici, en effet, la terre végétale ne forme qu'une très mince couche. S'ils bèchent en profondeur, ils l'enfouissent et ramènent au jour du sable qui ne vaut rien. Aussi grattent-ils seulement la surface du sol pour faire des espèces de sillons ; mais, au lieu de planter dans le fond des plis, ils sèment au contraire sur les crêtes.

Ce procédé de culture les a obligés à se servir d'instruments spéciaux : partout ils sont construits suivant les mêmes principes ; chez les Sara, les Niellim ou les Barma, les outils agricoles sont tous coudés. La pioche, appelée Barda, a un manche coudé à angle aigu ; la binette, appelée Bâno, a le manche en S, et son fer même est fléchi sur la douille ; la pelle a un manche en zigzag. Tous ces artifices n'ont d'autre but que de faciliter la besogne en permettant de faire agir l'instrument parallèlement au sol. Ces gens-là ne sont pas plus sots que nous.

Rentrés au poste, nous nous sommes consolés, Denuel et moi, nous faisant réciproquement des souhaits et des recommandations pour nous bien soigner et nous mettre au repos. Nous n'en tiendrons pas plus compte l'un que l'autre, mais cela ne fait rien. Pendant une heure, on prend de bonnes résolutions qui reposent autant que huit jours de paresse.

Nous sommes partis en retard ce matin... les adieux : mais nous naviguons plus librement. Le fleuve reprend du fond et le courant s'accélère.

Sur toute cette partie du cours de la rivière, on remarque par endroits, dans les éboulis des berges à pic, des couches horizontales de poteries concassées, recouvertes par plus d'un mètre de terre. Dans ces mêmes endroits, à plus de profondeur, apparaissent également de grosses jarres, presque toujours cassées, mais dont on distingue très nettement la place. Elles ont été enfouies de main d'homme.

Après bien des interrogatoires pénibles, j'ai fini par apprendre que ces régions furent autrefois habitées par les Mousgou ou Massa.

Ils enterrèrent ces jarres qui leur servirent de cachettes à l'époque de la guerre à la suite de laquelle ils furent chassés d'ici. Je n'ai pu trouver personne pour me renseigner très exactement. Tous les vieillards, qui seuls auraient pu le faire, ont été tués, me dit-on, pendant les guerres de Raba. On sait tout juste que les Mousgou furent chassés par les Barma après des luttes opiniâtres à l'époque de la fondation du Baghirmi. Aujourd'hui on n'en trouve plus sur le Chari. Ils ont émigré du côté de Logone. Ils sont groupés autour de Gaé, Abi, Garao, Mousouk, Baéga, Goumaé, Koumé, Gahar, Oualia, Kabalam, Mouskoum, M'Bala, Kangalo et Paous.

Au dire des gens d'ici, les Mousgou seraient parents des Kotoko.

Un peu en aval de Mandjafa, nous avons dépassé l'embouchure du Bà Ergig ou Bata Lahiri, que nous avions vu naître en amont de Bousso.

Pour rattraper le temps perdu ce matin, nous laissons Miskin, vers six heures du soir, sans nous y arrêter. On marche de nuit. La tornade nous gagne. Les pagayeurs forcent l'allure pour tâcher d'atteindre un village avant qu'elle n'éclate.

Malgré un terrible vent debout, nous arrivons vers sept heures en face de Bougouman. Mais le village s'élève sur la rive gauche ; nous sommes à droite ; pas moyen de traverser. Le vent nous prend dans le chimbek et nous ramène chaque fois contre terre. La pluie s'en mêle. Cependant, la perspective de passer une nuit sous l'averse, sans manger, donne aux pagayeurs une ardeur inaccoutumée. Après plus d'une heure d'efforts, on finit par traverser, non sans avoir risqué la culbute.

A Bougouman, j'ai tout juste pu remarquer quelques portes de cases faites en planches cousues.

Nous avons bien fait de venir nous abriter : la tornade est épouvantable.

Départ de bonne heure. Fort-Lamy approche ; nous avons hâte d'arriver. Tué quelques aigrettes très belles.

Pour passer le temps, je coupe du tabac. Il est bon dans la pipe. En cigarette, c'est moins fameux, surtout à cause du papier : je n'ai plus que du papier pelure, qui me sert pour mes notes; quand il fait du vent, il s'enflamme si on aspire trop fort; mais, par contre, le tabac s'éteint.

Nous dépassons Balmasa.

Beaucoup de tsé-tsé, dès qu'on s'approche des berges basses.

A neuf heures, nous passons Kouldji. Ça marche.

Poison a fait une tentative d'évasion, mais nous l'avons repêché. Il est en pénitence.

Tiré dans un troupeau d'hippopotames que nous prenions d'abord pour des rochers. Il serait urgent de garnir le garde-manger. Pour aller vite, nous faisons les journées très longues, et dame! les Yacoma veulent bien travailler, mais il faut les nourrir. Ici, c'est difficile : il y a trop de monde pour qu'il y ait du gibier.

Nous abordons vers huit heures sur un banc de sable pour y passer la nuit. Pas de tornade, mais pas un souffle d'air, chaleur lourde, oppressante ; des nuées de moustiques. Clair de lune; j'ai pris mon fusil pour rôder autour du camp. J'ai fait s'enfuir quelque chose à quelques pas de moi : l'allure était bondissante et coulée, teinte générale sombre. grande queue ; en fuyant, la bête a grogné : « brouin, brouin ». Un félin, sans doute : mais lequel?

Mauvaise nuit; les moustiques nous ont dévorés, personne n'a dormi. Avant le départ, je suis allé voir les foulées de la bête d'hier soir ; elles sont trop petites pour être d'une panthère ; je ne sais pas ce que c'est : un gros lynx, un serval peut-être...

A quatre heures, on embarque. Toujours de la tsé-tsé : c'est la première fois qu'elle nous taquine si tôt.

Toujours pas de viande. Les vivres baissent. J'ai bien tué un hippopotame, mais nous n'avons pas le temps d'attendre qu'il remonte. Beaucoup d'aigrettes.

Mon minet et mon boubou jouent à singe perché. Passé devant Milé et Mourgou.

Une tornade se prépare. Nous nous arrêtons pour coucher à Darda.

Le soir, j'ai dû faire une petite conférence aux gens pour leur expliquer à quoi sert la monnaie ; j'ai essayé de leur expliquer la valeur relative des différentes pièces. Ils ont eu l'air enchanté, mais je suis à peu près sûr qu'ils n'y ont rien compris.

Dans le village, il y a des Kotoko ; ils ont une cicatrice très longue qui leur coupe le front en hauteur, depuis les cheveux jusqu'au milieu du nez.

Au départ, comme la rive gauche est déserte, je vais essayer de tuer à manger pour l'équipage. Je pars avec un Yacoma qui porte ma giberne. Nous rattraperons la baleinière un peu plus bas...

Ici, j'ouvre une parenthèse qui n'a rien de réjouissant, car l'aventure est plutôt mauvaise. La voici :

Le terrain était couvert et la chasse difficile ; au bout d'un heure et demie seulement, je mets par terre deux kobus.

Comme j'avais dépassé l'heure du rendez-vous convenu avec le sergent, pour rejoindre la pirogue, de crainte de malentendu, je veux moi-même courir après elle. J'essaie d'expliquer cela au Yacoma : il ne sait pas un mot de français ni d'arabe, et moi pas un mot de Sango. Vous voyez cela d'ici.

Bref, le bonhomme, croyant bien faire, part au grand galop, m'emportant ma giberne. Il ne me restait qu'à attendre : il était huit heures du matin.

Neuf heures, dix heures, onze heures. Personne... Enfin il n'y a pas de temps de perdu. Midi arrive...

rien. Cela devient inquiétant. Je file à mon tour. Mais j'ai le soleil juste au-dessus de la tête. Pas moyen de m'orienter. Je marche trois quarts d'heure, et brusquement je me rends compte que j'ai totalement perdu la notion du chemin. Ah ! j'en ai senti un coup dans la poitrine ; je me suis vu fichu ! Il n'y a pas de honte à avouer cela. Puis une espérance tenace est venue me redonner courage : « Pour sûr les camarades ne m'abandonneront pas sans me chercher ; — s'ils me cherchent, les Yacomas retrouveront bien mes traces ; — je n'ai donc qu'à retourner à l'endroit où sont mes animaux tués. »

Je refais en sens contraire la route que je viens de parcourir, me guidant sur l'empreinte de mes pas. De retour, j'établis mon inventaire : je n'ai ni chapeau, ni souliers : rien que des sandales indigènes ; je n'ai ni couteau, ni allumettes, n'étant parti que pour quelques instants ; j'ai tout juste une montre, des lames de verre qui me servent aux préparations de sang, et ma loupe à insectes. J'ai ma carabine avec quatre cartouches, plus un chargeur de trois dans ma poche. C'est maigre !

Je prends mes dispositions pour bivouaquer. D'abord, du feu : je vide une cartouche, je râpe ma ceinture, je trouve du papier à cigarette dans ma poche. Je fais une boulette de tout cela, que j'introduis dans de l'herbe sèche. Je m'étale à plat ventre avec ma loupe, et je chauffe ; après plusieurs tentatives infructueuses, la flamme luit. J'allume du bois et fais une provision de branches mortes. Si seulement j'avais du tabac ! Vers trois heures, le soleil a baissé, je fais une nouvelle tentative de fuite : en marchant à l'est, je dois retrouver le Chari. Je marche deux heures, en marquant ma route. Bien m'en prend, car à cinq heures, voyant la nuit tomber, je ne rencontre toujours aucun indice m'indiquant le voisinage de la rivière. Il vaut mieux que je retourne près de mon feu pour y passer la nuit. Il est près de sept heures quand j'y arrive.

Tiens ! une détonation ! On m'appelle : je tire à mon tour et j'écoute. Plus rien ! C'est bizarre ! Je casse des branches mortes pour avoir du feu toute la nuit. Encore une détonation ! Je retire et rien ne répond. Je ne comprends pas. Un peu plus tard, nouvelle alerte ; je réponds, toujours sans résultat ; le bruit cependant a l'air d'être moins lointain. Il fait presque nuit : je n'ai mangé ni bu depuis la veille ; j'ai faim et soif surtout. Ce n'est pas la viande qui manque. Mais pas de couteau.

J'entends des pintades ; j'en tue une d'un coup de fusil, autant pour l'avoir que pour faire du bruit.

Puis je vais m'asseoir près de mon feu en plumant mon oiseau ; je lui ouvre le ventre avec une lame de verre ; pendant que je le vide, un petit serpent noir me sort sous la jambe ; je le tue et l'accroche à une branche : ça distrait. J'en ai besoin, car je commence à m'halluciner. Tous les bruits me font dresser l'oreille, les grenouilles surtout : je crois toujours entendre crier : « Dok' ter ! Dokter ! Dokter ! »

Quelle bonne blague ! Je mets ma pintade à rôtir sur la braise et m'occupe d'installer une couche pour la nuit. Un de mes kobus est au pied d'une souche qui a trois jets partant du pied : je répands par terre des branches de feuillage en guise de matelas ; puis j'arrange un brasier circulaire tout autour, avec des troncs que j'ai réussi à traîner. En dehors, mais pas loin, je transporte ma provision de bois sec. A table ! Ce n'est peut-être pas délicieux. Mais surtout le repas manque d'eau.

Que n'en ai-je manqué toute la nuit! A neuf heures, tornade: les détonations que j'avais entendues étaient des coups de tonnerre; pour leur répondre, j'ai gaspillé quatre cartouches; il m'en reste juste deux.

Et ça tombe! Pour me consoler, je fais des petits cornets avec des feuilles, et je les emplis sous les gouttières qui ruissellent de l'arbre. C'est fameux quand on n'a pas bu depuis vingt-quatre heures, par une journée de 35° à l'ombre!

Par exemple, je suis gelé. Je fais deux parts de mes vêtements: je sèche les uns pendant que je garde sur moi les autres qui se mouillent; j'ai au moins le plaisir de rester sec cinq minutes par demi-heure. Des moustiques en régiments. La tornade passée, la pluie ne s'arrête pas. Impossible de fermer l'œil. C'est heureux. Vers minuit, j'entends du bruit dans les broussailles. Cela se rapproche. J'entends souffler. Puis, à la lueur du feu, j'aperçois quelque chose qui remue et apparaît quand la flamme a des éclats. Lion ou panthère? l'un ou l'autre. Me voilà propre. Aussi faut-il que j'aie été stupide de me mettre juste à côté d'une antilope fraîchement tuée! J'ai pris ma carabine, je me suis agenouillé, et j'attends l'événement. C'est terriblement long. Visiblement, je gêne mon hôte. C'est le feu qui l'éloigne; pour l'entretenir, il me faut du bois; pour avoir du bois, il faut que je sorte, et alors... Alors je tire... J'ai touché. La bête est à dix pas couchée sur la terre; elle se débat. Combien de temps? je ne sais, mais cela m'a paru long. Puis je l'ai entendue se relever, se traîner, et faire beaucoup de bruit dans la brousse. Quel soulagement!

La pluie n'a cessé qu'à trois heures passées du matin.

Dès que l'aurore aux doigts de rose eut entrouvert les portes de l'Orient, je me suis mis en route, après m'être désaltéré dans une passée d'animal encore pleine d'eau. A propos d'empreintes, je suis allé voir la place où était tombé mon visiteur nocturne. C'était un gros félin, mais je n'ai pas eu envie d'aller voir où il était parti. S'il n'était pas mort par hasard, je n'ai plus qu'une cartouche!

J'avance péniblement, tellement le sol est gras. Je glisse, tombe et patauge. Le jour se lève ; mes chaussures indigènes en cuir non tanné s'en vont par morceaux : je les abandonne, sauf une, dans laquelle j'introduis les restes de ma pintade précieusement conservés ; je la fixe à ma ceinture. A six heures, je recommence à retrouver que la rivière est bien loin. Je monte sur un acacia épineux qui me déchire, mais je n'aperçois que la nappe unie des broussailles. Continuons. A sept heures, j'arrive les pieds en sang au milieu d'une clairière jadis cultivée. Juste en face, débouche un rhinocéros! C'est la guigne! J'avise un acacia et je monte dessus précipitamment, sans me soucier des épines. Le rhinocéros ne m'a pas éventé ; il mange des feuilles. Je voudrais bien qu'il s'en aille ; je n'ai pas le temps d'attendre. Comme il n'a pas l'air pressé, je m'appuie tant bien que mal sur une branche fourchue, et je lui envoie ma dernière cartouche en visant la tête. Mais c'est un peu loin, et surtout je suis énervé. Le coup porte mal ; la bête secoue la tête avec rage, pique du nez en levant son gros train de derrière, tourne, retourne, rue, renifle, ne me sent pas, et s'enfuit au galop.

Quand elle a disparu, je descends ; mais je suis tout tremblant d'émotion, et je tombe des basses branches. Ma carabine reste fichée en terre par le canon. Comme je n'ai plus de cartouche, cet accident ne me dérange guère. A partir de ce moment, je presse le pas avec une hâte fébrile.

A neuf heures, j'arrive au Chari, après six heures de marche. Je traverse en courant un banc de sable pour aller boire, et je tombe au milieu des gens qui m'ont donné l'hospitalité l'avant-veille. Ils sont entrain de pêcher au filet. Je suis tellement sale et déguenillé qu'ils ne me reconnaissent pas; tout le monde s'enfuit dans les pirogues. Vilaine histoire. Il ne faudrait pourtant pas laisser échapper cette occasion. J'entre dans l'eau derrière eux, et j'épaule ma carabine, avec de la terre en guise de balle, et un vieux culot de cartouche garni de papier, dans lequel j'ai mis hier des insectes pour me distraire. Cette attitude énergique, appuyée de sommations plus énergiques encore, détermine deux hommes à venir me prendre.

J'embarque; le fond de la pirogue est plein de poissons et d'eau; cela n'a pas d'importance. Je me couche dedans, et je dors pendant qu'on m'emmène vers Fort-Lamy.

A onze heures, de violentes secousses me tirent du sommeil. Mes pagayeurs me réveillent: on me cherche, me disent-ils. Effectivement, j'entends en aval craquer un feu de salve. Puis une sonnerie de clairon : c'est la visite :

Les malades en bas !
Comm'y en a des tas,
Si t'es pas r'connu
T'as quat' jours de plus!

Elle ne m'a jamais fait tant de plaisir à entendre. Et, au détour d'un coude, j'aperçois contre la rive une baleinière avec des Sénégalais. Je transborde, et on repart: un Sénégalais m'explique que le Yacoma d'hier s'est perdu et est arrivé tout d'une traite à Kousri. Le sergent dans la baleinière, ne me voyant pas revenir à l'heure, a cru que j'avais marché plus vite et que je l'attendais en aval.

Faisant forcer l'allure, il arrive à Fort-Lamy, où il ne me trouve pas. Il rend compte et demande à repartir à ma recherche. Mais, comble de malheur, les Yacoma se trompent et me font rechercher à deux heures de descente en aval.

En fin de compte, rien de cassé. J'arrive à Fort-Lamy, où je débarque en piteux équipage, au milieu des indigènes qui m'inspectent comme une curiosité. Les camarades accourent. Je ne me rappelle plus si je leur ai dit bonjour, mais j'ai mangé tout un plat de cervelle.

Après cela, je fus coucher.

Fort-Lamy.

Mon équipée m'a laissé quelques souvenirs. Je suis sur le dos : cette fois, les épaules touchent. Mais heureusement, le Dr Allain est là ; et, quand il est là, on peut être tranquille. N'empêche qu'il m'a rattrapé sur une mauvaise pente.

Je me suis levé pour aller voir les réjouissances, le 14 Juillet. Il y avait une animation considérable sur la place en dehors du camp. Les femmes ont chanté, dansé, fait une course aux ciseaux ; on a également joué à casser les marmites. Puis une course de chevaux fort peu mouvementée, car les bêtes passent au travers des obstacles sans sauter, et les cavaliers vont au pas jusqu'à cent mètres du but. Les Sénégalais ont tiré à la corde, couru et fait du saut.

En somme, journée curieuse. Tout ce peuple présente un mélange bizarre des races les plus diverses : l'ensemble a beaucoup de couleur. Les boys, les gens attifés de costumes européens grotesques, font malheureusement trop de taches. L'influence européenne est noyée. Nous avons à peine terni l'éclat de la couleur locale : aussi est-il d'autant plus choquant de voir le nègre qui nous singe. La drôlerie du geste disparaît ; on n'en perçoit plus que le ridicule. C'est quand il cherche à se rapprocher trop brusquement de nous que le nègre nous fait le mieux sentir combien il en est loin encore.

De mon lit, matin et soir, je vois passer les pirogues Kotoko qui vont à la pêche. Avec leur grand filet tendu entre les bras d'une fourche immense, et leur proue retroussée comme celle d'une galère, on croirait voir glisser sur l'eau quelque oiseau monstrueux au vol puissant et balancé.

Derrière elles, leur faisant escorte à distances respectueuses, des pélicans font le même trajet ; ils se laissent mollement aller au fil de l'eau qui miroite.

Sur l'autre rive, très lointaine, de l'autre côté du confluent, Kousri allemand apparaît dans la brume : on devine les masses grises de ses maisons en terre, que dominent trois palmiers.

J'ai reçu la visite du Chérif, ancien chef de bande de Raba, aujourd'hui notre serviteur fidèle, au moins en apparence. C'est un grand vieillard très maigre, vêtu à la mode arabe : il a l'extérieur digne et respectable, malgré que la mobilité de sa physionomie ne le rende pas absolument sympathique. Nous aime-t-il vraiment ? Il est permis d'en douter. Mais il est fort intelligent. Il a compris que son intérêt était de nous servir : il nous restera fidèle tant que nous serons les plus forts. On ne lui en demande pas davantage.

Le poste de Fort-Lamy ne diffère pas beaucoup des autres : il est un peu plus grand, voilà tout ; la troupe y est beaucoup plus nombreuse.

Un parapet en terre, protégé par un fossé, enclôt sur trois côtés un vaste rectangle, dont la quatrième face est formée par le fleuve. Ce camp ne comprend que quatre cases d'Européens, en briques. Sur un bastion d'angle se dresse un mirador.

Un camp plus petit est accolé à l'enceinte principale : c'est le quartier des Conducteurs.

En face, de l'autre côté d'une rue empierrée assez large, se dresse le camp des Tirailleurs, entouré d'une zériba en palanques. Les camarades et les sous-officiers y habitent. A l'extérieur, une redoute en terre se défend très mal contre la pluie qui la fait fondre.

Derrière, s'étale la place du Marché. De tous les côtés, le village.

Mes premières promenades m'ont conduit au marché. C'est à l'heure de la sieste que l'animation est la plus grande. Les Sénégalais en profitent pour venir se distraire ; ils n'ont pas un centime en poche. Les transactions s'en ressentent, mais le coup d'œil est pittoresque.

Rien cependant d'un marché de chez nous. Point d'appels, point d'invites, point de boniments. Les vendeurs gardent un calme imperturbable dans l'attente du client. Et les clients sont rares.

Assises de-ci, de-là, par petits groupes qu'unissent des communautés de races ou d'intérêts, des femmes, presque toutes vieilles et sales, offrent aux appétits excités du passant des choses innommables.

La diversité des types est énorme : on retrouve là des gens de tous les pays. Voici des Fellata, trônant à côté de calebasses équivoques pleines d'un lait qui fut blanc : des mouches y prennent leur tub et se reposent à cheval sur des îlots de poussière ou des fétus de fumier. Quelques-unes vendent une graisse rance et grumeleuse représentant du beurre.

Plus loin, voici des femmes arabes, offrant sur des plats en vannerie des tapons malpropres de tamarinier confit : leur couleur brune, leurs formes, leurs noyaux saillant dans la masse, les font ressembler aux dépôts solitaires qui ornent parfois le pied des murs.

Des Barma, des Kotoko, longues et plates, vendent du poisson d'une fraîcheur relative, à en juger par l'odeur.

Des Banda, des Bornouanes ébouriffées, détaillent des feuillages comestibles. Il y a même des femmes Dendjé, aux lèvres immenses, qui vendent du mil, du millet ou des petits piments.

On vend de tout d'ailleurs : ail, oignon, viande sèche, poisson pourri, soufre en canon, drogues bizarres à usages inavouables, perles diverses, bois mort, écheveaux de fil, laines de couleur, anneaux de fer pour les oreilles, bracelets d'étain pour les chevilles, pommades, verroteries, huiles de senteur, farines, miroirs, lambeaux de peaux, cornes, nattes, paniers, ferrailles : tout cela voisine, se mêle, se souille, s'épice dans les mêmes écuelles.

Quand les clients ne viennent pas, les marchands échangent leurs produits entre eux : on se donne une poignée de farine contre un poisson, un oignon contre un morceau de sel ; si bien qu'au bout de quelque temps les calebasses sont pleines d'un mélange où même Allah n'y connaîtrait plus rien.

A l'écart, sous un appentis, sont accroupis les princes du négoce, Kanouri huppés à l'air finaud, retors et hypocrite. Ils détiennent le commerce des étoffes. Autour d'eux, beaucoup de curieux, mais peu d'acheteurs. Aussi ces messieurs n'étalent-ils même pas leurs marchandises. Une ou deux pièces de cotonnades achetées à Mongono et quelques pagnes voisinent avec des défroques de « décrochez-moi ça » : vieilles chéchias, vieilles ceintures, culottes usées, tricots à trente-neuf sous. S'il y avait de l'argent sur la place, toutes ces horreurs se paieraient très cher. Mais on se contente de voir et de toucher.

Sous un arbre, dans le fond, sommeillent des commerçants établis à Fort-Lamy même : ils viennent au marché, surtout par habitude, montrer quelques pagnes ou quelques paires de markoubs ; mais ils dorment à côté.

Au milieu de tout ce désordre, circulent des Arabes en guenilles et très dignes ; quelques jeunes campagnards, des bergers, n'ont comme vêtement qu'une longue peau de vache attachée sur l'épaule gauche et tombant en écharpe. Des boys, criards et turbulents, courent et se bousculent sans soucis des calebasses qu'ils renversent, ni des imprécations qu'ils déchaînent. D'anciens Rabistes, aujourd'hui sous nos ordres, promènent martialement une misère sordide, tandis que nos Sénégalais, fiers de leur supériorité, essaient encore de plastronner et de faire la belle jambe, drapés dans des débris d'uniformes en loques, mais crânement coiffés de la chéchia, symbole du commandement.

Sur la face qui longe la zériba du camp, se dresse une pyramide toute blanche, élevée à la mémoire de nos morts. Je ne sais quelle obsession bizarre me hante : mais, chaque fois que j'aperçois sa silhouette mince, rigide et nue, il me semble voir à sa place le fantôme pâle de De Béhagle, maigre, ascétique, avec ses yeux d'illuminé.

J'ai fait venir pour causer des Kanouri, marchands de toile : ce sont de fieffés voleurs : ils sont plus juifs peut-être que les Djellaba, plus juifs que des juifs. C'est inouï ce que l'Islam développe chez le nègre les instincts commerciaux. Ceux-ci se figurent que j'ai des marchandises à leur vendre ; aussi déprécient-ils de leur mieux tous les articles dont je leur parle. Ils mentent avec une assurance qui me dérouterait, si je ne prenais soin de noter ce qu'ils me disent.

La conversation s'égare sans cesse. Ils ont adopté un refrain : « Tu nous fais voir un tas de choses, et tu ne nous donnes rien : nous ne sommes pourtant que des pauvres diables : meskin, meskin kétir. » Et, ce disant, l'un d'eux se met à la taille une ceinture qu'il caresse : « Regarde, comme elle me va bien. Dedans, je mettrai mes thalers. Une fois couché, je croiserai mes mains dessus, et, par Allah, je dormirai tranquille ! » Il m'a fallu insister pour rentrer en possession de tous mes bibelots. Ces gens ont des mains qui vous endorment. On retrouve cela chez le Malabar, le Grec, le Syrien, le Juif, le Turc : ce sont les gestes des Levantins, onctueux, enveloppants, tirebouchonnants, serpentins : les doigts parlent.

Depuis quelques jours, j'ai mon pauvre : c'est le vieil aveugle du marché ; il se fait conduire au bord du sentier pour y tendre sa calebasse : on y jette en passant quelques grains de mil, ou la pincée de farine qui le fera vivre une journée. En revenant de mon tour quotidien, je lui donne quelques perles. Il reconnaît mon pas. Il m'attrape la main, me la masse, me la tripote en crachant dessus ; il ne s'interrompt que pour appeler sur ma tête les bénédictions du ciel. J'ai toutes les peines à m'en défaire. A 100 mètres, j'entends encore ses « Allah isselmek ! ».

Diagara, noble pouilleux de Kotoko, devenu sultan de Goulfeï par la grâce des Français, est aujourd'hui souverain d'une terre allemande. Il le sait. Par reconnaissance, il ne manque jamais une occasion de nous faire pièce. Ce matin, il quittait Kousri, où il était venu sans doute pour affaire de service ; il regagnait sa capitale. Sans quitter les eaux allemandes, il est passé devant Fort-Lamy, bairak au vent, arboré sur une immense pirogue chargée de monde. Il nous a fait régaler de « you you » stridents et envoyer quelques pétarades pour nous faire savoir qu'il y a de la poudre à gaspiller.

Après quoi, il nous a donné une aubade qui m'a rappelé les fanfares des steamers teutons. On ne nous a pourtant pas joué le *Beau Danube*. D'ailleurs, cette musique lointaine avait du caractère, accompagnée par le chant monotone et cadencé des rameurs, rythmant leurs coups de pagaies.

Depuis quelques jours, chaque fois qu'il me voyait, le vieux Chérif me conseillait de manger du kountou, pour les soins de mon ventre. Ce matin, son boy m'en a apporté dans un plat, qui contenait aussi les traditionnels pets de nonne à la farine de mil.

Le kountou se prépare avec les fruits du Nabak (1). On jette les noyaux, et l'on fait sécher la pulpe au soleil. Quand elle est bien sèche, on la pile. Pour la cuire, on met un peu d'eau dans le fond d'une marmite, où surnage un petit échaffaudage de brindilles. Sur cette plate-forme, on met à l'abri de l'eau la pulpe écrasée, et on fait bouillir en tenant le vase clos. Le kountou cuit à l'étouffée. Une fois cuit, on le retire, on le laisse sécher, et l'on obtient ces galettes brunes irré-

(1) Faux jujubier.

gulières qui ressemblent à du pain d'épices un peu aigre.

Mais le kountou n'a pas les mêmes propriétés ; il produit des effets contraires, paraît-il, encore que je ne m'en sois, hélas ! pas aperçu !

Les Arabes sont les véritables conquérants, les chérifs, les nobles, les marabouts, les chefs. Tout le monde veut être Arabe, même le nègre du plus beau noir, au facies le plus purement nègre.

On n'est heureusement pas obligé de le croire. Toujours est-il que, parmi les Arabes, on en trouve de très colorés, et d'autres presque blancs ; les uns ont le profil caractéristique de la race ; d'autres, la face plus ou moins aplatie, épaisse et lippue, qui atteste les métissages. En somme, les uns et les autres sont à peu près en nombre égal.

Tous font une distinction très nette entre leur race et les Tourgou ou Turcs, parmi lesquels ils rangent tous les Arabes du nord.

Si on était mieux documenté sur les migrations africaines, on pourrait sans doute se rendre compte des différents mouvements qui ont provoqué la venue au Tchad de gens d'une race unique arrivés par plusieurs chemins.

Il semble de prime abord que les Maghrébins ont peu contribué à peupler le centre africain ; le Sahara leur opposa une barrière difficile à franchir. Lorsque, en 62 de l'Hégire, Okba ben Nafih conquit le nord de l'Afrique, cette invasion n'eut que peu de retentissement sur les populations du Soudan.

Au XIe siècle, en 440 de l'Hégire, l'invasion des Hymiarites, poussés d'Égypte par le khalife Fatimite el Mestamer, se fit beaucoup plus sentir. C'est alors que les Bou Hilal apparaissent dans le centre africain.

Les Oulad Sliman, les Toundjer, les Assala, tous les Wassili du Ouadaï et du Bornou, paraissent être arrivés à cette époque.

Mais, à côté de ces populations d'origine septentrionale, s'en trouvent d'autres qui vinrent sans doute par l'est, par la vallée du Nil, comme le font encore les Djellaba aujourd'hui.

Le cheik Mohamed et Tounsi, à propos du Ouadaï, relate une tradition qui semble corroborer cette thèse.

Lorsque les Turcs chassèrent d'Égypte les khalifes, un de ceux-ci se serait réfugié au Hedjaz. Son fils Saleh se fit bientôt remarquer par sa science et sa piété. Des Ulémas du Sennaar (1) étant venus au Hedjaz furent séduits par la piété de Saleh et le décidèrent à partir avec eux. Mais il dut bientôt renoncer à refréner le dérèglement des mœurs au Sennaar et vint s'installer chez les Abou Snoun, autrement dits les Kodoï. Il les convertit, gagna à l'Islam les Mabanga, les Madaba et les Madala, à l'aide desquels il fonda la dynastie du Ouadaï actuel.

Barth et Nachtigall font remonter l'immigration des Arabes vers le XVe siècle. Sans doute on n'aura pas de si tôt la clef de cette histoire confuse. Mais il semble bien probable que les infiltrations orientales seront un jour ou l'autre démontrées.

En tout cas, le dialecte en usage dans toutes les tribus arabes présente des analogies évidentes avec la langue classique des Bédouins d'Orient. On ne peut guère l'étudier sérieusement avec les gens du bas peuple, qui se servent tous d'une langue déformée : ils parlent arabe comme ils parlent français : c'est simplement du

(1) Ce qui tiendrait à prouver que le Sennaar était déjà islamisé.

« petit nègre ». Mais ce qu'on en connaît peut déjà servir comme un précieux indice.

Lorsqu'un indigène parle de Fort-Lamy, on croirait, à l'entendre, qu'il parle d'une grande ville. Cependant, c'est un des villages les plus malpropres que j'aie vus jusqu'ici. Sans doute, nous sommes à la saison des pluies : cela y est pour quelque chose. Mais il y a de plus une malpropreté spéciale : la misère n'y est pour rien; les questions d'individus ne comptent pas davantage. C'est le « tout à la rue » : c'est sale de la saleté musulmane. Pourvu qu'on fasse étalage de bijoux ou de vêtements pompeux, le reste n'importe guère. Jour par jour, les immondices s'accumulent ; je renonce à leur nomenclature ; mais je crois qu'il est difficile de trouver ailleurs collection plus complète des odeurs nauséeuses. Les sentiers serpentent entre les murs en paille qui pourrissent ; le chemin lui-même n'est qu'un ruisseau boueux ; on clapote ; chaque pas vous envoie des émanations fadasses de purin en fermentation. Rien n'est respecté, pas même les trois tatas luxueux qui dressent leurs murailles de terre et de bouse de vache parmi les paillassons de prolétaires.

Le village le moins sale est celui des Banda de Broudji, qui s'élève dans des lougans, derrière la place du marché.

A droite du poste, est un autre quartier habité par les commerçants, les familles des boys, les Djellaba, les Kanouri de passage. Il est le plus mal tenu.

A gauche, le quartier où le Chérif a fait construire un vaste tata. En face du sien, deux Fekys, Barka et Tidjani, ont des demeures du même genre, mais de moindre importance. Tout autour, sont groupées les habitations de leurs gens, serviteurs, suivants ou serfs.

Feky Naïm Imam, voleur et canaille éhontée, s'est installé un peu plus à l'écart, au milieu des siens.

Entre le Chérif et Tidjani, le quartier des Fellata, gardiens des bœufs du poste, où les saletés des animaux s'ajoutent à celles des hommes.

Un peu plus loin, en aval, les Sara se sont établis en deux groupes contigus, à côté d'un hameau de Fôriens. Un peu plus loin encore, les Barma ont construit un petit village, le plus propre.

Des habitations, rien à dire : elles ressemblent à ce qu'elles sont partout, avec un peu plus d'éclectisme dans la construction ou dans l'ameublement. Toutes sont encloses de seccos. Quelques-unes ont une petite case accessoire qui sert de vestibule.

Par les portes entr'ouvertes, on aperçoit des hommes qui dorment, car les nuits sont mauvaises à cause des moustiques. Cependant, les moutards pleurent et les femmes travaillent, cancanant entre elles. Partout, on en trouve entrain de piler du mil, face à face, s'excitant au bruit rythmé des pilons, avec ce petit coup de rein saccadé que possèdent seules les bonnes ménagères. En risquant un œil par-dessus les clôtures, on surprend souvent des fillettes qui s'exercent. Pour tout vêtement, elles portent une ceinture de perles bleues, soutenant une bande d'étoffe passant entre les jambes, et qui pend par derrière. Des marmots morveux promènent à quatre pattes leur gros ventre : parfois la mère les mouche avec les doigts, ou leur suce le nez. En vrac, des ustensiles de cuisine, ou leurs débris ; le tout pêle-mêle, laissé là comme à dessein pour que l'eau céleste se charge de laver cette vaisselle.

Pour m'occuper pendant les averses, je fais de l'anthropométrie. Fort-Lamy est une mine inépuisable.

Dans ce centre artificiel, créé par nous de toutes pièces, se trouvent rassemblés les gens hétéroclytes que nous avons appelés des Rabistes.

Ce sont en effet, pour la plupart, des anciens captifs de Raba.

Raba était vraiment un grand meneur d'hommes, et peut-être avons-nous perdu en étant obligés de le supprimer. A le juger par sa vie, par ses œuvres, c'était une intelligence, un autre homme que le cauteleux Gaourang ou le répugnant Snousi.

Partout où il passait, il savait ranger les gens sous ses bannières : de gré ou de force, il emmenait tout ; des hommes, il faisait des soldats : les femmes suivaient. Après sa mort et celle de Fadel Alla, les esclaves et les débris de ces bandes ne trouvèrent qu'auprès de nous seuls un abri contre la haine et les rancunes.

Aussi reconnait-on à Fort-Lamy tous les types, toutes les races. Sans compter les représentants des tribus les plus voisines, on y voit des Sara de toutes les provenances, des Bongo, des Rouña. Les Banda, les Keredj, les Leto, les Ndokoa frayent ensemble ; des gens du Darfour, des Karé, coudoient des Fouñ de Khartoum. Quelques Masa sont restés. On découvre des Boudouma, des Kouri, des Toubou, des Sokoro, des Goran, que sais-je ? Il suffit de chercher, de ne pas s'en rapporter aux tatouages et d'interroger soigneusement les gens pour retrouver leur origine. Beaucoup sont des bâtards, issus de captives. Beaucoup sont restés purs. Car les conquérants noirs ont ici une méthode dont ce brave Snousi sait encore se servir. Quand on razzie, on tue tout ce qui ne veut pas suivre ; on transplante le reste : c'est du bétail humain dont on surveille l'élevage. Et, si l'autorité ne faisait pas son possible pour enrayer le mouvement, c'est dans ces parcs à captifs que Snousi ou Gaourang prendraient encore de quoi alimenter leur petit commerce.

Quelques femmes sont vraiment jolies : deux ou trois Djellaba se distinguent du lot : ce sont les anciennes épouses de Raba, de ses fils ou de ses chefs. Le souvenir de leur ancienne splendeur leur donne assez souvent un mauvais caractère.

Les Fellata sont aussi fort bien ; minces, souples, onduleuses, presque félines, très claires de peau, avec une physionomie intelligente, quoique un peu dure, elles ont quelque chose de ces statuettes égyptiennes qu'on déterre dans la vallée du Nil. Coiffées de longues nattes pendantes, réunies parfois en anses deux à deux, elles s'ornent les cheveux de grosses plaques en cornaline ou en métal. Souvent elles portent, suspendus dans l'ourlet des oreilles, de grands anneaux de cuivre ou d'argent encadrant joliment l'ovale de leur visage.

Certaines Arabes aussi sont assez belles : mais elles sont en général peu soignées.

Les Barma, nous les connaissons. Restent les Kanouri, les Bornouanes : elles ne sont pas jolies, avec leur tête ébouriffée, leurs gros traits, leur figure un peu large et leur morceau de corail dans le nez ; mais elles sont très gaies, très drôles, si bonnes filles qu'on ne peut pas tout leur demander.

Ce matin, je suis allé voir les Kotoko pêcher. A l'arrière d'une immense pirogue, est installé un truc à levier. Deux fourches servent de gonds ; sur elles s'appuie une traverse qui tourne ; sur cette traverse est fixé le levier coudé à angle droit ; la branche de l'angle, de beaucoup la plus longue, peut se rabattre dans le fond de l'embarcation ; sur l'autre branche, très courte, est frettée la monture du filet. Elle se compose de deux bras immenses, divergents, formés de rallonges de 4 mètres de long; l'écartement de leurs extrémités atteint une dizaine de mètres. Un filet y est fixé, concave au milieu et assez profond au voisinage du sommet de la fourche.

Pour pêcher, on mouille le filet en le faisant basculer autour de la traverse qui tourne : le levier, ou manche, se trouve presque vertical, lorsque le filet est immergé. On pousse alors doucement l'embarcation, tandis que d'autres pirogues légères font le rabat : des bambins montés dedans battent le tam-tam sur les bordages pour effrayer le poisson. Quand on a parcouru le long des herbes une distance suffisante, les pêcheurs saisissent des cordes pendues à l'extrémité du levier. Sous leur effort, l'appareil bascule, le levier s'abaisse vers le fond du bateau, pendant que le filet émerge ; à mesure qu'il sort de l'eau, un homme, armé d'une longue baguette, le tapote pour faire descendre les poissons vers lui, et, quand il les a amassés vers la naissance des branches, d'une secousse brusque il les fait tomber à l'arrière du bateau.

Le long des rives herbeuses, la pêche est magnifique.

Dimanche. Grand tralala. Tous les notables et les gens chic arborent des costumes éclatants. En allant tirer des petits oiseaux, j'a croisé la bande à Naïm, la bande à Tidjani, et celle du Chérif. Ils ont tous des figures réjouissantes, avec leur petite calotte blanche, pareille à un bonnet de poupon. Le vêtement est complet : un pantalon large comme une jupe, des markoubs ou des soques en bois, un boubou sombre avec des parements criards, par-dessus le tout un haïk, comme une chemise, ou un surplis leur tombant plus bas que les genoux. On dirait un retour de procession ; il n'y manque même pas les chapelets. Ils s'en vont à pas comptés, choisissant la place pour les pieds et retroussant leurs cottes comme les femmes.

J'ai vu dans une case une fillette de huit ans qu'on venait de circoncire sans aucune cérémonie ; la pauvrette souffrait beaucoup, mais se raidissait pour ne pas le laisser paraître.

Cette pratique assez barbare n'est pas générale pour les femmes ; elle est obligatoire pour les hommes ; celui qui n'est pas circoncis n'est qu'un kerdi, un kafr : il ne peut rien posséder ; nulle femme ne voudrait l'épouser ; il est traité comme un captif.

On circoncit les enfants une fois par an ; les prépuces sont mis dans de petites boites et enterrés. Il faut que les néophytes mangent beaucoup pour guérir vite. Ils doivent enfin rester enfermés jour et nuit, afin d'éviter le chacal : cet animal, assez rare, symbolise le mauvais œil ; si par hasard un enfant non guéri en voyait un, il tomberait aussitôt les reins brisés, mort.

Les femmes Kanouri, mariées à nos Sénégalais, n'ont pas, en général, une éducation très soignée, ni un vocabulaire très aristocratique : une de leurs chansons en donnera la preuve. Elle ne manque pas de saveur, mais je préfère laisser au lecteur le soin de la traduire :

Kenzani memba ? Kenzani memba
Bambara, savage, Kenzani memba !
Bali : couchoum ! merdé !
Kadjiri : couchoum ! merdé !
Kenzani memba ?

Kenzani memba? Kenzani memba?
Bambara, savage, Kenzani memba!
Couchoum merdé aba nimbé!
Couchoum merdé ya nimbé!
Kenzani memba!

Au village Barma, des gens sont entrain de construire une pirogue. La besogne se fait en commun, car elle exige de longs et pénibles efforts. Il faut, en effet, tailler les planches dans des bois durs et noueux, puis les assembler et les coudre. Un homme n'y pourrait arriver seul. Il faut se mettre à plusieurs pour tirer les cordes qui retiennent les rouleaux en herbe du calefatage.

Les bons constructeurs sont rares et leurs services très appréciés. Ils dirigent, en général, les gens qui se sont associés pour tailler une pirogue. Le maître charpentier reçoit un salaire, et les ouvriers restent propriétaires de l'embarcation.

Dans le poste, est interné Acyl, ancien chef du Fitri, compétiteur éventuel à la succession de Daoud-moura, sultan du Ouadaï. Pendant quelque temps, il fut notre protégé. Puis la fortune tourna; il trahit, semble-t-il, et le voici déporté. Il n'a rien de très remarquable, sauf son air apathique et indolent. Il occupe une case avec toute sa suite. Parmi ses trois femmes, l'une, la Maïrem, est une princesse ouadayenne du sang royal; cela ne l'empêche pas d'être vraiment bien laide; elle est grêlée et s'est fait tatouer le tour de la bouche, les lèvres et les gencives en bleu. C'est sans doute la mode, car les deux autres femmes en ont fait autant.

Parmi les traditions islamiques implantées dans tous

ces pays, celles qui concernent le mariage ont rapidement prédominé.

L'unique cérémonie religieuse et légale consiste dans la lecture officielle de la première sourat du Coran. L'usage de la dot est général et tire sa raison d'être de la nécessité d'une garantie matérielle pour des liens non protégés par les lois. Le divorce n'est possible que si le plaignant peut rendre tout ce qu'il a reçu.

C'est encore pour le mari une garantie contre l'adultère de la femme ; il a le droit de prise. Mais ici, comme ailleurs, la femme est désarmée : ce que l'homme peut faire sans contrôle et sans risque, pour elle, devient un crime.

La coutume religieuse ne donne droit qu'à quatre femmes légitimes ; mais le mari peut prendre autant de concubines qu'il le veut.

Les gens attachent une grande importance aux preuves de la virginité qu'on expose le lendemain.

Partout, le mariage est précédé d'une période plus ou moins longue de relations et de marchandages. Une fois le consentement des parents obtenu, on fixe la base des échanges, et on s'occupe de la noce.

L'homme paye la dot en nature ou en espèces ; il utilise ce qu'il a. Au Baghirmi, il est d'usage que les parents de la mariée, après consommation du mariage, donnent, pièce pour pièce, l'équivalent de l'apport du mari : c'est pour monter le jeune ménage. Ce sont eux également qui font les frais des festins.

Au Baghirmi, on lit le Coran le premier jour ; puis la jeune femme est conduite dans une case isolée ; elle y reste quatre jours à la diète, pour l'affaiblir et lui ôter l'envie de résister. Le quatrième jour seulement, le mariage se consomme, et l'épousée peut se rassasier d'autre chose que d'amour. Quatre jours de fête closent la cérémonie.

Au Ouadaï, la coutume souffre quelques variantes. On construit une case pour la jeune femme à côté de l'habitation de ses parents. Elle y reste six jours, isolée. Le septième, le marabout lit le Coran, en grande cérémonie, et le mari prend possession de sa femme. Mais, tous les matins, il la quitte, pour qu'elle puisse encore rester avec ses parents. On attend ainsi le paiement intégral de la dot. La femme ne va chez son époux que lorsqu'il s'est complètement acquitté.

A force de chercher, j'ai fini par débrouiller l'histoire du lamentin de Vögel. S'il existe, ce dont je doute, on ne l'appelle pas Am Kourou.

L'Am Kourou, c'est un lépidosirène qui vit dans les marais et passe la saison sèche dans des cocons en boue.

Quant au lamentin, c'est très probablement une loutre.

Les enterrements se pratiquent ici presque comme chez les Fétichistes. Le mort est soigneusement lavé; homme ou femme, on couvre les organes génitaux d'un pagne passé entre les jambes; puis on habille le corps.

On lui fait prendre une position intermédiaire entre l'allongement et la station assise; on lui joint les mains entre les genoux demi-fléchis. On l'enveloppe ensuite dans une grande pièce de cotonnade blanche qui lui couvre la face, et on le ficelle entre deux nattes. Les pleurs et les cris redoublent; le marabout récite la Fatiha, et on porte le cadavre en terre. Des fossoyeurs seuls l'accompagnent, avec des femmes portant des calebasses pleines d'eau.

La fosse est identique à celle que j'ai vue à Fort-Archambault. On y couche le mort sur le côté, face à l'est, tête au sud, et on maçonne la logette. En signe de deuil, on doit négliger complètement les soins de la chevelure pendant deux ans.

Au retour, les parents du mort offrent un repas composé d'un mouton. Quatre jours après a lieu un grand repas funéraire, plus ou moins copieux suivant la fortune.

Il n'existe guère de superstitions sur la mort et les revenants ; les morts vont dans un monde que seul Allah connaît, et, quand ils meurent, c'est pour longtemps. Ils s'amusent cependant parfois à faire rêver les vivants. Ceux-ci consultent le marabout. Ce dernier, en homme pratique, leur conseille régulièrement de tuer un mouton, qu'il vient les aider à manger en famille, en buvant force pipi à la santé du défunt.

Aujourd'hui, je n'ai pas perdu mon temps : Kobra m'a donné une leçon de cuisine ; j'ai appris à faire une sauce, une moula.

Kobra est un cordon bleu, lorsqu'elle veut s'en donner la peine. De plus, l'intérêt que je porte à ses préparations gastronomiques me vaut sa bienveillance ; c'est avec une aménité rare qu'elle m'a invité à pénétrer à quatre pattes dans son sanctuaire.

Je m'y suis gravement assis sur une bûche, et j'ai reniflé de toutes mes narines les parfums divers qui émanent autour d'elle : ail, oignon, fumée, viande boucanée, caca de poule. Mais ne bougeons plus : on opère.

D'abord, on coupe en petits morceaux des oignons frais qu'on jette dans du lait ; puis on y délaie de la farine de mil.

Ceci fait, on place sur le feu une marmite avec de la graisse. Lorsqu'elle chante, on y fait roussir des rondelles d'oignon, qu'on retire ensuite pour les égoutter, avant de les broyer à la cuiller. A la poudre ainsi obtenue, on ajoute parties égales d'une autre poudre d'aouas, feuilles désséchées d'oignon, torréfiées au préalable dans un éclat de vaisselle.

Il faut encore broyer de la viande séchée au soleil (*laham iabis*), qu'on jette alors dans la marmite à la place de l'oignon roussi.

Pour allonger la sauce, on ajoute petit à petit de l'eau froide, tout en remuant avec le ouarouar (1) en bois. On fait cuire; puis on prélève quelques cuillerées de ce jus pour délayer la poudre d'oignon et d'aouas, qu'on met enfin dans la marmite. Il ne reste plus qu'à y verser la calebasse de lait. Salez, poivrez, et laissez mijoter.

J'y ai goûté; ça sentait bon, et vraiment ça n'était pas mauvais.

Au Baghirmi, la mode du tatouage est assez générale. Les femmes elles-mêmes sont souvent tatouées, quoique leurs balafres laissent peu de traces.

On tatoue les enfants vers l'âge de cinq ans; c'est, m'a-t-on affirmé, pour empêcher les gonflements des joues et guérir les « yeux chassieux ».

Sur la figure, ce sont des cicatrices légères en un ou deux traits, allant des cheveux au menton. Il y en a généralement cinq ou six, parfois plus. On trouve en outre, d'une façon à peu près constante, trois hachures au-dessous de chaque œil, trois au-dessus de chaque sourcil, trois à la racine du nez.

(1) Branche de bois terminée par deux petits rameaux écourtés près de leur naissance.

Dans certains villages, on se balafre l'abdomen, comme chez les Kotoko.

Les femmes se font, sur la partie externe du bras et de l'avant-bras, de longues cicatrices, qui restent très larges. Elles se servent du koheul, à la mode arabe, mais très peu du henné. Par contre, elles se tatouent souvent en bleu les lèvres et les gencives, en piquant légèrement la muqueuse avec des épines; on frotte ces piqûres avec de la cendre de bois. La cendre est d'ailleurs employée comme pansement des cicatrices pour la face ou les membres. Le tatouage ne donne lieu à aucune cérémonie. C'est un barbier qui le pratique avec un vulgaire rasoir.

Avec Brûlé, nous avons fait hier une promenade nocturne au village. Le temps était beau, mais il faisait très noir.

Sur des nattes, quelques hommes somnolaient, étendus. Plus loin, des Bornouanes faisaient tam-tam. Le groupe sentait un peu fort. La chanson n'était pas des plus mélodieuses: « Lalé! Léllaé, la Lalé, Liété-nant! » Elle signifie, paraît-il, quelque chose; je n'y vois pas d'inconvénient. La *prima dona* chantait dans un registre assez grave. Au refrain, tout le chœur reprenait avec des voix de fausset qui perçaient les oreilles. En mesure, tout en chantant, les femmes agitaient leurs bras ballants ensemble, choquant les paumes des mains par derrière et par devant. Par instants, elles frappaient des mains, bras tendus au-dessus de leur tête, en sautant sur place. Naturellement, grand émoi à notre approche. Mais, comme mon camarade et moi nous sommes très avantageusement connus, tout le monde se calme.

D'ailleurs, nous en avions assez vu comme cela.

Nous sommes entrés dans quelques cases : rien de neuf. Dans quelques-unes, un feu brûlait ; des gens dormaient dans la fumée. Mais presque partout nous les trouvions allongés sur des nattes ou des peaux, devant la porte de leur logis. La plupart, complètement enroulés dans un pagne en coton, n'avaient pas l'air trop gênés par les moustiques. Cependant, pour les chasser, ils se donnaient, en dormant, de lourdes tapes. Dans tous les coins, on en entendait claquer.

Demi-tour : nous allons chez le Chérif. Quel bain de pieds ! de la boue, de l'eau, de la....! On glisse, on patauge, on enfonce! Sur la place, encore un tam-tam féminin.

Nous entrons chez le Chérif : il y a réunion comme chaque soir. Au milieu, un petit foyer portatif en terre éclaire le groupe; tout autour, sur des nattes, sont assis en demi-cercle le Chérif, Feky Barka, et une dizaine d'autres, devisant doucement, ou bâillant à fendre l'âme. Nous prenons place.

« Nous venons de manger, nous dit le Chérif, mais nous n'avons pas de thé à vous offrir. » C'est une façon comme une autre de nous en demander.

Alors on fait un brin de causette ; la pluie, le beau temps ; la moisson ; les mils se gâtent ; il y a trop d'eau ; l'année dernière, il n'y en avait pas assez (on n'est jamais content).

Ce vieux paillard de Chérif trouve moyen de glisser quelques grivoiseries : il blague son voisin d'en face, dont la femme a encore un ventre comme cela : elle et son mari aiment beaucoup la famille.

Et la conversation voltige, légère, peu fatigante. Si c'était en français, on se croirait chez nous.

Y venir plus souvent ne serait pas désagréable. On

y apprendrait bien des choses, bien des détails qu'on peut, sans cela, ignorer longtemps.

La situation actuelle n'est pas bonne à Fort-Lamy, au point de vue économique. Le numéraire manque. Tout souffre de ce malaise général ; le commerce surtout s'en ressent.

Les Sénégalais, à qui on a donné quelques pièces de vingt centimes, ont voulu forcer les marchands à les accepter. Mais seul ici le thaler a cours. Il s'en est suivi de petites histoires. Depuis, les mercantis désertent. Au fond, leur départ ne serait pas un mal, puisqu'ils nous revendent très cher des marchandises achetées aux Anglais ou aux Allemands. Mais il faudrait que nous en amenions d'autres ; l'opération est difficile.

La route du Chari est usée, entre Fort de Possel et le Bandéro. Les Allemands et les Anglais nous ont fermé la porte à l'ouest. Il ne nous reste que la route du Nord, où nous faisons la police pour le Bornou anglais.

Il nous faudrait organiser une batellerie sur le Tchad. On doit pouvoir y arriver. La chose en vaudrait bien la peine.

Mais, en France, on tergiverse. On nous avait annoncé une mission arrivant toutes voiles dehors par la Bénoué et le Toubouri. On n'en entend plus parler. Les bateaux ont, sans doute, perdu leurs roulettes.

En attendant, Fort-Lamy baisse. Les indigènes eux-mêmes le disent et le regrettent. Et cependant, si nous ne faisons pas de commerce, que diable somme-nous venus faire ici.

Dans la rue, je rencontre parfois un commerçant très affable. C'est un boucher-tripier-rôtisseur. Le soir, vers trois heures, il se met à la besogne. Il égorge, selon le rite, la chèvre ou le mouton qu'il acheta le matin. Il dépouille la bête et la détaille avec le concours bénévole, mais facile à trouver, d'aides qui se payent des issues.

Avec du bois bien sec, pour ne pas faire trop de fumée, il allume alors un gros feu dans une excavation creusée en cuvette sur la place même. Quand la flamme tombe et que le charbon rougeoie, il dispose, à l'entour du brasier, les morceaux de viande enfilés sur une baguette fichée en terre : ici le gigot, là une épaule ; ailleurs, quelques brochettes de foie, de chair et d'abats. A mesure que la cuisson s'avance, il fait tourner les broches en variant leur inclinaison pour éviter les coups de feu. C'est relativement appétissant.

A quoi pense-t-il pendant que marche sa cuisine ? Pense-t-il même ? On en pourrait douter, à voir de quel regard vide il contemple les cendres, tandis que de ses mains il se tripote les pieds. Même le client qui vient à l'avance faire son choix, souvent ne le dérange guère. Cependant, il ne faut pas s'y fier, car il a l'oreille fine ; le moindre mot arraché par la convoitise coûtera à l'imprudent quelques colliers de plus. Aussi, pour les gros morceaux qui s'achètent par souscription, les débats entre chalands se passent-ils à l'écart ; un délégué se charge du marché. En flâneur, il s'accroupit auprès du foyer, d'un air détaché regarde la marchandise, se plaint des mauvais jours, de la mauvaise fortune qui l'empêchent de se régaler d'un aussi bon morceau ; mais, en vérité, c'est trop cher pour sa bourse. Et comme le vendeur ne souffle mot, le monologue s'aiguille sur les mils de Chaouï noyés par la crue, sur la dernière razzia de Gaourang, qui, malgré les Français, va toujours à la chasse à l'homme.

Pendant ce temps, la viande en rôtissant chantonne, la graisse suinte goutte à goutte sur la braise, et le soir s'emplit d'un parfum flottant de graillon, dont chacun peut se régaler gratis.

Au Baghirmi, l'influence de l'Islamisme se fait beaucoup sentir. Quoique les gens conservent une grande liberté, on ne peut, par exemple, construire de case nouvelle sans l'autorisation du chef, qui donne son avis sur les emplacements. Les célibataires se groupent généralement en raison de leur camaraderie ; les gens mariés s'assemblent plutôt suivant des liens de parenté, ou des communautés d'intérêts.

Chaque case appartient à celui qui l'habite : l'homme et la femme y vivent conjointement et n'ont qu'un lit. Si l'homme a plusieurs femmes légitimes, chacune possède son logement. Ses concubines n'ont droit à une case que lorsqu'elles ont eu un enfant. Ces derniers, une fois sevrés, logent à part.

A la mort du propriétaire, la case passe aux mains des parents. Elle échoit plus spécialement au fils aîné, s'il est légitime. Il n'y a aucune cérémonie propitiatoire.

Au contraire, lorsqu'on construit une case nouvelle, l'usage veut qu'on apporte au centre de la place choisie une grande calebasse contenant du mil ou un poulet. Le marabout dépose sur ces victuailles la tablette à prière et dit la Fatiha. Après quoi, il emporte les offrandes et les mange. C'est un vieux reste des pratiques fétichistes accommodé avec la religion de Mahomet.

Le *Léon Blot* est rentré, venant du Tchad, où il a failli rester embourbé. Il était allé faire une croisière dans l'Archipel et ne pouvait plus en sortir : la crue, cette année, est tardive. Bref, si on y avait jeté un peu de papier buvard, le Tchad se serait tout à fait asséché.

J'avoue qu'en regardant défiler le Chari j'ai de la peine à le croire. Il y a bien trois nœuds de courant. Les pirogues ont du mal pour passer d'une berge à l'autre. A hauteur du confluent, le fleuve n'a pas loin de 1 500 mètres. Quant à la profondeur, elle doit être en moyenne de 6 mètres au moins, puisque l'eau affleure presque le sommet des berges.

Et la crue n'est pas finie. Si toute cette eau n'est qu'un déjeuner de soleil, il a de l'appétit, le soleil du Tchad !

Les Ouaddaiens de la suite d'Açyl sont vraiment drôles. Ils ont refusé du thé. C'est cependant une friandise lorsqu'on en met un peu autour de beaucoup de sucre. Mais ils m'ont déclaré qu'en rentrant chez eux ils n'auraient plus que le regret de n'en plus boire encore. « Et le regret, c'est moins bon que le thé. Pour ne pas regretter, il vaut mieux ne pas connaître : on ne désire pas ce qu'on ignore. »

Yaya, le gros commerçant établi à Kousri, a eu moins de scrupules : il s'est offert toute la théière, a englouti toute ma boîte de sucre, en répétant : « Thé, chaï ; chaï, di thé. » Il faisait claquer sa langue, se brûlait consciencieusement en faisant la grimace, mais buvait cependant, et, pour me remercier, riait de toutes ses dents luisantes dans sa moustache brune.

Pour payer mon hospitalité, il m'a raconté qu'il avait été à Trablis (1) ; que les Taliènes (2) n'étaient pas pareils aux Allemanes ; que la mer était salée ; que les Angliches étaient avares ; que le sergent alle-

(1) Trablis : Tripoli.
(2) Taliènes : Italiens.

mand écrasait avec une clef le nez des nègres en frappant dessus à petits coups ; que les Français étaient bons ; qu'il était camarade avec Thiandy ; qu'il avait guidé son ami Rabilo (1) à travers le Bornou ; que j'étais Dokotaire ; que j'étais bon ; que j'étais riche. Que sais-je encore ? Il a conclu en me demandant une bougie et du papier blanc. Ça valait bien ça.

Nous avons profité de la présence de Blot pour traverser la rivière et faire visite à nos collègues allemands de Kousri. Malgré la froide correction des rapports officiels, les relations entre voisins sont excellentes. Au cœur de la terre d'Afrique, le contraire serait grotesque.

Réception tout à fait aimable et cordiale. Par exemple, il nous faut à tous des trésors d'ingéniosité pour nous comprendre. Avec de l'allemand, du français, de l'anglais, de l'arabe, du latin, des hiéroglyphes, et un petit dictionnaire, on y arrive.

Kousri ne vaut pas Fort-Lamy. C'est une ville en ruines, close encore d'une ceinture de murailles en mauvais état. Le poste est assez confortable, mais la ville elle-même est très sale. On a l'impression du laisser-aller et de l'abandon.

Pendant l'après-midi, nous avons vu passer en baleinière notre ami le lieutenant Faure, qui ramène de Laï M. Antony malade.

Le soir, dîné à bord du *Blot*, puis retour dans nos pénates.

Faure a maigri ; mais il est toujours le même, infatigable, enthousiaste, et gai malgré tout. Il a dû

(1) Rabilo : le capitaine Robillot, qui a laissé des souvenirs excellents aux indigènes du Bas-Chari.

pourtant avoir du mal à Laï, car il n'a pas pu disposer de moyens suffisants. Il a réussi néanmoins, et, grâce à lui, toute cette région du Logone s'organise.

Faure a profité de son séjour à Laï pour éclaircir la question du Toubouri : c'était sa marotte.

Traînant par terre une pirogue jusqu'à la frontière allemande, il a suivi dans son embarcation tous les chapelets de mares qui prolongent les marais du Toubouri, dans les deux sens. Il a découvert là un dénivellement considérable qu'il a baptisé du nom de chutes Gauthiot. Il nous affirme que, sauf cette zone accidentée, il existe bien réellement une ligne d'eau allant jusqu'au Logone. Il est donc le premier à avoir donné la solution du problème. Mais, à mon sens, un tel chemin ne peut être qu'accidentellement praticable et nécessitera toujours l'emploi de l'homme comme bête de charge. On aura changé de région, voilà tout. En tout cas, comme on n'entend plus parler de la mission qui devait venir reconnaître cette fameuse route, Faure s'en retourne avec l'ordre de compléter ses premières reconnaissances topographiques. Cela coûtera moins cher au budget. Je me demande même pourquoi on a autant attendu pour agir sur place. C'est par là peut-être qu'on aurait dû commencer.

M. Fourneau est parti aujourd'hui pour la France. Nous le regrettons tous. A l'embarcadère, il nous a dit adieu, peut-être avec plus d'émotion qu'il n'aurait voulu le laisser paraître. Mais cela fait plaisir tout de même de voir un chef reconnaître vos efforts et apprécier les difficultés.

On sent cependant que notre commissaire ne s'en va pas avec de bons souvenirs : il en a plein le cœur. Les affaires doivent se gâter.

Dans le village, à droite du poste, sur une petite place, un teinturier a installé son usine. L'endroit est bien choisi : c'est un des rares îlots qui émergent, secs, des ruisseaux de boue et d'immondices dilués par les pluies. Ce petit ararat sert de refuge aux oisifs et aux gens de bien qui viennent y lire leur Coran à l'envers, ou dormir à côté.

Donc, dans un coin, un Néiâli a installé son usine. Quatre pieux soutiennent une toiture plate, faite de pièces et de morceaux, abri moral contre le soleil; de la pluie, on n'en parle pas, car elle est incompatible avec toute autre occupation que le dormir.

L'outillage est peu coûteux. De grosses jarres, enterrées jusqu'au col, servent de cuves. Une autre est pleine d'eau sale. Une dernière sert à colliger les résidus mal odorants, dont on ne se débarrasse que lorsqu'ils débordent.

Un filtre complète le matériel : c'est toujours le même modèle, breveté depuis la Kémo jusqu'ici : on prend une vieille marmite, dont on fêle le fond sans fragmenter d'éclats ; dedans, on superpose, sans les tasser, des couches de paille sèche et de brindilles, puis un lit de bâtonnets plus serrés qui supporte le mélange à filtrer. Le tout est en équilibre sur un trépied ou un cadre de fortune. Le Néiâli s'en sert pour extraire des cendres un mordant à base de soude et de potasse, qu'en beaucoup d'endroits on consomme en guise de sel. Ce filtre sert aussi à préparer la teinture : le rouge s'obtient avec le kol-koli. Le bleu, beaucoup plus répandu, s'extrait de l'indigo. Dans la région, on l'appelle Nilé, mais on en cultive peu ; celui qu'on utilise provient surtout de Dikoa. La plante a été pilée dans un mortier ; on a façonné à la main des masses lenticulaires de tailles variables, qu'on a séchées au soleil : elles ont une teinte bleu foncé, avec un velouté blanc de moisissures.

Ces galettes sont émiettées dans l'eau froide, et, pendant quatre jours, on laisse macérer en agitant le mélange. Comme la cuve n'est jamais nettoyée, la fermentation est rapide ; mais, en revanche, ça ne sent pas bon. Le quatrième jour, on décante et on mêle à parties égales avec une solution concentrée de mordant. La teinture est prête.

Le teinturier plonge ses étoffes dans le mélange et les y laisse une heure ou deux, en les malaxant sous l'eau pour qu'elles s'imprègnent. Après, la véritable besogne commence.

Le Néiâli s'assied à côté de sa marmite, et, tout en agitant constamment le contenu, il déplie, froisse, chiffonne et frotte méthodiquement l'étoffe, sans laisser un seul endroit où sa main ne soit passée.

L'étoffe prend alors une teinte verdâtre qui bleuit petit à petit; puis elle devient bleu céleste, outremer, fonce et tourne au noir. Une seule journée de bain et de trituration suffit, en général, pour teindre les dix « dera » ou coudées que mesure un ferdah. Mais ce temps peut être dépassé, et beaucoup d'étoffes résisteraient même à une immersion plus longue.

Quant à la teinture, elle est peu tenace, et seule la Gabak du pays peut être réputée bon teint.

Aussi, après avoir tordu et égoutté le ferdah au sortir du bain de couleur, va-t-on le laver à grande eau pour chasser l'excès de colorant et juger du résultat. Après quoi on l'étend à sécher au soleil.

Ce n'est pas tout : il faut rendre à l'étoffe son lissage et son apprêt : les Moudougagas entrent en scène. Ce sont des maillets de bois dur, cylindriques. Deux compères en prennent chacun un, s'installent à terre de chaque côté d'une grosse bille soigneusement équarrie ; dessus, on étale le ferdah sec, et le tam-tam commence.

La pièce est ainsi martelée dans toute son étendue ; on la plie en deux, et on tape ; puis en quatre, on tape toujours. C'est une grêle de petits coups rythmés. L'étoffe devient luisante et polie. On replie encore ; on refrappe de plus belle. Quand les repasseurs sont fatigués d'un bras, ils changent, varient aussi leur musique, et recommencent avec plus d'ardeur.

Parfois, le bruit finit par éveiller quelqu'un des dormeurs étalés à l'ombre : il s'étire, bâille, se retourne, murmure en chantonnant le doux nom d'Allah et se rendort.

Plus loin, en plein soleil, affalé sur le dos, bras en croix, un garçonnet, las d'avoir lutté toute la nuit contre les moustiques, ronfle imperturbablement, les yeux, la bouche, le nez, pleins de mouches... Les Mondougagas peuvent taper !

Les Kotoko habitent surtout sur la rive allemande. Ils sont, en général, grands, osseux, avec une tête étroite, une peau foncée, un type parfois un peu affiné comme au Baghirmi. Ils se font sur le front et le nez trois longues cicatrices parallèles, dont la médiane va de l'épine nasale supérieure à la racine des cheveux. Cette longue cicatrice médiane ne leur est d'ailleurs pas spéciale, car beaucoup de Kanouri la portent également, et elle fait partie des tatouages signalés par camarade Henric chez les gens de Zinder.

Pêcheurs de préférence, cultivateurs par occasion, ils habitent le delta et les berges du Chari.

Entre eux, ils se divisent en trois groupes : les Lagouéré sur le Logone, où ils se sont mélangés aux

Mousgou ou Masa ; — à Kousri, les Semsir, qui se sont mélangés aux Barma ; — à Goulféi, les Soungoualkoué, métissés de Kanouri.

Malgré quelques symptômes de décadence, ils forment encore une forte peuplade, assez sympathique de tempérament.

Il court des légendes sur leur compte. On les représente comme les descendants de géants immenses qu'on enterrait debout. Ces géants s'appelaient les Sao ; on leur attribue des travaux gigantesques, dont on ne trouve plus aujourd'hui que de modestes débris.

Lorsque je laisse du lait, le régal de mes boys consiste à se préparer du « mich ». Ils ajoutent un peu de sel, de poivre, de l'oignon haché et du tamarin. Le lait caille, et, trois jours après, ils le mangent. C'est, à peu de chose près, notre fromage à la pie.

J'ai obtenu la permission de garder un jeune captif en attendant qu'on puisse l'envoyer chez lui. Le pauvre petit est sauvage et craintif ; il m'a appris qu'il avait été capturé au cours d'une razzia du côté de Gouléï et de Boungoul. Il n'est pas expansif ; on n'en peut rien tirer. En revanche, il mange comme quelqu'un à qui cela n'est pas arrivé tous les jours.

Parmi les groupes curieux qui peuplent le Bas-Chari, les Fellata ne sont pas ceux dont la présence est la plus explicable.

Pasteurs, semi-nomades, vivant de leurs troupeaux, ils ne tiennent au sol que d'une façon tout à fait accessoire. Leur demeure est partout où se trouvent des pâturages et l'eau. Raba, qui s'y connaissait, avait trouvé le moyen le plus sûr pour se les affilier : il prenait les bêtes ; les Fellata suivaient.

Cependant Raba n'est pas seul l'auteur de leur dispersion déroutante. On en trouve partout : les uns sont au Ouadaï, les autres au Darfour ; quelques-uns ont été s'installer au Dar Rouña. Mais les plus nombreux sont restés au Baghirmi, ou à l'entrée du delta.

Au Chari, on les nomme Fellata ou Foullan ; dans l'Adamaoua, on les appelle Foulbé ; au Sénégal, ils portent le nom de Peuls, de Poulo ou Foulla. En définitive, ils sont partout les mêmes. On distingue bien dans le nombre des types un peu différents. Mais le fait n'est pas surprenant, quand on songe à leurs avatars. D'une façon générale, ce sont des gens assez grands, minces, aux formes élégantes. Leur peau peu foncée a des tons chauds, légèrement roux. Ils ont la tête étroite, de grands yeux bien fendus, aux coins légèrement tirés ; le nez est plutôt fin, le plus souvent droit, à base horizontale, quelquefois un peu épais du bout ; les lèvres sont assez minces, les dents droites, l'oval du visage harmonieux. Hommes et femmes ont un système pileux assez abondant.

D'un tempérament froid, d'un caractère doux, intelligents et braves, les Fellata forment une race sympathique qui peut et qui doit nous servir.

Depuis longtemps, leur origine a provoqué des controverses tenaces entre les ethnographes. On les a fait venir un peu de tous les côtés, depuis l'Asie jusqu'au Sénégal ; on les a même rapprochés des Zandés.

Comme on manque absolument de base, toutes les opinions peuvent se défendre avec autant de succès. Aussi je n'ai pas scrupule de noter la mienne.

Cheikh et Tounsi les connaissait : il rapporte même à leur sujet la légende nationale qui les fait descendre d'une femme et d'un caméléon. L'histoire nous donne heureusement des renseignements moins fantaisistes.

Une chronique arabe les signale au XIIIe siècle au Kanem, où ils auraient constitué le fond de la population (1).

De 1571 à 1603, ils eurent à soutenir des luttes violentes avec les gens du Bornou et auraient, dès ce moment, commencé, vers le sud, un mouvement qui les amena sur le Bâ-Ergig.

C'est vers cette époque que les Boulala, établis au Fitri, les attaquèrent à leur tour et les refoulèrent de l'autre côte du Chari. Les Fellata envahirent alors l'Adamaoua, où on les trouve encore. C'est de là qu'ils se répandirent dans le Fouta Djallon.

En 1802, un de leurs marabouts, nommé Zaky, fils de Fodio, ayant eu maille à partir avec Baoua, chef de l'Adamaoua, fomente une révolte. Baoua est défait et tué. Zaky prêche la guerre sainte. Sous le nom de Dem Fodio, dont nous l'avons baptisé, il conquiert le Fouta, le Noupé, le Kachna, l'Afnau, le Sokoto, l'Adiguiz, et pénètre au Bornou, dont il détrône le chef. Ce dernier cherche un refuge au Kanem, et, en 1805, avec le concours du sultan Kanembou, Cheikh Mohamed Emyn, il réussit à battre les Fellata et à arrêter leurs conquêtes. Mais les Fellata n'en étaient pas moins revenus dans leur pays d'origine.

Si bizarre que puisse, en effet, paraître cette opinion pour ceux qui n'ont pas vu les gens, il semble que les Fellata sont les derniers débris de la race autochtone qui peupla le nord de l'Afrique, entre le Tchad et l'Égypte, où on les retrouve parmi les Fellah.

Si j'osais même, j'ajouterais que les Toubous sont

(1) Voir Lechatelier, *L'Islam*.

peut-être leurs proches et qu'on pourrait voir en eux les Nubiens de l'histoire antique.

C'est peut-être imprudent. Mais ceux qui voudront contredire ces suppositions seront obligés d'en faire d'autres, aussi gratuites : c'est la seule certitude qu'on puisse avoir aujourd'hui.

Un des légumes les plus employés est une plante appelée « tamaléga » par les Barma, « boubiri » par les Tounia, et « gabis » par les Sara. On la coupe en petits morceaux qu'on fait bouillir. On la met ensuite à cuire avec du poisson sec, et on la sert avec de la farine de mil cuite à l'eau. Les Barma appellent dala cette friandise.

Les femmes sont très coquettes; elles adorent les parfums violents. Comme les essences coûtent très cher, elles les remplacent par les fumigations. Elles mettent sur la braise quelques éclats de santal, des morceaux de diamsinda et d'autres bois aromatiques. Puis elles s'accroupissent au-dessus et se couvrent entièrement avec l'étoffe qui les habille.

Elles gardent pendant longtemps une odeur un peu poivrée, qui n'est pas désagréable, même à nos odorats civilisés.

Dans la grande rue, à droite, une paillotte circulaire flanque l'angle d'une enceinte en seccos. Devant la porte, une rangée de markoubs. C'est l'atelier de Mallem Harouna. Mallem Harouna est tailleur, et ses aides sont mâles; car nulle part ici les femmes ne savent coudre.

On est loin du Sentier ou de la rue de la Paix. D'un mur à l'autre, des ficelles tendues supportent des étoffes en pièces pour appâter le client : cotonnades luisantes, indiennes à ramages, pagnes éclatants, « ferdah » criards. A terre, assis en tailleur sur de vieilles peaux de chèvres ou des fragments de nattes, les ouvriers mélancoliques poussent des aiguilles grosses comme ça, ou roulent sur leurs cuisses nues des brins de coton arrachés à des lambeaux d'étoffe, pour faire du fil. On rit peu ; on cause à peine, on chuchote. Parfois un ténor fredonne d'une voix aigre.

Au fond, trônant sur une caisse garnie de coussins, Mallem Harouna dirige de ses doigts agiles la course cadencée d'une machine à coudre.

On entre ; il se soulève, esquisse un salut, sourit et marmote avec onction d'interminables « Afia ! El Afia ! Afia Zên ! » Puis, silence. On s'assied : cela peut durer longtemps. Mais on sent la bergerie. Alors on raconte sa petite histoire. Mallem, attentif, écoute. Il n'y a plus qu'à s'entendre. Deuxième tableau.

Mallem s'allume. « Les étoffes sont si chères ! Il est vrai qu'un sultan comme toi n'y regarde pas de si près. Car tu es un chef, un vrai sultan ; et, pour que ta femme soit la plus belle, un thaler de plus ou de moins n'est pas une affaire. D'ailleurs, on te comptera le « ferdah » au plus juste : tant pour les dix « dera », tant pour le transport depuis Mongono ou Dikoa ; ce Diagara est tellement dur pour les péages ! » Mallem parle, et ses mains s'agitent ; il sourit, montre ses dents, ondule, minaude, avec des gestes arrondis de petite fille. C'est un flot d'éloquence. On se noie, ses doigts bavards vous hypnotisent. Bref, lorsqu'on s'en va, on a consenti à lâcher quelques thalers en sus. Mallem n'est pas un juif : il n'est seulement que Haoussa.

Le Delta. — La région des Sao.

Je me mets aujourd'hui en route pour la dernière étape : elle doit me conduire au Tchad. Avant d'y aller, je profiterai de l'autorisation, que nous ont très aimablement accordée nos voisins, de visiter l'ancien territoire des Sao.

J'embarque avec juste l'indispensable et un cheval que nous avons grand'peine à faire traverser dans une pirogue kotoko.

A Kousri, le Dr Krawietz m'annonce qu'il m'accompagne jusqu'à Sao, en retournant à Dikoa. Nous partons à pied. Ma pirogue nous rejoindra.

La brousse, sur la rive gauche, n'a rien de plus remarquable que sur l'autre. Nous sommes dans des fourrés épineux, coupés de clairières, presque toutes marécageuses à cette époque.

Les pâturages sont abondants ; des Arabes y ont élu domicile : ce sont des Hamadieh, je crois, ou bien des Salamat. Ils vivent en petits groupes isolés et m'ont paru d'un naturel assez soupçonneux.

Mauvais cultivateurs, ils tirent une bonne partie de leurs ressources de la récolte du « kreb. » C'est une espèce de graminée qui pousse en abondance sans la moindre culture. Nous en traversons des nappes ininterrompues. On est entrain de la moissonner. Nous apercevons des gens armés d'un grand panier très léger qu'ils promènent comme en fauchant, au niveau des panicules. De temps en temps, ils vident ce qu'ils ont ramassé dans un autre panier ou un sac. Ce Kreb donne une farine très blanche, très appréciée par les indigènes, qui la préfèrent à celle du mil ; je crois qu'ils n'ont pas tort. Pour la moudre, ils se servent d'une grande pierre plate, le plus souvent fixée au sol : elle est légèrement inclinée. Dans le bas, une marmite est prise dans le bloc d'argile : cette marmite est elle-même inclinée, de façon à présenter son ouverture juste au niveau de la dalle. On y met le kreb. La femme s'agenouille à l'autre bout, tenant à deux mains une seconde pierre plate qui servira de meule. Elle amène de la marmite une poignée de graines sur la dalle et les broie vigoureusement; les grains épargnés retournent dans la marmite; la farine reste sur la pierre; la femme la balaie d'un coup de main et la fait tomber dans un van placé devant ses genoux.

Les indigènes font très vite cette besogne, cependant pénible.

Le soir, nous nous sommes arrêtés dans un petit village kotoko que je n'ai pu visiter. Le docteur et moi, nous avons causé jusqu'à des heures tardives; nous finissions par nous comprendre, mais je dois avouer que ce fut surtout grâce à lui. Il m'offre d'ailleurs une hospitalité charmante, qui m'est d'autant plus sensible que je suis plus miséreux.

Le lendemain, vers midi, nous sommes arrivés à Meltem, sur le bras de Makari. C'est ici que je vois pour la première fois des traces indubitables d'une civilisation plus ancienne. Le village est entouré d'une enceinte de murailles en terre, énormes, dont il ne subsiste plus guère que la base. Un fossé la précède, déjà presque comblé par les éboulis. Au milieu de la brousse, nous avons pu trouver des vestiges de cases; il ne reste plus que des emplacements circulaires et des fragments de poterie.

J'ai eu le temps de jeter un coup d'œil sur les cases kotoko. Elles ressemblent extérieurement aux cases Barma. Mais la muraille en terre est toujours plus ou moins protégée par des sargouñias (1) collés contre l'argile. Ces murs sont moins épais et renforcés par des pieux qui supportent le toit et font saillie à l'intérieur. Un mât

(1) Secco ou paillassons tressés.

central soutient la coupole. L'intérieur de la case est divisé en plusieurs étages concentriques. Le sol, légèrement excavé, s'étend jusqu'à une première marche, qui tient toute la moitié postérieure du cercle, en face de la porte.

Une seconde marche, en retrait, contient le fourneau, construit comme au Baghirmi. Une troisième sert de couchette.

Le mobilier n'a rien de particulier. Mais la disposition de ces cases est absolument spéciale. Je ne l'ai trouvée nulle part ailleurs. Ce mode de construction doit être propre aux Sao, dont ces Kotoko descendent en droite ligne. Ils ont appris à utiliser d'une façon presque parfaite l'argile, très abondante, pour se protéger contre l'humidité.

Meltem est un lieu de passage fréquenté. Jadis, la place exigeait même un péage.

Comme la rivière est trop profonde pour être traversée à gué, les gens passent à la nage, en se servant de calebasses énormes en guise de flotteurs.

Pour nous éviter les fatigues d'une marche pénible par la chaleur, nous avons embarqué dans une pirogue qui nous descend jusqu'à Sao. Le voyage n'a rien d'agréable; le fleuve est étroit et très encaissé entre deux berges couvertes d'une végétation arborescente et forte. On ne voit rien.

Vers le soir, nous sommes arrivés à Sao, trempés; l'embarcation faisait eau par toutes les fentes. Il a fallu faire sécher le matériel aussitôt débarqué.

Le Dr Krawietz me quitte ce matin pour reprendre le chemin de Dikoa. Je regrette bien de ne pouvoir l'accompagner jusqu'à Ngala, où Nachtigall signale de vieux tombeaux. Je n'en ai pas le temps;

j'ai surtout trop peu de ressources ; j'ai dix thalers pour faire ma tournée, encore a-t-il fallu que le Commandant fasse un sacrifice pour me les accorder.

Malgré les ordres du Dr Krawietz, les gens de Sao ne mettent guère de bonne volonté à me faciliter la besogne. Ils se retranchent derrière leur ignorance et cherchent à éluder mes questions. « Les Sao sont morts depuis si longtemps ! » Mais j'ai pour me guider un renseignement précieux ; je ne lâche pas prise : pourquoi le village porterait-il encore le nom de Sao, si la région ne conservait des traces de leur existence.

Bribes par bribes, je finis par arracher quelques indications. Les gens parlent un dialecte très voisin du kotoko, dont il diffère cependant par la prononciation et par quelques détails. Puis j'arrive à savoir jusqu'où s'étend encore la région des Sao : Balghé, Ndéfou, Renn, Affadé, Ngala, sont les principaux centres. Ces Sao furent jadis une très grande nation ; la légende qui court sur leur compte tire son origine des traces qu'ils ont laissées. Ils ont dû, en effet, connaître une civilisation beaucoup plus avancée que celle d'aujourd'hui. Barth nous les montre occupant les pays entre le Chari et la Komadougou Waoubé, en 1330 ; battus et dispersés en 1600 par Edriss Alaoma, ils furent obligés d'émigrer vers l'est et le nord-est, ne laissant dans leur pays d'origine que des noyaux éparpillés.

Cette donnée historique est corroborée par les constatations possibles à l'heure actuelle.

Ces Sao furent, à n'en pas douter, la branche originelle de beaucoup de peuplades d'ici. Les kotoko sont leurs descendants les plus directs. Ils en conviennent très volontiers. Même, ils indiquent leur parenté avec les Kouri du lac Tchad, et aussi avec les Kanembou, qui sont plus mélangés.

Pour éclairer mes convictions, j'ai tenu à inspecter la brousse, espérant y trouver quelque indice capable de me fixer sur la valeur de mes renseignements.

Lorsque j'ai parlé aux Noirs de tombeaux, ils ont naturellement feint une ignorance complète. L'un deux a même poussé la naïveté jusqu'à me conduire devant une vieille carapace de tortue, qu'il m'affirmait avec un grand sérieux être un crâne.

Mais, en chemin, j'ai retrouvé dans les lougans les mêmes vestiges qu'à Meltem : presque toutes ces ruines sont au sommet d'élévations. Puis j'ai trouvé des os. De détours en détours, j'ai fini par m'apercevoir que ces os provenaient des flancs de petits monticules, où les pluies les avaient déterrés.

Dès lors, j'étais sur la bonne piste, et bientôt je mettais à nu un premier squelette. C'était celui d'un homme de grande taille, autant que j'en pus juger malgré son mauvais état : il s'effritait en miettes. Le corps avait été couché sur le flanc droit, la face tournée vers l'est, la tête au sud. Les jambes sont demi-fléchies, les bras allongés, les mains jointes fixées entre les genoux; c'est la même position qu'on donne encore aux morts dans la tombe aujourd'hui. La tête était très abîmée. Un peu plus loin, j'ai trouvé un autre squelette, dans une situation en tous points identique. Toujours pas de crâne bien conservé. A la fin, j'en ai découvert un ; mais il m'a fallu l'enlever avec le bloc de terre, que j'ai dû entailler au couteau.

En cherchant dans les herbes, j'ai ramassé des débris de poteries énormes, comme on n'en fait plus dans le pays ; quelques fragments de ferrailles, et des perles en cailloux taillés, ressemblant étrangement à celles qu'on retrouve du côté du Niger.

Je suis d'autant plus navré de ne pouvoir continuer mes recherches que je me sens sur un terrain plus solide. Avec un peu de temps et quelque argent, on ferait, j'en suis sûr, des trouvailles intéressantes. Mais il faut m'en retourner ; le temps passe, et je ne suis pas encore au Tchad.

La pirogue m'a rejoint. Nous remontons le bras de Makari, qui nous ramène au Chari en aval de Fort-Lamy. C'est la première des branches qui divergent du fleuve. Elle va se jeter dans le cul-de-sac Bornouan du Tchad. En cette saison, elle est volumineuse, mais elle s'assèche presque pendant les grosses chaleurs.

A sa naissance, s'élève le village kotoko de Faldjé. J'y ai passé la nuit. Les gens conservent pour les Français une amitié empreinte de ce respect que nous a valu partout la victoire de nos armes. Ce sont des pêcheurs émérites. A l'embarcadère du village, étaient amarées plusieurs grandes pirogues fort bien faites. Le défaut de bois de construction a obligé les indigènes à faire de l'ajustage : leurs pirogues sont en planches cousues. Elles sont à fond plat ; la poupe est coupée carrée, et l'avant retroussé en proue de gondole. Au niveau de la jonction des bordages et du fond, la coque est faite de planches d'un seul morceau, taillées en angle dièdre. Le reste de la membrure est en lames, accolées suivant leur taille, sans disposition spéciale. Les coutures sont faites en surjets qui serrent sur la fente un calefatage d'herbe épaisse et très pressée. De petits morceaux de chiffons, poussés en forçant avec des outils minces, bouchent les fissures et les trous par où passent les cordelles de coutures. Une membrure rudimentaire renforce intérieurement la coque. Des traverses maintiennent l'écartement des bordages et simulent des bancs. Ce ne sont certes pas des embarcations très étanches, mais elles sont assez solides pour embarquer plus d'une tonne.

Le soir, j'ai eu le spectacle d'un tam-tam, donné en l'honneur de la fin des moissons. Vers six heures, le chef avait fait répartir les derniers épis de mil. Après, on dansa. Comme orchestre, un flageolet rustique et un tambour.

La danse n'est pas très attrayante : hommes et femmes font une ronde très lente, marchant en file indienne, scandant les pas et se trémoussant d'une façon grotesque ou inconvenante. Quelques hommes se sont affublés d'oripeaux. L'un d'eux s'est entortillé dans les débris d'un vieux filet ; il s'est fait une espèce de turban, a passé une tige de mil à sa ceinture en guise de sabre, et s'en est mis une autre en bandoulière en guise de fusil ; n'empêche qu'il en tienne une troisième sur l'épaule. Chaque fois qu'il passe devant moi, il me crie : « Ana askr (1) », de peur que je n'aie pas compris. Il a un succès fou, dont personne, pas même lui, ne se lasse.

Pendant un repos, le tambourinaire est venu me donner une audition spéciale. C'est sans doute un virtuose, car tout le monde a fait cercle. L'homme a assuré sous son bras le tambour en bois allongé qui lui pend à l'épaule. Il s'est affermi sur les jambes. Il frappe son instrument avec une petite baguette en bois, recourbée à angle droit, qu'il tient de la main droite ; il se sert de la main gauche, sans accessoire. Il frappe, frappe, s'excite, multiplie les croches, arrive presque au roulement, tout en faisant des contorsions désopilantes qui décèlent ses efforts : il se tortille, se raidit, roule des yeux, louche, grimace d'une façon

(1) En arabe : moi soldat.

épouvantable. L'assistance lui fait ovation ; lui me demande en cadeau une boîte d'allumettes. Je crois bien qu'ils les ont toutes brûlées le soir même, à force de vouloir en allumer chacun une.

A partir de Faldjé, nous avons pris le Chari, décidés à ne pas perdre de temps en route. Il n'y a d'ailleurs pas grand'chose à remarquer. Le fleuve, large d'environ 600 mètres, est bordé de berges le plus souvent abruptes et couvertes de broussailles. Nous les longeons en frôlant des bancs épais de roseaux et de mimosa polyacantha, où la tsé-tsé foisonne. C'est sans doute cette coïncidence qui a induit en erreur notre camarade Morel et lui a fait penser qu'il y avait une relation entre la présence de la plante et l'existence de la mouche. Toutes deux recherchent également l'humidité : c'est le seul fait qui soit exact.

A cette époque de l'année, la crue et les pluies provoquent dans les berges des éboulements considérables : par instants, on voit des pans de terrain se détacher d'un seul bloc sur 5 ou 6 mètres de longueur. Ces éboulis mettent à nu les gîtes d'animaux de toutes sortes, abrités dans les berges. On retrouve d'abord des lacis de galeries aménagées par les fourmis ; les trajets empruntent ceux des racines que les insectes ont fait disparaître. Ailleurs, on trouve des cavités globuleuses occupées par des magmas d'argile ferrugineuse qui se dissout petit à petit. D'autres trous sont l'œuvre de gros carabiques ou d'insectes mineurs ; certains sont habités par des araignées. Des termites se sont ménagé des logettes soigneusement crépies et maçonnées : quelques-unes contiennent des gâteaux de terre et de salive, criblés de trous, pareils à des éponges. On remarque ailleurs des noyaux arrondis, gros comme le poing, formés de petites boulettes de terre agglutinée : c'est compact et pesant. Près de la surface, sont des galeries obliques de sphégides. Près de l'eau, sont les trous plus rares, creusés par un animal gros comme un rat, rougeâtre, qui plonge et nage fort bien. Je n'ai pu mettre la main dessus.

Les guêpiers et les martins-pêcheurs font le reste.

Nous nous sommes arrêtés quelques instants à Mara. La ville est sur la rive allemande. Chez nous, il n'y a qu'un petit village nouvellement construit dans le marais.

En aval de Mara, on trouve dans les éboulis des berges, sur notre rive, à $1^{m},50$ environ de la surface du sol, de véritables assises de poteries concassées. Les indigènes les attribuent aux Sao.

Rien de remarquable jusqu'à Goulféi, qui se trouve assis sur la rive allemande. C'est une très grosse bourgade, autant que j'en ai pu juger de notre berge. Son aspect rappelle celui de Kousri, en plus propre et en mieux construit ; l'enceinte a même l'air d'être entretenue, ce qui n'est pas surprenant, puisque Goulféi est la résidence du sultan Diagara.

Sur notre rive, pas grand'chose, sauf des groupes de cases en paille habitées par des Kotoko et, dans l'intérieur, par des Arabes.

Au-dessous de Goulféi, les berges du Chari s'abaissent. Quelques villages de Salamat ou de Beni Sett sont cachés dans la brousse à peu de distance du fleuve. On y élève partout de l'autruche, qui fréquente d'ailleurs ces régions en assez grandes troupes, à l'état sauvage. Mais c'est surtout le lieu d'élection du rhinocéros : la brousse est sillonnée de ses pistes.

Nous avons couché dans le village de Koukaïa, habité par des gens dont la présence ici est assez curieuse. Ce sont des Babalia ; ils parlent un dialecte très voisin du Barma et disent qu'ils sont parents avec les Boulala de la région du Tchad. C'est peut-être un noyau isolé, qui a subsisté après que les Boulala eurent été rejetés dans le sud.

Ce sont des pasteurs de mœurs douces et accueillantes ; ils ont pris les allures et les habitudes des Arabes qui les entourent. Le soir, ils ont dansé à la lune, au son d'un instrument qu'ils appellent badiara. C'est un simple roseau coupé entre deux nœuds dont on n'a supprimé qu'un seul. Vers l'extrémité obturée, on a découpé une mince languette longitudinale allant jusqu'à la cavité de la tige et adhérant seulement par l'un de ses bouts : un 8 de ficelle passe sur cette anche et est maintenu en place par le petit doigt, lorsque le musicien a trouvé sa note. L'autre extrémité du badiara est percée latéralement d'un seul trou. Le musicien souffle et aspire alternativement et varie la musique en bouchant plus ou moins complètement le trou latéral ou celui du pavillon. On ne peut dire que le son soit joli, mais il est assez mélodieux et même agréable. Ces plaintes de hautbois mélancolique sont tout à fait dans une nuance en harmonie avec le cadre. A la fin de chaque phrase musicale, l'assistance accompagne d'un accord très grave, donné presque à mi-voix. La danse elle-même n'est pas curieuse. C'est un exercice d'assouplissement. On tourne en cercle d'abord très lentement, en n'esquissant que de petits gestes parfois pas disgracieux ; on avance presque sans lever les pieds, les genoux un peu fléchis. On saute alternativement deux fois, un pied touchant le sol avant l'autre, puis les deux pieds frappant à la fois. Un temps d'arrêt ;

sursaut en avant les pieds joints, et on recommence. Peu à peu la danse s'anime, les mouvements prennent de l'ampleur; voici même qu'on gesticule. Puis brusquement tout se calme, pour reprendre l'instant suivant, avec la même gradation. Pendant ce temps, le Badiara n'a pas bronché ; il n'a pas envoyé une note plus vite que l'autre ; il s'est borné à quelques « couac », pour ne pas être oublié.

Je n'ai pas pu chasser, et il n'y a rien pour la soupe. Je vais manger du sieñ à la mode Tounia ; c'est Kouno qui me l'a préparé. Koudou, qui est Sara, appelle ce plat mourou. C'est le mets national ; ce n'est même pas assez dire, car, à part quelques variantes, j'en ai vu manger partout.

La préparation n'est pas compliquée. On fait bouillir de l'eau dans une *marmite*, et l'on ajoute du mil en farine par petites quantités. Il faut remuer vigoureusement le mélange en le laissant cuire jusqu'à ce que l'eau soit résorbée. Cela fait un bloc de pâte qu'on met à refroidir dans une calebasse. C'est en somme une espèce de pain, et, quoique indigeste, il s'avale sans difficulté. On pourrait aussi bien l'appeler cataplasme.

Pour la circonstance, Kouno a fait une sauce toute verte avec des feuilles de Tamaléga et avec cet hibiscus répandu partout sous les noms variés de véké, de gombo, etc.

C'est visqueux, gluant, ça colle, et ça n'a pas grand goût, sauf un peu d'amertume. Mais, avec du sel, on s'en contente, même quand on n'a pas gros appétit.

A Chaoui, nous sommes en plein delta. La ville est encore en territoire allemand. Sur notre rive, un autre village s'élève qui tuera peut-être celui de l'autre côté.

A partir de cet endroit, le Chari semble se ralentir ; il s'envase ; les berges s'aplatissent et se bordent de marais de plus en plus nombreux. En cette saison, on voit plusieurs petits marigots se détacher du fleuve et courir à travers prés.

Dans ces parties inondées, le courant ne se fait pas sentir : le poisson abonde. Les indigènes emploient pour y pêcher un système ingénieux. Entre la rivière même et la morte-eau, ils construisent parfois, sur plusieurs centaines de mètres, une grossière zériba en branches. De place en place, ils ménagent des chambrettes quadrilatérales munies d'une porte étroite. Les quatre gros pieux placés aux angles sortent de l'eau et supportent une plate-forme sur laquelle un pêcheur fait le guet. Le poisson suit la zériba et trouve la porte ; mais, pour la franchir, il doit faire remuer trois ou quatre longues tiges de paille, plantées à dessein dans la vase. Le guetteur est prévenu. Il a eu soin d'immerger dans le fond de la chambrette une petite bourse en filet maintenue au fond par des brindilles de bois : ce filet est muni d'une ficelle que l'homme tire brusquement pour emprisonner le poisson.

En passant, nous trouvons des pêcheurs à l'ouvrage ; quelques-uns, plongés dans l'eau jusqu'au cou, sont entrain de disposer leur filet, en se servant uniquement de leurs pieds.

Un autre système de barrage s'emploie dans les petits bras, où le courant est rapide. Des claies, semblables à celles du haut fleuve, sont installées en travers du courant. Pour plus de sécurité, des lianes, en guise de tendeurs, relient la barricade à la berge. Les claies forment une spire allongée, à tours de plus en plus rétrécis, laissant enfin une logette dans laquelle on accède par une porte en entonnoir.

Nous nous sommes trompés de chemin et engagés dans un petit bras à l'ouest. Nous avons heureusement rencontré un hameau dont les habitants nous ont remis dans la bonne voie.

En débarquant pour aller aux renseignements, j'ai trouvé des tanneurs entrain de préparer des peaux de crocodiles pour en faire des sacs. Ils choisissent de jeunes sauriens longs à peine d'un mètre; ils les dépouillent très proprement sans les déformer, assouplissent la peau et la tannent avec la graine d'un acacia. Ils recousent alors la fente du dépouillage, laissent une ouverture à la place du cou et conservent presque entièrement les pattes : la cavité de ces dernières leur sert à ranger à part les plus petits objets, hameçons, briquets et autres ustensiles.

De retour dans le grands bras du Chari, nous avons essayé de rattraper le temps perdu, pour arriver à Djimtilo le soir.

L'aspect du paysage change de plus en plus : les papyrus apparaissent en grosses touffes; les berges s'aplatissent et se dénudent. On défile de temps en temps entre des clairières, où scintillent actuellement des flaques et où s'éparpillent des bouquets de bois. Le nombre des marigots augmente. A l'est, devant nous, se dressent les sommets arrondis de Hadjer el Hamis. Sur quatre, deux seuls sont assez élevés pour s'apercevoir à cette distance.

En certains endroits, les berges sont hautes encore; elles sont alors généralement couvertes d'un tapis d'herbe et ombragées de gros tamariniers.

Sans nous arrêter, nous passons devant des hameaux, situés sur la rive droite, et nous arrivons à Djimtilo, terme de notre voyage. C'est ici que nous allons camper.

Djimtilo. — Le lac Tchad.

Djimtilo n'est pas, à proprement parler, au bord du Tchad. En cette saison, le lac débordé y vient presque; mais, lorsque les eaux se sont retirées, il faut faire une douzaine de kilomètres pour les rejoindre. Cependant Djimtilo est un centre important : c'est la dernière bourgade dont la construction ait été possible dans ces régions toujours menacées par la crue. C'est le dernier port sur le fleuve, le point de transit entre le Chari et l'archipel. Aussi la population y est-elle assez mêlée.

L'élément principal est composé d'Arabes Salamat. A côté d'eux, vivent quelques Kotoko. Dans un autre village, sont groupés des Kanembou, des Kouri originaires de l'archipel et de rares Boudouma, qui forment la population flottante. Tous s'entendent entre eux assez bien : Kotoko et Kanembou pêchent; les Arabes élèvent du bétail. Les uns et les autres cultivent un peu de mil.

Le pays est curieux; il est l'œuvre du fleuve, qui roule pendant la crue beaucoup d'alluvions. Le terrain, très fertile, est couvert de bouquets clairsemés de brousse plus forte, mais moins épaisse. Ce qui domine, c'est la plaine, marécageuse pendant les pluies, fraîche encore pendant la sécheresse. Aussi les pâturages sont-ils abondants.

A Djimtilo, on commence à trouver un véritable élevage, mais il faut se garder des exagérations. Les chèvres sont nombreuses ; les moutons le sont déjà moins. Quant aux bœufs, leur nombre n'est pas considérable.

On en distingue deux races : le zébu et le bœuf du Tchad. Celui-ci est facilement reconnaissable à ses cornes immenses en croissant et à son garrot dépourvu de bosse. Il est de robe généralement blanche et rappelle nos bœufs majestueux du Morvan.

Le zébu ressemble beaucoup à celui du Niger. Nous ne croyons pas qu'on puisse diviser la race du Chari en deux variétés, l'une arabe, l'autre fellata. Cette manie de trouver des choses extraordinaires est bien faite pour rendre plus difficiles des études qu'on poursuit le plus souvent avec des moyens insuffisants. Les indigènes d'ici pratiquent un élevage de fortune. Ils laissent faire la nature, sans beaucoup s'inquiéter des croisements. Ils demandent à leurs animaux de produire, mais ne se tracassent guère pour les sélectionner. Si on trouve chez les Fellata des bœufs plus gras que chez les Arabes, c'est plutôt à cause du propriétaire que des animaux. Il est bien inutile de fabriquer de nouveaux types, surtout en se basant sur trop peu d'observations.

Pour les chèvres, le problème est aussi difficile : on pourrait en distinguer des types multipliés, produits par les croisements désordonnés de deux races : l'une ressemble à la race du Soudan, avec des cornes presque verticales, divergentes et en S ; l'autre est une variété sans cornes, voisine de la race de Nubie.

Les moutons sont, eux aussi, issus de mélanges continuels. Leur toison n'est bonne à rien. Les uns sont sans cornes, hauts sur jambes, avec un garrot saillant ; les autres ont de grosses cornes, une toison épaisse, un profil plus brusqué, une taille plus forte. Les indigènes disent qu'au Ouadaï c'est le type habituel.

Dans le Delta, vivent quelques chevaux : ce sont des barbes, tout à fait semblables à ceux du nord de l'Afrique, avec leur tête très longue et leur croupe ravalée.

Je ne sais plus qui avait eu l'idée ingénieuse de proposer la construction du Transsaharien pour exploiter au Tchad la viande de conserve et transporter les peaux. On peut ranger cette plaisanterie parmi les meilleures du genre. En se serrant la ceinture, nos troupes qui sont au Chari arrivent avec peine à se contenter d'un très petit impôt, qui suffit cependant pour empêcher les troupeaux de s'accroître. Quant aux peaux, elles ne valent rien pour nos industries : elles sont maigres, minces, étroites, et leur fleur est complètement gâchée par les piqûres d'insectes. Ce n'est pas encore avec cela que le Tchad paiera ce qu'il nous coûte.

Les habitations à Djimtilo sont intéressantes : ce sont des cases rondes, de 4 à 5 mètres de diamètre et hautes de 3. La charpente est composée de quatre grands mâts, placés en carré à 3 mètres d'intervalle. Extérieurement, des pieux espacés, hauts de 1m,80. Pour construire le toit, on établit une carcasse peu cintrée, avec des branches ajustées les unes au bout des autres. Parmi ces cintres, deux dans chaque sens s'appuient sur les mâts, de telle façon que la charpente a quatre points d'appui. On couvre avec des nattes grossières. A la base du toit, on fixe un rouleau de paille de 25 centimètres de diamètre, faisant le tour complet. De place en place, on y pique obliquement des piquets assez longs pour traverser et dépasser à l'extérieur de 20 à 30 centimètres. Il ne reste plus qu'à jeter sur le toit de la paille, qu'on entasse comme pour faire une meule de foin. Le gros rouleau de paille et les piquets l'empêchent de glisser. L'épaisseur de la couche est plus considérable au centre qu'à la périphérie et donne à la toiture une forme vaguement conique. Cette couverture n'est pas élégante, mais elle répond assez bien aux conditions climatériques. Pour résister aux pluies d'hivernage, elle doit être excessivement épaisse, car les dimensions de la case empêchent de donner plus de pente au toit.

Les murailles de la case sont très légères. On utilise les roseaux qui poussent en abondance ou les tiges de mil. On les accole les unes aux autres en les reliant par des cordelles en surjet, passant sur trois ou quatre roseaux à la fois.

La porte tient toute la hauteur du mur; elle a presque 1 mètre de large, pour permettre au bétail de passer. On la ferme avec une claie construite comme la muraille.

L'intérieur de ces habitations rappelle d'une façon frappante le tougoul des cases nilotiques. Le lit est une immense plate-forme en baguettes, élevée de 1 mètre au-dessus du sol et ayant au moins 2 mètres dans ses deux dimensions. Cette plate-forme est complètement enclose par des nattes, sauf au plafond. Toute la famille y couche.

Le bétail est attaché le soir à une traverse posée sur des fourches plantées en terre, à côté du lit. De l'autre côté, on range les ustensiles.

Dans presque toutes les cases, on trouve pendus des amulettes, tablettes en bois, ou morceaux de papier sur lesquels sont écrits des versets du Coran. L'empreinte d'une main appliquée sur la porte complète cet arsenal destiné à conjurer les sorts.

Ce sont, en somme, des cases à deux usages : les bêtes et les gens y trouvent également abri. L'hygiène n'est peut-être pas parfaite, mais les Arabes n'y regardent pas de si près.

Rien que pour se promener avec ma lanterne à acétylène, Cheikh Ali ferait faire le tam-tam tous les soirs. C'est devant sa case que l'on danse. La place est toute poudreuse, piétinée par les bœufs quand ils rentrent et parsemée de bouses parmi quelques touffes d'herbe. Aux premiers coups de tambour, tout le monde accourt. Cheikh Ali et ses frères viennent me chercher. Ali, l'aîné, a bien douze ans.

Nous coudoyons des femmes très sales, qui se hâtent, emportant leur enfant sur la croupe. Quelques jeunes filles surprises s'écartent précipitamment, avec une défiance bien injustifiée, les pauvres ! Quant à la nuée des moutards qui m'escortent tout le jour, ils ne conservent plus la moindre retenue. C'est à qui viendra examiner mes boutons, ou me tirer par la manche afin que je leur fasse regarder le réflecteur de ma lanterne. Ils s'amusent de leurs grimaces, surtout si l'un d'eux se met à éternuer. Quelques-uns me poursuivent et m'apportent encore, soigneusement ficelés dans des feuilles, des bousiers malodorants que j'achète quand même, espérant toujours trouver quelque chose de neuf.

Mais Cheikh Ali et ses frères sont impitoyables. Ils distribuent des coups de chicote avec une générosité toute orientale. Pour tranquilliser mes scrupules, ils me disent que ce sont des miséreux, des « Meskin » ; dans ce terme, ils mettent tant de mépris que je me demande ce qu'eux-mêmes pensent être. En fin de compte, on fait place nette, et je deviens la propriété exclusive de la famille régnante. Cheikh Ali peut gesticuler avec le fallot dont il m'a dépossédé et se pavane tout à son aise pendant qu'on danse.

Edris, le Kanembou, se dandine en soufflant dans une flûte dont il tire des trilles éperdues. Un Salamat immense et décharné frappe solennellement sur un petit tambour attaché sous son bras. Un troisième tambourine comme à contre-temps sur une caisse plus petite encore, suspendue sur son estomac. A eux trois, ils arrivent à peine au tu-tu pan-pan de Valmajour. Mais ça se précipite. Les tambourinaires battent une cadence rompue, comme s'ils ne pouvaient arriver à jouer ensemble. Le rythme ressemble à celui de la ronde enfantine :

Tu n'auras pas la queue de mon loup !

Face au centre, des femmes tournent en rond, en marchant de côté. Elles laissent pendre les bras, penchent la tête en avant d'un air attendri et accompagnent chaque petit pas d'un coup de hanche alternatif, secouant leur croupe. Tout autour, en monome, les hommes dodelinent de la tête et s'avancent à pas comptés. Ils font de grands gestes, arrondissent les bras et laissent traîner jusqu'à terre les fausses manches flottantes de leurs boubous. De la tête aux pieds, ils ondulent avec une certaine grâce mêlée de gaucherie. Ils ont littéralement l'air de ne savoir sur quel pied danser. C'est une succession de faux pas ; puis brusquement toute la file s'arrête, et chaque danseur envoie un grand coup de... reins dans le... ventre de celui qui le suit.

Parfois une femme se détache de son groupe, quand passe à son niveau le cavalier choisi. Tous deux font quelques pas côte à côte, puis se font vis-à-vis. On dirait alors à les voir deux personnes en politesses, s'effaçant chacune du même côté pour se laisser passer : « Madame... Monsieur... Je vous en prie... Je n'en ferai rien. » Puis tous deux se décident ensemble, et patatras ! les voilà qui se cognent. Ce manège dure deux mesures complètes. Ils font ensuite deux fois un gracieux dos à dos, et chacun reprend sa place dans l'interminable théorie.

Toute fausse pruderie à part, ce n'est pas mal. Ces

Arabes, drapés dans leurs immenses boubous, ont des silhouettes étroites, élégantes, presque fines. Ils sont mieux que tout nus. Ces plis flottants qui les étoffent enveloppent la sécheresse de leurs membres noueux. Ils sont même tellement sérieux et dignes qu'on s'imaginerait les voir danser le menuet. Quelques-uns tiennent du bout des doigts une tige d'herbe ou leur sandale, dans une pose quasi hiératique. Ils me rappellent, trait pour trait, les Comoriens à Majunga. Ce sont les mêmes silhouettes, mêmes gestes, même dignité, mêmes façons, mêmes allures ; la cadence est identique.

Si ce n'étaient les différences dans le décors, je me croirais encore sous les grands manguiers de Mahabibo, à regarder les Anjounais faire des effets de torse pour séduire les ramatoas ébouriffées, dont le grand œil noir, langoureux et velouté s'allume.

L'énorme quantité d'eau qui s'épand sur les plaines dans la région du Bas-Chari a suggéré aux habitants un ingénieux moyen de locomotion : on l'appelle Dororo : c'est un vade-mecum. Parfois, vous apercevez un homme qui déambule en portant gaillardement sur l'épaule un énorme fagot. Il transporte son dororo. Quand un marigot coupe la piste, l'homme roule son pagne autour de la tête, met à l'eau son flotteur, l'enfourche à cheval et file en se servant des mains en guise de rames. Parfois, sur la rivière, vous apercevez une ligne d'individus immobiles, comme appuyés sur une longue canne ; leur buste seul sort de l'eau ; ils avancent en glissant ; ce sont des pêcheurs à cheval sur leur fagot dont on ne voit sortir que les extrémités.

Pour faire ces flotteurs, on se sert d'une plante qui foisonne à la lisière du Tchad : on l'appelle Ambatch ou Maréa ; les tiges sont coniques, pleines de moelle comme le sureau. On en coupe un tronc volumineux, ou bien des branches qu'on joint solidement en un fagot, renflé à ses extrémités. Sur la partie médiane plus mince, on fixe un petit rectangle de natte, pour protéger le siège. Pour s'en servir, on se met à cheval dessus.

Quand ils sont entrain de pêcher, les noirs laissent leurs jambes pendantes pour maintenir l'équilibre. S'ils veulent au contraire naviguer, ils se mettent dans deux positions différentes suivant l'allure. Pour faire « en avant doucement », ils laissent remonter leurs jambes, soit horizontalement le long du dororo, soit simplement en fléchissant les cuisses, comme s'ils avaient des étriers; ils sont en quelque sorte assis sur l'eau, le corps un peu penché en avant, pour pouvoir allonger les coups de mains comme des coups de rames. Pour faire « machine toute », ils se couchent au contraire presque à plat ventre et s'aident des pieds pour avancer plus vite.

Pour pêcher sur dororo, les indigènes se servent d'un filet qu'on appelle Tégéy. Le manche se compose généralement de cinq à sept rallonges frettées bout à bout et solidement ajustées comme dans une canne à pêche, longue de 7 ou 8 mètres. A l'endroit où la monture se bifurque, elle est coudée sur le manche, suivant un angle obtus de 150°. Les branches ont 2 mètres de long et un peu plus d'ouverture.

Le filet est semblable à la troublette à ficelle que nous avons notée à Fort-Archambault. Quand le pêcheur sent des secousses transmises par la cordelle, il laisse s'aplatir la poche, remonte son filet et assomme le poisson qui est dedans à grands coups de matraque. Après quoi, il l'attache à une ficelle qui traîne derrière lui. C'est le système le plus employé.

Le long des berges, il vaut mieux être en bateau pour avoir un point d'appui plus solide. On se sert aussi d'un filet du même genre, à manche plus court, mais à branches plus longues et à ouverture plus large.

Dans le delta, la pêche est des plus fructueuses. Mais, comme sur tout le fleuve, la faune ichtyologique n'a rien de bien spécial. Elle renferme les mêmes espèces que celle du Nil et du Congo. Cette constatation n'est pas faite pour justifier les suppositions qui représentent le Tchad comme le vestige d'une mer morte : le Tchad n'a rien du Tanganika.

Pendant mes promenades dans la brousse, je me suis fait une légion de jeunes amis : tous les bambins du village, entre six et dix ans, m'accompagnent et m'aident à chercher des insectes; leur zèle n'est tenté que par les plus faciles à prendre : ils m'apportent des kilos de fourmis, des sauterelles imparfaites, et surtout de pleines calebasses de bousiers. Je leur donne quelques petits hameçons pour stimuler leur ardeur. Aussi ne me lâchent-ils plus d'une semelle. Au campement, ils font cercle et commentent tous mes gestes ; ils discutent avec tant d'animation qu'il me faut souvent réclamer le silence.

Toujours deux ou trois des plus forts profitent de cette injonction pour témoigner de leur innocence : ils frappent n'importe lesquels de leurs voisins : ceux-ci pleurent ou se défendent ; les partis se divisent ; coups de pieds, coups de poings ; deux ou trois vident le terrain en pleurant ; les autres se calment. Avant de s'asseoir à nouveau, mes curieux restent debout ; comme ils n'ont pas de poches, ils laissent leurs mains s'égarer vers un endroit que je n'ose définir.

Depuis que je déambule, j'ai eu maintes fois la preuve

que ce petit endroit était très fréquenté par les mains des jeunes représentants des deux sexes : les enfants sont les mêmes partout. La promiscuité dans laquelle vivent ceux d'ici les pousse. Aussi ces petites occupations sont-elles toutes naturelles, et les jeunes enfants ont-ils des notions beaucoup plus complètes que ceux du même âge chez nous. A âge égal, ils sont d'ailleurs plus précoces en tout que les nôtres. Un négrillon de huit à dix ans est déjà presque un petit homme, souvent même très intéressant. Malheureusement, la puberté vient mettre un terme à son développement intellectuel. La bête prend le dessus dès qu'il commet le premier péché, dès qu'il a mordu dans la pomme.

L'abondance de la tsé-tsé dans ces parages oblige les indigènes à surveiller beaucoup leurs animaux. Les bœufs et les chevaux sont souvent tenus enfermés dans la journée ; on les envoie au pâturage quand le soleil tombe : mais on ne les y laisse pas très tard, surtout lorsqu'il n'y a pas de lune. Les moutons et les chèvres vont au pré dès le matin, quand le soleil a bu la rosée. Ce sont des garçonnets qui les gardent.

Quand les troupeaux rentrent, le tableau est assez joli. Les bêtes, toutes réunies pour pâturer ensemble, se séparent seules, lorsqu'elles reviennent au logis ; les veaux et les agneaux, retenus au sevrage, bêlent et mugissent à qui mieux mieux. Les mères se précipitent.

Placés à la porte des cases, un individu de chaque côté, les Arabes comptent soigneusement les bêtes qui rentrent. Ce ne sont que cris et bousculades : les moutons se précipitent en rangs serrés ; les cabris, très mauvaises têtes, se font donner la chasse par les gamins. La confusion paraît telle qu'on se demande comment les gens peuvent y reconnaître leur bien. Il n'y a jamais de querelle ni d'erreur. Cependant, sauf les chevaux et les bœufs, les bêtes n'ont pas de marques ostensibles. Quelques vieux animaux, bouc ou taureau, portent seulement une amulette pour préserver tout le troupeau.

La perspicacité des indigènes est moins surprenante qu'elle ne le paraît; le nombre du bétail n'est pas considérable, et les animaux eux-mêmes, esclaves de leurs instincts, rendent la tâche beaucoup plus facile. Il s'établit entre la bête et l'homme une intimité toute familiale : tout le monde couche sous le même toit. Aussi les vols sont-ils rares et presque impossibles : le voleur est toujours dépisté. Mais l'Arabe, ingénieux et filou par tempérament, a recours à un subterfuge : il vole une bête dans un village voisin, et s'empresse de proclamer qu'il est devenu propriétaire accidentel d'un animal perdu. Le véritable possesseur ne tarde pas à se faire connaître; mais il est obligé de payer quelques thalers, ou de donner du mil, pour récompenser le « brave homme » qui a recueilli l'animal égaré.

Aujourd'hui sont arrivés du Tchad des Boudouma, dans leurs pirogues en herbes. Elles sont faites en papyrus. On en ficelle de petits bottillons de trois ou quatre tiges à la fois ; puis on assemble ces faisceaux de façon à former un radeau épais de 50 centimètres, large de 1 mètre, long de 3, coupé carré à l'arrière, régulièrement aminci à l'avant.

De la même façon, on construit d'épais bordages, hauts de 30 centimètres, et, pour les réunir à l'avant, on leur donne l'apparence d'un rostre retroussé, la pointe en l'air, en proue de gondole. Afin d'augmenter la flotabilité et d'assurer l'équilibre, on fixe à la flottaison, le long des bordages, de grosses branches d'ambatch.

On retrouve le même modèle sur le Nil. Ces esquifs supportent facilement trois ou quatre personnes. Nous n'irons pas jusqu'à dire qu'ils sont très confortables, mais ils sont élégants. La seule précaution nécessitée par leur usage est de n'y monter qu'en caleçon de bain, car c'est entre deux eaux qu'on navigue.

Malgré l'aisance apparente de la population, les familles sont peu nombreuses. Les Arabes semblent le regretter. Ici plus qu'ailleurs, j'ai été consulté sur les causes de la stérilité des femmes. J'ai gravement ordonné un peu de quinine et fait des prescriptions d'un caractère tout à fait intime. Je doute qu'elles portent leur fruit, car le mariage trop précoce est seul en cause : le retarder serait le seul remède ; il ne dépend pas du médecin.

Les mamans, pour endormir les bébés, leur psalmodient, en les berçant sur leurs genoux, une chanson monotone : Làla, la Illah, Ilallah, la la !

L'effet est tout aussi infaillible que si elles chantaient : « Fais dodo, Colas, mon p'tit frère » !

On m'a amené aujourd'hui une pauvre fillette de deux ans dans un bien triste état. Pour une indisposition passagère, le marabout lui a mis sur le ventre des cautères qui ont fait abcès.

C'est un remède fréquemment employé. Mais on ne se sert que du feu obtenu par le frottement de morceaux de bois sec.

Ces pays du Tchad ont été de tous temps un carrefour où se sont heurtées des invasions successives. L'ethnographie en témoigne par sa confusion. A s'en rapporter aux données recueillies par l'œil, on peut distinguer plusieurs types ethniques.

Le principal est le type arabe, quelle que soit son origine. La polygamie lui a permis d'infiltrer progressivement les éléments plus ou moins autochtones.

Parmi les indigènes, les habitants du Kanem, ou Kanembou, semblent les plus métissés. Il est très difficile de s'en rapporter à leur aspect extérieur pour les reconnaître. S'il fallait absolument les rapprocher d'une race connue, je les rangerais plutôt à côté des Toubou.

Pour les Boudouma, qui peuplent le nord de l'Archipel, l'hésitation serait moins justifiée : ce sont des Toubous.

Dans les îles du sud, nous trouvons les Kouri et les Kraoua, qui ont des liens avec les Sao. Mais leur race est très mêlée, car ces îles ont servi de refuge à toutes les populations d'alentour.

Au nord-est du Tchad, vit le rameau Toubou, qui peuple aussi le Tibetsi et le Borkou. Au Tchad, nous trouvons la branche Dâsa. Elle comprend les Toubou proprement dits, les Kréda, les Gôran et les Kacherda.

Il ne reste plus qu'un groupe peu important par son nombre, mais très important par son rôle historique : c'est le groupe des Boulala.

Les opinions sont partagées sur leur origine : Barth les fait descendre des Kanouri, mais c'est infiniment peu probable. D'après Nachtigall, ils seraient, au contraire, les descendants des Arabes, et leur nom ne serait qu'une contraction déformée de Bou Hilal. Cette dernière hypothèse est conforme aux traditions de cette tribu, qui se dit aussi parente des Oulad Oméid.

Or, un texte arabe de El Bekri nous signale en 1067 des Oméïyaddes émigrés au Kanem à la suite de persécutions infligées par les Abbassides. Plus tard, pendant l'invasion du XIe siècle, nous voyons les Bou Hilal descendre de Tunisie jusqu'au Tchad. Il y a donc bien des chances pour que les traditions des Boulala reposent sur une part de vérité.

Toujours est-il que nous les retrouvons actuellement en petits groupes très aristocratiques autour de Ngouri, sur le Bahr el-Ghazal et à Hadjer el-Hamis. Ils y furent jadis très puissants.

En guerre continuelle avec les Touareg, ils se crurent assez forts pour résister à une invasion de ces derniers, unis aux Oulad Sliman. Ils s'enfermèrent dans leurs places, tandis que les populations de la plaine cherchaient un refuge dans l'Archipel. Vaincus, obligés d'abandonner le pays, ils se portèrent en masse autour du lac Fitri, où vivait un rameau de leur race. Là, ils se mêlèrent intimement aux tribus Kouka du Sokoro, dont ils adoptèrent complètement la langue. C'est alors que commence leur exode vers l'ouest. Ils se heurtent d'abord aux Fellata, qui avaient reculé du Kanem jusqu'aux environs de Massénia ; ils les rejettent au delà du Chari ; puis ils s'attaquent aux Mousgou, qu'ils expulsent, et enfin aux Somré, dont une partie émigre jusqu'au Logone, tandis que la fraction Saroua accepte leur domination.

L'empire de Baghirmi était dès lors fondé. Aujourd'hui, les Boulala se trouvent encore agglomérés autour de Fâli, Karafa, Aouni, Kadô, Agana, Mélem, Garko, Demi et Golo.

Les Kouka, appelés improprement Nouba, à cause de leur habitat en montagne, sont groupés autour de Moïto, Gono, Masarma, Abougouttir et Dela.

Sans doute, ces notions sont fort peu précises, et il faudrait pouvoir conduire sur place une enquête longue et méthodique, pour pouvoir se faire une idée un peu moins confuse des mélanges ethniques qui se sont produits. Tout, en somme, est à faire. Je ne sais même si on peut espérer établir autre chose que de très vagues probabilités. Cependant, il semble inadmissible que ces immenses territoires n'aient jamais été peuplés que par des immigrants. C'est pourquoi nous restons convaincu que les vieux textes arabes, nous montrant les Fellata établis au Kanem au XIIIe siècle, fournissent un appoint précieux à ceux qui croient que cette région de l'Afrique fut jadis peuplée par une race spéciale, dont nous ne connaissons plus aujourd'hui que des débris aberrants : les Peuls du Fouta et les Fellah d'Égypte.

Pour se mettre à l'abri des moustiques, les riverains échaffaudent de grandes plates-formes montées sur quatre pieux à 2 mètres du sol. Les plus riches y ajoutent une moustiquaire en étoffe. Les autres se contentent de nattes, ou bien font du feu au-dessous.

Dans mes promenades au travers du village, je n'ai pas rencontré d'industrie nouvelle. On tisse beaucoup de coton, mais le métier n'a rien de spécial.

Seule la forge s'est perfectionnée. Le soufflet est à deux corps de pompe, faits chacun d'une peau de bouc dont la fente est garnie de deux baguettes : le souffleur les écarte pour laisser l'air entrer quand il soulève les peaux ; il les resserre, pour fermer l'orifice quand il presse. L'enclume est un gros champignon en fer, ressemblant à nos petites enclumes portatives ; les marteaux ont la forme de masses à casser les cailloux.

Je n'ai pu savoir si les forgerons n'étaient pas déconsidérés ; mais il m'a semblé qu'ils étaient un peu tenus à l'écart.

Pas plus que les autres indigènes, les Arabes ne se soucient de l'hygiène des enfants. On les laisse téter longtemps après qu'ils marchent seuls, mais, à moins d'un an, on les fait manger. Pour les gaver, la mère les étend sur le dos et leur introduit dans la bouche des boulettes de pâte qu'ils régurgitent en partie ; mais il n'y a rien de perdu : tout ce qui ressort rentre. Pour les faire boire, la maman trempe sa main fermée dans l'eau, puis la porte vivement au niveau de la bouche de l'enfant, en lui mettant le pouce renversé au niveau de la bouche ; le bébé suce l'eau qui dégoutte.

Je suis allé à quelques kilomètres acheter des plumes d'autruche ; il est difficile d'en trouver : du Bornou allemand, arrivent constamment des émissaires qui font la râfle. Cependant, les autruches sont nombreuses depuis Fort-Lamy. Ce sont les véritables animaux d'élevage. Je suis même surpris qu'on ait négligé de la sorte cette seule source rationnelle de profits.

Les autruches sont aussi faciles à élever que la volaille. Les Arabes les laissent en liberté, avec une entrave aux cuisses : elles vont paître avec les chèvres et rentrent seules au village, où les attendent quelques poignées d'herbe. Pas de frais, pas d'ennuis, pas d'entretien : c'est tout bénéfice net. Entre les mains de l'indigène, l'autruche pourrait devenir l'élément le plus important de la prospérité locale, si l'on voulait s'y intéresser. Inutile de s'adresser aux Européens, sauf pour leur demander de sélectionner les générateurs et d'assurer à l'indigène l'écoulement avantageux de sa production. Il suffirait d'empêcher un gâchage qui déprécie la marchandise. N'ayant aucun débouché assuré pour ses produits, l'éleveur noir les livre dès que l'occasion se présente : peu lui importe que la plume ait son plein développement. Il ne sait pas résister à la vue de quelques thalers, ou à la disette de mil. Aussi les belles plumes sont-elles rares. Cependant la race est magnifique : c'est l'autruche de Barbarie, la plus pure, celle qui donne les plumes les plus belles, supérieures même à celles du Cap.

Il n'y aurait qu'un effort à faire pour organiser l'élevage rationnel et développer une richesse constituant à elle seule la totalité de ce qu'on peut espérer. Mais il semble qu'on l'a bien négligé jusqu'ici ; il est même fort à craindre qu'on ne se laisse encore longtemps berner par des espérances problématiques, nées de l'ignorance ou du bluff.

L'armement des hommes n'a pas changé. On retrouve le couteau de jet, les épées et les couteaux à deux tranchants et les sagaies à petit fer.

Les gens du Tchad ont en plus une sagaie à manche court et à fer très large en forme de feuilles de laurier, long de 30 centimètres sans la douille.

La sagaie de chasse ou de pêche est aussi plus compliquée. La lame se compose d'une pointe angulaire à base droite, dont les deux angles sont prolongés en hameçons. Un étranglement lui fait suite, la séparant d'une surface rectangulaire allongée, large de 4 centimètres, longue de 15, dont les bords sont hachés de barbelures.

Les boucliers sont volumineux : tous sont faits en bois très léger d'ambatch, cousus et garnis de peau. Ils sont bombés.

Un modèle figure, à s'y méprendre, l'écu classique du moyen âge. L'autre est rectangulaire, légèrement rétréci au milieu, droit à la base, et arrondi en demi-cercle à sa partie supérieure.

Un certain nombre de gens ont des fusils, mais il ne nous les laissent jamais voir.

Ce matin, nous allons en pirogue faire un tour sur le Tchad et y donner quelques coups de filet.

Nous sommes partis au petit jour ; les Boudouma qui nous conduisent nous font prendre les chemins de traverse. A mesure que nous avançons, les eaux sont tellement hautes qu'il n'est plus besoin de suivre les bras vifs du fleuve. Nous naviguons sur la plaine. De toutes parts, l'eau miroite en flaques parmi les touffes d'herbe. De rares broussailles s'agrippent aux bancs. Des squelettes d'arbres, brûlés par les feux de brousse en saison sèche, dressent çà et là leurs bras décharnés. Je me suis fait débarquer sur ces restes de berges ; la promenade y est dangereuse : on marche sur une éponge. Il faut à chaque pas traverser des rides pleines d'eau, où on enfonce presque jusqu'aux épaules. Parfois, ces rigoles étroites sont couvertes d'un tapis de grandes herbes rampantes qui masquent le trou où l'on vient s'enfoncer. Au sommet de quelques plis sablonneux, se réfugient des buissons d'épines ; mais la végétation est rare, hormis les plantes de marais.

Il semble bien que l'eau n'a pas renoncé à la possession du sol. Quand le soleil la chasse, elle se retire momentanément, mais elle revient à la charge et n'abandonne pas son domaine. La végétation en témoigne. Les flaques, les marigots, les diverticules sont peuplés de légions de poissons, de coquillages et d'huîtres. Ces dernières sont surtout abondantes dans les petits bras du Chari. Elles y forment des bancs interminables qu'on aperçoit très bien sur le fond.

De retour à la pirogue, nous avons continué notre promenade au travers du marais touffu.

Les papyrus et les roseaux poussent en buissons épais. Les ambatchs, au contraire, s'éparpillent : ils foisonnent ; leurs jeunes pousses, pareilles à des ergots de palétuviers, grattent le fond de la pirogue, tandis que les grosses branches nous cinglent au passage.

Nous descendons en ligne droite sans rien voir. Autour de nous, pas le moindre relief ; nous n'apercevons que le sommet des roseaux, dont la masse s'égalise et forme une mer d'herbe immense, s'étalant jusqu'à l'infini.

Dans le lointain, à l'est, se dressent les quatre pitons arrondis de Hadjer el Hamis, dorés par le soleil.

Pour aller plus vite, nous avons cherché un bras d'eau courante. Mais nous avons dû abandonner les perches qui ne touchaient plus le fond. A mesure que nous descendions, la végétation devenait moins abondante.

Tout d'un coup, le lac s'est découvert à mes yeux. Le Tchad ! En me dressant dans la pirogue, j'ai manqué de la faire chavirer. Cet incident a suffi pour calmer mon enthousiasme.

Voilà donc cette petite tache bleue que couvrait la pulpe de mon index lorsque, potache emprisonné, je m'enflammais à la lecture des randonnées africaines.

En vérité, ce n'est pas beau, mais ce paysage inattendu vous saisit et vous déroute. Derrière nous, un tapis d'herbes en lambeaux, au travers duquel le Chari s'échappe. A l'est, une barrière identique, s'incurvant vers le nord pour souligner les taches jaunes des Hadjer el Hamis qui scintillent. Plus au nord, une ligne sombre, à peine visible au ras de l'eau, décèle la masse basse de l'archipel. Une tête de palmier semble sortir de l'eau à quelques kilomètres de nous. Partout ailleurs, la nappe immense du lac, ininterrompue, majestueuse, énorme. Son ampleur n'a d'égale que sa morne tristesse : ce lac est lugubre. Le ciel, à l'horizon, touche l'eau. Je ne sais ce que le Tchad peut être à la saison sèche, mais, à cette époque de l'année, il présente une fameuse surface d'eau libre, non point encombrée d'îlots ni de bancs d'herbes, libre de tout ; nappe étincelante, qui clapote sous le vent, et dont la houle, comme aujourd'hui, est dangereuse pour une pirogue.

Nous avons dû même regagner les herbes pour ne ne pas chavirer. Sans doute, il ne faudrait pas s'exagérer le volume de la masse liquide. Sauf au niveau des chenaux du Chari, les profondeurs sont faibles. Au bord, dans les herbes, il n'y a pas plus de 1 mètre d'eau, souvent moins. Mais, à 2 ou 3 kilomètres de cette bordure, une perche de 3 mètres ne touchait pas constamment le fond.

A l'abri des roseaux, nous avons pu déjeuner tranquilles ; puis, comme le temps se gâtait, il nous a fallu nous en retourner. Débarquer était inutile : on n'aurait pas trouvé la place pour s'étendre au sec. Quant à atteindre Hadjer el Hamis, comme je l'avais espéré, mes Boudouma et le Kanembou m'ont déclaré qu'on aurait trop de peines. Par l'inondation, on pourrait aller jusqu'à une heure de marche de la montagne ; mais il est aujourd'hui impossible d'y aborder. Jadis, m'ont-ils expliqué, le Tchad, en débordant, la baignait presque. Mais « la terre du fleuve mange le lac toujours du même côté ». Dans sa simplicité, l'explication des indigènes est assurément la plus sage et la plus vraisemblable : ce sont les alluvions du Chari, sans cesse poussées vers l'est, qui ensablent petit à petit son cul-de-sac oriental et le rétrécissent assez rapidement

Ce sont eux également qui ont condamné le Bahr el-Ghazal, asséché aujourd'hui. Le capitaine Truffert, à mon sens, a raison de voir, dans le Bahr el-Ghazal, un prolongement desséché du Chari. Il paraît certain, d'ailleurs, que ce bras du fleuve n'est pas le seul disparu ; de plus petits se sont progressivement envasés, dont on ne retrouve plus que des traces très vagues, comme aux environs de Djimtilo. Le Tchad aussi modifie sa surface. Les alluvions que les courants emportent vers l'Archipel viennent combler les bras qui séparent les îlots. On peut prévoir un temps, peu éloigné sans doute, où beaucoup de ces îles seront rattachées à la terre ferme. De là à soutenir que le Tchad est un marais en voie de disparition, il n'y a qu'un pas. Seuls, ceux qui veulent du nouveau à tout prix, ou qui n'y sont point allés, peuvent avoir cette sérénité tranquille pour le franchir et pour affirmer ce qu'ils ne peuvent prévoir.

Ce qui m'étonne le plus, dans toute cette question, c'est la facilité avec laquelle tous ces prophètes laissent le Chari de côté. Cependant le lac et le fleuve sont absolument inséparables. Pour que le premier disparaisse, il faudrait que le Chari cessât de lui apporter de l'eau.

En admettant même que le débit du fleuve ait diminué depuis le cours des siècles, il est infiniment peu probable qu'il se tarisse, même lentement, sans l'intervention de quelque cataclysme. Le Chari naît dans la zone équatoriale, où, jusqu'à nouvel ordre, les pluies constantes ne sont pas diminuées. Il reçoit le Bahr Sara, plus important que lui, et qui prend sa source dans les mêmes régions. Les pluies de la zone tropicale lui viennent aussi par le Logone. Si le Tchad s'assèche, où toute cette eau ira-t-elle se loger?

Les géographes impressionnistes ne s'en tourmentent guère. Le soleil, le vent, le sable habilement dosés, leurs permettent d'établir des solutions élégantes. Moi qui regarde le lac avec des yeux de profane et n'ai qu'un peu de bon sens pour m'éclairer, j'ai le droit de rester sceptique.

Le Tchad n'est pas encore bu. Pour qu'il disparaisse, il faudrait que le Chari se décide un beau jour à venir se perdre en Méditerranée. Voilà la solution pratique : le désert transformé en pays de petite colonisation, la Tripolitaine succursale de l'Égypte. Enfoncé le Transsaharien! Enfoncé le Toubouri! On ira jusqu'à l'équateur par eau, avec un billet de chez Cook's. D'ici là, nous avons le temps d'attendre, et les porteurs du pays Banda auront encore longtemps des caisses à transporter.

J'ai touché le but. Le souvenir des fatigues et des petites misères de la route s'en est allé se noyer au fond du lac, avec le carnet où j'avais soigneusement rayé les jours, à mesure que les emportait le temps.

Mes boys eux-mêmes devinent ma satisfaction qui déborde : « Y'en a content beaucoup, Dokoter! » me dit mon brave Kouno, quand la pirogue démarre.

Et, de fait, j'en ai oublié presque mon satané ventre, qui s'est payé la fantaisie de me faire encore une fois des siennes.

On marche, on marche, pas assez vite à mon gré. C'est à peine si je pense à regarder autre chose que l'eau qui défile en clapotant contre le plat bord.

Rien noté. Je n'ai rien remarqué qu'un cadavre d'enfant, flottant, entortillé dans des nattes : c'est un captif de Kotoko, car les hommes libres sont portés en terre.

Le dernier jour, pour gagner du temps, je me suis mis en route par la berge. Aux environs d'un village de Beni Sett, en amont de Mara, j'ai remarqué des *tumili* qui pourraient bien être quelque chose d'analogue à ceux décrits par Desplagnes. Mais d'autres que moi y mettront la pioche.

Arrivé à Fort-Lamy, par 40° à l'ombre, éreinté, fourbu et content.

Le retour.

Chevalier est rentré; nous embarquons pour la France sans attendre *le Blot*. Tant mieux s'il nous rattrape en route.

Nous avons fait à tous nos adieux. C'est bon, le retour.

Sous la paillotte de la baleinière, assis sur nos pliants, Chevalier et moi rêvassons sans causer. Je ne sais à quoi mon camarade pense. Mais, pour mon compte, je n'ai guère l'esprit occupé. « Je rentre. » C'est inouï ce que contiennent ces mots : « Je rentre. » On ne s'en fait pas une idée.

Je me suis promis de ne plus rien faire en route. Mes caisses sont clouées, mes bocaux calés, mes petites boîtes en place, et j'ai laissé aux camarades les débris de mon matériel. C'était maigre. J'ai gagné au change. Brûlé m'a donné un pantalon tout neuf, sans lequel j'aurais dû revenir en caleçon de bain.

C'est le calme complet. Je n'en sors que pour faire un petit tour de chasse et garnir le garde-manger. Nous n'avançons pas vite. Les eaux sont hautes. Le fleuve court partout en travers les plaines.

Maintenant que je connais une bonne partie du

pays, j'ai plus de peine encore à admettre les hypothèses des géographes. Il me semble que leur désir de trouver du nouveau ou du rare risque de leur faire faire de la topographie impressionniste. Les géographes ont horreur du vide : ils n'aiment pas les blancs sur les cartes; pour les noircir, ils font de grosses lettres et les écartent un peu; ils élargissent ainsi, plus que de mesure peut-être, les limites des races ou des pays ; mais c'est si peu de chose à côté d'un espace vide.

C'est le même motif qui les pousse à tracer en pointillés les chemins qu'ils ingorent ou à doter les cours d'eau d'affluents acrobates.

Cependant toutes ces plaines sont les mêmes qu'ailleurs. Il n'y a pas qu'ici que les fleuves en débordant se conjuguent. Pour mon compte, j'emporte la conviction que toutes ces communications de bassin à bassin feront relativement couler beaucoup plus d'encre que d'eau.

Plus je vois le pays, plus je me le représente sous l'aspect d'une table en marbre, à surface un peu grasse et à peine inclinée. Versez dessus une carafe d'eau; il s'établit, suivant la pente, une série de rigoles principales ininterrompues : elles sont lentes, vagues, et décrivent jusqu'aux bords des méandres tortueux : ce sont les fleuves.

Au gré de quelques secousses, parfois même en soufflant dessus, vous faites se détacher de l'une à l'autre des prolongements qui les conjuguent : ce sont les marigots, le Balela, le Toubouri, le Bâ-Bô. Le même souffle qui les fait naître les fait en même temps mourir. Rien de fixe, même pas la route suivie par les plus grandes masses.

C'est en petit ce qui se passe ici. Entre leur source et leur perte, les fleuves coulent sur un plateau à peine dénivelé. Ils n'ont pas pour s'alimenter les apports périodiques rassemblés dans les cuvettes déterminées de massifs montagneux, ni la fonte des neiges hivernales. Ils vivent des pluies. Sont-elles abondantes, des rigoles s'établissent qui se minent un chemin ; si la sécheresse domine, le sable accourt sur les ailes du vent ; souvent même, c'est le fleuve qui s'ampute tout seul ; d'un bloc d'alluvions, il maçonne la bouche d'un marigot et le condamne à mort. Ici, comme partout, la nature agit au gré de son caprice, sans s'inquiéter des besoins de l'homme. Elle ne lui a pas creusé des canaux faits à point. Est-ce là-dessus cependant qu'il faudra désormais s'embarquer? Allons-nous découvrir au Chari une Hollande nouvelle ? Je sais bien que nous ne sommes pas en retard pour y lancer des bateaux, mais pourquoi diable ne pas les munir de roulettes ?

Je m'énerve, et, malgré que je m'en rende compte, je suis impuissant à me contenir. Par instant, je sens que la maîtrise de moi-même m'échappe.

Ceux qui sont tranquillement assis au coin du feu, ou pris dans l'engrenage d'une vie fiévreuse, ne se font guère une idée, même approximative, de la lutte que le corps ici soutient contre le cerveau.

A mesure que l'anémie nous mine, à mesure que nos forces déclinent sous les assauts répétés de la fièvre et de la fatigue, nous ne marchons plus que par la volonté. Malheur à celui qui la voit s'affaiblir ! Il n'est bientôt plus qu'une loque humaine, dont la maladie fera sa proie.

Mais cette tyrannie de la volonté n'est pas sans altérer profondément l'équilibre des facultés mentales.

Chez les uns, le « vouloir vivre » devient une obsession qui les pousse à l'égoïsme le plus vil.

Le « vouloir ne pas mourir » livre les autres aux terreurs les plus folles, aux soupçons les moins justifiés : parfois ils commettent un crime, parce qu'ils se croient eux-mêmes en danger.

Chez d'autres, le moi s'hypertrophie : ce sont les plus dangereux ; ils ont du délire de la persécution : on les jalouse, on les envie, on les sacrifie, on les frustre.

S'ils sont seuls, rien ne viendra réfréner leur imagination qui s'égare. La privation de lumière dans les soirées interminables, les insommies tenaces, leur permettent de s'hypnotiser sur leur idée fixe : elle devient une hantise dont ils sont inlassablement poursuivis. Plus le feu a couvé, plus l'incendie est terrible. Brusquement, ces faibles prennent une résolution ; elle est inébranlable : on leur offre la lutte, ils l'acceptent ; ils veulent en sortir victorieux. Leur conscience obnubilée excuse même leurs ignominies. Et l'homme roule, entraîné sur la pente fatale qui l'amène au suicide ou à l'infamie.

La *soudanite*, c'est cela.

Les nerfs me donnent un sommeil agité. J'ai rêvé cette nuit que je retournais en France par le Transsaharien. M. Leroy-Beaulieu, avec des grosses lunettes et une fourrure de chauffeur, conduisait la machine, toute en cuivre, reluisante, astiquée comme une casserole, avec le plus pur tripoli.

Nous filions cahin-caha au travers d'un Sahara fertile et verdoyant comme une prairie normande. Des quantités de petits et de vieux colons faisaient la haie le long de la ligne nous regardant passer avec des yeux de vache.

On n'apercevait pas la moindre trace de la moindre

goutte d'eau. Mais, de temps en temps, la locomotive laissait pendre sans arrêter une grande manche en filali qui pompait du sable pour alimenter la chaudière.

Ma voiture suivait le tender, et, de la plate-forme où j'étais, j'entendais notre chauffeur fredonner sur un air bien connu :

Si la compagnie mettait de l'huile,
On verrait clair dans les wagons... etc...

Je vous fais grâce du reste...

J'ai revu Fort-Archambault avec plaisir. Ma vieille case a disparu ; cela me fait presque de la peine. Le reste n'a pas beaucoup changé, sauf l'esplanade, où se dressent deux belles constructions nouvelles.

Les événements, par exemple, ont marché. Au voisinage de Fort-Archambault, le calme a fait tache d'huile. Snoussi, par contre, est dans un état d'équilibre instable : il perd son centre de gravité.

C'est surtout du côté du Logone que nous avons le plus gagné. A Laï, Faure a fini d'organiser le nouveau territoire ; il a parachevé la reconnaissance du Mayo Kebbi et du Toubouri ; il en a levé la carte depuis le Logone. La mission Lenfant, qui vient d'y passer, a trouvé la besogne toute faite, mais plus d'eau. C'est le sergent de Laï qui a amené quatre cent quaquatorze porteurs à Mbourao, pour enlever à dos d'homme les charges et le chaland.

Si l'œuvre de Faure avait été connue plus tôt, on aurait pu éviter cette dépense inutile (1).

(1) Des études faites par notre camarade Faure, puis par le capitaine Lenfant, enfin par le capitaine Dademar et l'enseigne de vaisseau Audouin, il ressort que la voie de la Benoué est bien

Courtet ne nous a pas attendus. Fatigué par la fièvre à son retour du Ba Hiro, il n'a pas poussé plus loin et a repris la route de Brazzaville.

Il a bien fait : la difficulté des transports nous oblige à nous séparer, malgré qu'il ait déjà enlevé beaucoup de charges.

Chevalier repart avec M. Fourneau. J'attends que des baleinières arrivent pour m'en aller à mon tour.

J'embarque avec des Tounia, que je connais presque tous.

Les longues journées passées dans la baleinière laissent du temps pour réfléchir : n'étaient ces satanées tsé-tsé et les mouches, on serait parfaitement tranquille.

Les rives défilent, vertes ou vaseuses ; forêts de roseaux, grèves sablonneuses, bois rabougris et touffus, falaises à vif, plaines immenses, mer agitée des grandes herbes.

Voici donc ce Chari, à la conquête duquel tant de braves gens se sont lancés. Tous étaient animés de la même ardeur généreuse. Tous ne voyaient que la plus grande Patrie.

Qu'y avons-nous trouvé ? Du sable et du mil.

Ces territoires immenses n'avaient pour toutes richesses que l'Homme. La terre le produisait à foison : il alimentait le commerce à lui seul. Bornou, Ouadaï, Baghirmi, aux temps de leur splendeur, ne furent jamais que les entrepôts généraux de la traite.

En la supprimant, nous avons tout ruiné.

la plus courte et la moins coûteuse pour atteindre le Tchad, mais que le Toubouri n'est pas utilisable.

Elle ne supprime donc pas le portage, auquel il faudra toujours recourir entre la Bénoué et le Logone.

Aujourd'hui cette besogne est à peu près faite. Nous pouvons mesurer la tâche qu'il nous reste à accomplir.

Il nous faut rendre la paix à la Terre pour qu'elle se repeuple et reproduise des hommes que nous saurons mieux utiliser.

Alors seulement nous aurons le droit de lui demander un peu plus. D'ici là, nous n'avons rien à attendre. Inutile de nous leurrer de mirages. Nous ne pouvons avoir qu'un seul but : perdre le moins possible.

S'en aller serait un crime, car nous abandonnerions à un sort misérable les malheureux qui ont eu confiance en nous. En France, il n'y a crainte qu'on hésite : nous n'avons jamais reculé devant une question de gros sous.

D'ailleurs, l'argent est une de ces graines qui lèvent dans tous les terrains ; ce n'est pas toujours celui qui sème qui profite ; mais, pour une nation comme la nôtre, le temps n'est rien.

Je me demande avec inquiétude que sont devenues mes illusions. Vivre deux ans aux contact du nègre m'en a fait perdre plus d'une.

Envolées les idylles, Paul et Virginie, la case de l'Oncle Tom, la conception du Nègre-Enfant. Le Nègre est simplement un homme comme tout le monde, chez lequel les instincts, non réfrénés par les contacts sociaux, s'étalent au grand jour, avec l'impudeur de l'enfance. A ce compte-là, le nègre n'est qu'un enfant bien vicieux.

J'ai pour lui plus d'estime : il est réellement un homme, qu'en bien des circonstances nous devrions imiter.

Malheureusement beaucoup de ses instincts sont différents des nôtres : ce sont des instincts qui caractérisent sa race ; car le Nègre est une variété de l'espèce humaine, avec des défauts et des qualités qui lui sont propres.

C'est pourquoi j'en viens à trouver légèrement ridicules ceux qui prétendent d'un seul coup faire du Noir l'égal d'un Blanc. Au point de vue biologique, cette prétention est aussi inattendue que de vouloir, sans croisements, faire du loup un chien de garde, ou du bichon un chien à sanglier.

Au point de vue pratique, le résultat est déplorable. En voulant blanchir le nègre, on le noircit, — au moral, s'entend.

Aussi vaut-il bien mieux laisser faire l'islamisme.

Le christianisme n'a jamais donné de résultat. Parler de son rôle moralisateur est une duperie : Jésus et Mahomet ne donnent au nègre qu'un pagne ; ils lui apprennent à dissimuler. Mais, alors que le christianisme ne fait rien de plus pour le fétichiste, l'islam lui donne, au contraire, le droit de cité. D'un seul coup, il l'élève dans l'échelle sociale.

Peut-être a-t-on raison de reprocher à l'islamisme de n'être qu'un progrès relatif, arrêtant, dès son essor, l'émancipation de l'esprit.

Mais qui peut dire que l'islam n'est pas lui-même modifiable. En tout cas, il vaut mieux pour le Nègre s'élever un peu que pas du tout.

Au sortir des pays d'islam, on sent davantage l'infériorité des fétichistes. Ce n'est pas une question de doctrine. Si on scrute, en effet, l'origine des religions, on se rend compte qu'elles sont dominées toutes par la crainte de la mort et celle des revenants : elles se différencient seulement par les moyens qu'elles proposent à l'homme pour calmer ses trances ou déguiser ses superstitions.

S'il est donc permis de ne pas croire à l'influence moralisatrice de l'islam, on ne peut lui refuser d'avoir rendu service au Nègre.

Cette opinion est très controversée. Les uns reprochent à l'islam de nous concurrencer au point de vue commercial. Est-il possible d'en faire un bel éloge ?

D'autre l'attaquent en raison de son intransigeance et le considèrent comme un danger. C'est une erreur purement théorique, que justifierait tout au plus l'étude du Coran. Mais, d'un Coran, on peut tirer tout ce que l'on veut. C'est même ce qui lui vaut son succès contre la Bible. Il a le mérite d'être élastique et accommodant.

L'islam n'est pas, en effet, une religion une et indivisible. Tout autant que le christianisme, il varie avec les peuples. Nous nous partageons bien en catholiques et en protestants ; nous avons eu le mysticisme des Croisades, ou l'intransigeance de l'Inquisition.

Pourquoi vouloir dès lors qu'un musulman soit toujours fanatique ?

Tout l'islam n'est pas l'Yémen ou le Maghreb. L'Arabe du nord a conçu sa religion suivant son caractère.

Mais, dans l'Afrique centrale, le Nègre ou le métis n'a déjà plus le tempérament d'un apôtre. C'est un musulman très superficiel. La religion même que nous trouvons ici est toute pleine du souvenir des vieilles coutumes. C'est un islam aussi libéral que celui des confréries est intransigeant.

On agite le spectre du Madi. Mais n'est-il pas un Arabe du nord? Ses agents les plus actifs ne sont-ils pas venus tous du Maroc, d'Algérie ou de Tripolitaine? Quels serviteurs gagne-t-il à sa cause, si ce ne sont des pêcheurs en eau trouble, comme Gaourang et Snoussi.

L'islam, au fond, n'est à craindre que si on lui laisse une tête. Au Chari, deux ou trois sont peut-être à couper.

Mais nous ne saurions oublier que c'est à l'islam seul que nous devons un moyen d'action sur le Nègre. C'est l'islam qui donne au fétichiste cette organisation qui nous permet à notre tour d'agir. Sans lui, presque partout, nos efforts sont stériles, parce que la masse nous échappe ; notre puissance ne nous sert à rien ; nous passons au travers des peuplapes fétichistes en creusant un sillon qui se comble derrière nous.

L'islam, au contraire, fait une conquête profitable, parce qu'il apporte aux fétichistes de quoi satisfaire leur esprit, leur donne des lois et en fait une nation. Nous ne leur offrons que peines et promesses. Le Noir aurait tort d'hésiter.

J'ai fait aujourd'hui une chose dont je ne me serais jamais cru capable : j'ai failli assommer mon petit Kouno.

L'histoire est simple : je ne peux plus me tenir à cheval ; je marche parce que je ne veux pas rester ici. Je ne peux plus manger. Des boîtes de lait que les camarades m'ont données, il ne m'en restait qu'une. A la halte de midi, j'ai dit à Kouno : « Fais-moi du lait. »

Nous avons marché quatre heures, il fait une chaleur terrible. Kouno s'est assis par terre, une assiette entre les jambes, et délaie la pâte dans de l'eau tiède. Il sue à grosses gouttes qui lui coulent sur la face ; par hasard, je regarde ; en tombant dans la blancheur du lait, chaque goutte de sueur fait des cercles de crasse...

J'ai bondi, ramassé je ne sais comment un morceau de termitière, et l'ai lancé dans le dos du boy. Le pauvre enfant a roulé sous le choc jusque dans le ruisseau qui coule à côté.

Sans un mot, il s'est relevé, crachant du sang qui vient de ses lèvres écorchées. Il pleure en me regardant, avec ses bons yeux tristes de chien qu'on a frappé.

Mon pauvre Kouno ! Depuis plus de six mois, il m'a soigné comme un frère, dévoué tant qu'il a pu, sans un geste d'impatience. Et moi, brute, pour une vétille, je manque de le tuer. Je l'aime bien pourtant !

Pour un peu j'en aurais pleuré.

A Krébédjé, notre camarade Martret a fait une rude besogne. S'il n'a pas connu les fatigues de la route, l'effort qu'il a dû faire ici vaut le nôtre. Il portera peut-être plus de fruits.

A la place du marais, de la brousse que j'ai connus, s'étale aujourd'hui un immense jardin. Martret l'a fait, on peut le dire, tout seul. Sans jamais être sûr d'avoir des ouvriers, aidé de quelques prisonniers qui accomplissaient leur peine au poste, il a défriché, labouré, travaillé sans relâche avec une opiniâtreté admirable.

Le succès a couronné ses efforts : il a réuni là les plantes indigènes qui peuvent nous servir. Il y a fait vivre les plants qu'il avait apportés de France. Grâce à lui, presque tout a repris et pousse d'une belle venue.

Et maintenant, que va-t-on faire ? Laissera-t-on la brousse reprendre son bien ? Martret y a perdu la santé (1). Espérons tout au moins qu'il aura la consolation de penser que ce ne fut pas en pure perte.

Aux environs du poste des M'brou, nous avons eu une alerte. Brusquement tout mon convoi recule vers moi, qui fermais la marche. Les porteurs me disent que

(1) Notre brave ami, à peine rentré en France, est mort épuisé par les fièvres contractées à Fort-Sibut.

des gens viennent nous attaquer. Le fait ne serait pas surprenant.

Je suis allé voir en avant ; un porteur m'a montré sur notre droite une centaine d'hommes armés, à un kilomètre de nous. Ils tenaient conciliabule. Je suis monté sur une termitière pour les observer. Ils sont venus jusqu'à 600 mètres environ, puis se sont arrêtés.

Au bout de dix minutes, ne les voyant plus faire de mouvement en avant, j'ai pensé que leurs intentions belliqueuses étaient peut-être plus apparentes que réelles, et j'ai donné l'ordre de reprendre la marche. Nous n'avons plus été inquiétés.

Mais tous ces symptômes sont assez significatifs : un jour ou l'autre, très prochainement, tout va craquer. C'est inévitable.

Nous avons poussé de l'avant avec une hâte fébrile ; maintenant, il nous faut faire vivre les effectifs les plus éloignés, puisque le pays qu'ils occupent n'y peut suffire.

La situation est telle qu'elle pourrait presque justifier l'indignation des coloniaux en chambre. « Plus de portage à dos d'homme », réclament-ils. Mais ne le pratique-t-on pas à Madagascar, en Indo-Chine, en France ? Les Noirs eux-mêmes le considèrent comme naturel et seul possible. Le portage n'a rien, en effet, d'inhumain ni de révoltant, lorsqu'on le proportionne à la résistance physique et morale des individus. S'il fallait le considérer comme un mal, même nécessaire, il n'y aurait plus qu'à renoncer entièrement à toute œuvre colonisatrice dans les pays où manquent les moyens de transport.

Il est vrai qu'ici on n'y aurait peut-être pas beaucoup perdu.

La descente du Congo a été pénible. Nous avions à bord un jeune commerçant malade, que j'ai cru ne pas pouvoir amener jusqu'au port.

Parmi ces jeunes hommes, certains sont vraiment à plaindre. La coutume d'engager des gens au rabais ne contribue pas à relever le niveau moral des agents commerciaux. Les conséquences sont incalculables.

Aussi n'entendons-nous parler que de vilaines histoires, de rivalités et de zizanies. Ce n'est pas consolant. Le Congo est cependant une belle colonie ; l'hypocrisie de la pénétration pacifique et l'erreur des grandes concessions sont malheureusement des boulets qui empêchent de marcher.

Nous embarquons pour France.

Adieu Matadi, nid de ferrailles!

Adieu Congo, pays de bluff ou de rapines!

Adieu, terre d'Afrique!

Mais non... Au revoir. Tu es de ces maîtresses cruelles qui savent se faire passionnément aimer. Quand nous sortons de tes bras, notre cœur se gonfle de soulagement.

Puis l'absence nous pèse. Il nous manque l'indépendance que toi seule tu nous a donnée ; il nous manque l'espace.

Il nous manque la brousse ingrate, où l'on s'affranchit de tout, même de ses besoins.

Il nous manque la solitude, que nous peuplons de nos chers souvenirs.

Il nous manque ta rude étreinte, qui fait de nous des hommes plus forts...

Il nous manque peut-être ton dernier baiser.

FIN.

www.ingramcontent.com/pod-product-compliance
Ingram Content Group UK Ltd.
Pitfield, Milton Keynes, MK11 3LW, UK
UKHW020427200726
13857UKWH00002B/317